쇼핑은
투표보다
중요하다

쇼핑은 투표보다 중요하다

—— 정치적 소비자 운동을 위하여

강준만 지음

"소비를 이념적으로 하나?"

신세계 부회장 정용진의 항변

지난 2010년 이마트 등 일부 대형마트에서 판매하는 즉석 피자가 소비자들의 큰 인기를 얻자, 신세계 부회장 정용진과 네티즌 사이의 설전이 주목을 받은 적이 있다. 한 네티즌이 "신세계는 소상점들 죽이는 소형 상점 공략을 포기해주시기 바랍니다. 자영업자들 피 말리는 치졸한 짓입니다"라는 글을 썼고, 이에 정용진은 '소비자의 선택'을 강조하면서 "소비를 이념적으로 하나?"라고 대꾸했다.[1]

정용진의 반론은 그간 오래된 상식이었다. 소비는 자신의 이익을 위해 하는 것이지 소비를 이념적으로 한다는 건 낯선 일이었다. 하지만 날이 갈수록 이념적·정치적·윤리적 가치를 소중히 여기는 소비를 하는 사람이 늘고 있다. 그간 '소비자consumer'는 '시민citizen'

에 비해 비교적 이기적이고 열등한 존재로 여겨져왔지만, 그런 구분은 사라져가고 있을 뿐만 아니라 오히려 소비 행위를 통해 시민으로서 자각성을 갖는 사람도 늘고 있다.

지금 우리는 기존 정치의 패러다임이 바뀌는 격변의 시대에 살고 있는 건 아닐까? 성급한 질문일망정 그런 방향으로 나아가는 변화의 한복판에 '정치적 소비자 운동political consumerism'이 자리 잡고 있다는 건 분명하다('정치적 소비주의'라고도 하지만, 이 책에선 행동을 강조하는 의미에서 '정치적 소비자 운동'으로 통일해 쓰고자 한다).

정치적 소비자 운동은 소비 행위를 상품 자체의 문제를 떠나 소비자의 이념적·정치적·윤리적 신념과 결부시켜 특정 상품의 소비를 거부하는 보이콧팅boycotting, 지지하는 바이콧팅buycotting 등의 정치적 행위를 한다는 점에서 일반적인 소비자 운동과 구별된다. 일반적 소비자 운동은 상품과 서비스에 초점을 두고 소비자들의 피해를 알리고 해결하는 데 주력하는 반면, 정치적 소비자 운동은 상품의 생산 과정에서부터 기업·경영자의 행태에 이르기까지 매우 포괄적인 범주에 걸쳐 이념적·정치적·윤리적 문제를 제기하고, 이를 '정치화'한다.

협의의 정치적 소비자 운동은 보이콧팅이나 바이콧팅이 시장에 미칠 영향을 중시하지만, 광의의 정치적 소비자 운동은 그런 고려 없이 개인적인 신념을 우선시하는 윤리적 소비, 국제관계에서 제3세계 생산자에게 정당한 이득을 주어야 한다는 '공정 무역', 제3세계 공장에서 저질러지는 노동 착취에 반대하는 운동, 관광지의 주민들과 생태계에 피해를 주지 않아야 한다는 '책임 관광'까지 포함한다.

정치적 소비자 운동이라는 이름을 붙이지 않거나 '운동'으로까지 부를 정도의 규모는 아니어서 그렇지 정치적 소비자 운동은 이미 우리의 일상적 삶에 깊숙이 들어와 있다. 소셜미디어 혁명으로 인해 우리는 거의 하루도 빠짐없이 특정 상품·기업·업소에 관한 평판 위주의 이야기를 들으면서 살아가고 있다. 기업들이 거의 예외 없이 스스로 '기업의 사회적 책임Corporate Social Responsibility'을 외치고 나선 것이야말로 정치적 소비자 운동의 영향력을 말해주는 좋은 방증이라고 할 수 있다.2

물론 반론도 있다. 우파는 시장질서의 교란과 시장에 대한 정치적 규제의 가능성을 이유로 비판하고, 좌파는 신자유주의적 발상으로 정치를 약화시키는 반反정치 행위라는 이유로 비판한다. 기존 이분법에 익숙한 사람들은 이 운동이 좌에 속하는지 우에 속하는지 궁금해하지만, 이 운동은 반자본주의 운동도 아니고 신자유주의 운동도 아니다. 현 시장자본주의에 대해 비판적이긴 하지만, 자본주의를 다른 걸로 대체하는 혁명보다는 개혁을 원하는 쪽이다.3

시장이나 정치를 중히 여기는 사람들은 정치적 소비자 운동을 곱게 보지 않지만, 오늘날 시장이나 정치를 믿는 사람은 거의 없다. 시장과 정치를 정상화하는 데에나 힘을 쓸 것이지, 시장과 정치의 실패로 인해 나타난 운동에 시비를 걸 일은 아니라는 게 정치적 소비자 운동가들의 생각이다. 시장·정치와 정치적 소비자 운동의 상호 보완도 가능하니, 비판자들이 주장하는 것처럼 크게 우려할 일은 아니다.

정치적 소비자 운동은 미국과 유럽에서 크게 발달되어 있다. 영국의 정치적 소비자 운동가들은 아예 "쇼핑은 투표보다 중요하다 Shopping is more important than voting"는 슬로건마저 들고 나왔다.[4] 정치가 불신과 혐오의 대상이 된 가운데 정치적 소비자 운동이 세상을 바꾸는 데에 더 큰 힘을 발휘할 수 있다는 뜻이다.

한국은 정치적 소비자 운동이 발달되어 있는 나라는 아니다. 한동안 일본 제품 불매가 범국민적 운동으로 전개되었지만, 비상한 시기에 발동되는 민족주의·애국주의 운동의 성격이 두드러진다. 평소 일상적 삶에서 이루어지는 정치적 소비자 운동은 아직 미약한 편이지만, 젊은 층과 여성을 중심으로 이전에 비해 크고 늘고 있으며 앞으로 급격한 성장세를 보일 가능성이 높다.

정치적 소비자 운동의 발전을 위해선 넘어야 할 큰 벽이 있다. 그 벽은 바로 "소비자는 왕이다"는 근거 없는 미신이다. "소비자는 왕이 아니라 봉이다"는 반론도 있지만, 소비자를 정말 왕으로 대접하는 기업이 얼마나 될까? 그런 의문이 강하게 들긴 하지만, 중요한 건 널리 외쳐지는 이 미신적 슬로건이 '강자에 약하고 약자에 강한' 사람들이 약자를 대상으로 '갑질'을 하는 심리적 근거로 활용되어왔다는 점이다. 일부 기업들은 이 미신을 노동자와 하청업체에 온갖 횡포, 아니 사실상의 착취를 일삼는 '면죄부'로 활용해왔다. '소비자=왕 모델'은 '갑질 모델'이자 '착취 모델'이다. 소비자에겐 권리만 있는 게 아니라 의무도 있다는 의식이 널리 확산될 때에 비로소 정치적 소비자 운동은 소기의 성과를 거둘 수 있다. 이는 본문에서 자세히 이야기하도록 하자.

나는 일반 시민은 물론 연구자들이 정치적 소비자 운동을 사회 참여의 한 형식으로 넓게 보길 원한다. 이 책이 일부러 전형적이지 않은 5개의 국내 사례를 분석한 이유도 바로 여기에 있다. 정치적 소비자 운동에 대한 심층적 인식과 더불어 연구 지평의 확대를 위해선 "아니 이걸 정치적 소비자 운동으로 볼 수 있는가?"라는 의문을 불러일으킬 만한 사례를 제시하는 게 바람직하다고 판단한 것이다.

제1장 「왜 1,528명이 죽는 동안 정부와 언론은 방관했는가?: 유치원과 가습기」, 제2장 「왜 게임업계는 페미니즘을 탄압하는가?: '페미니즘 사상 검증' 사건」, 제3장 「왜 진보 언론은 자주 '불매 위협'에 시달리는가?: '어용 언론' 사건」, 제4장 「왜 정치인들이 시민들보다 흥분하는가?: 일본 상품 불매운동」, 제5장 「왜 문재인 정부 출범 후 시민단체와 언론개혁 후원이 줄어들었을까?: 촛불집회」.

이 다섯 주제는 각기 한 권의 책으로 다루어도 부족할 정도로 최근 한국 사회를 뜨겁게 달군, 아니 현재진행형인 사건들이다. 우리는 입으로는 정치와 참여가 중요하다고 말은 하면서도 실제로는 그 입을 정치와 참여에 침을 뱉는 용도로만 사용하고 있다고 해도 과언이 아니다. 정치와 참여를 그렇게 좁고 편협하게 이해하지 말고, 사회 전반을 두루 살피자는 뜻으로 쓴 글들이다.

제6장 「왜 '슈퍼마켓에서의 정치'가 유행인가?: 서구의 정치적

소비자 운동」, 제7장 「왜 '시민 소비자'를 불편하게 생각하는가?: 정치적 소비자 운동의 이론 논쟁」, 제8장 「왜 소비자의 이미지는 '윤리'보다는 '갑질'인가?: 한국의 정치적 소비자 운동」이라는 3편의 글은 정치적 소비자 운동의 이론과 더불어 서구와 한국의 소비자 운동을 개괄적으로 소개한 것이다.

책의 구성이나 흐름으로 보아 이 3편의 글을 먼저 싣는 것이 자연스럽지만, 연구자가 아닌 일반 독자들을 위해 순서를 바꿔 뒤에 실었다. 제1~5장은 정치적 소비자 운동에 대한 학술적 지식이 없어도 쉽게 이해하고 공감할 수 있는 우리 사회의 주요 현안들이다. 깊은 관심과 흥미를 갖고 읽을 독자들을 처음부터 생소한 사회과학적 용어들로 괴롭힐 필요는 없다는 생각에서 그렇게 한 것임을 이해해주시기 바란다.

나는 그 어떤 문제와 한계에도 한국에서 정치적 소비자 운동이 활성화되기를 바란다. 많은 지식인이 '시민의 소비자화'를 개탄하지만, 일부일망정 명분을 내세운 시민이 명분을 내세우지 않는 소비자보다 이기적으로 행동하는 현실을 외면한 채 다분히 허구적인 '시민 우위론'을 내세운다고 해서 무엇이 달라질 수 있을까?

오히려 많은 진보주의자가 '시민'을 앞세워 진보 행세를 하지만 개인적인 삶은 철저히 '소비자', 그것도 자신의 이익을 위해서라면 수단과 방법을 가리지 않는 '비윤리적인 소비자'로 살고 있는 이중성과 위선을 깨는 풍토를 조성하는 게 더 시급한 일이 아닐까? 독자들이 그런 문제의식을 갖고 이 책을 읽어주길 바란다. 그게 과욕

이라면, 이 책이 정치적 소비자 운동에 대한 이해라도 제대로 해볼
수 있는 기회가 되길 기대한다.

2020년 3월
강준만

왜 '슈퍼마켓에서의 정치'가 유행인가?

————★★★★☆————

왜 '시민 소비자'를 불편하게 생각하는가?

————★★★★☆————

제8장
왜 소비자의 이미지는 '윤리'보다는 '갑질'인가?

———★★★★☆———

맺는말
"끈적이는 관계는 싫어요!"

———★★★★☆———

제1장

왜 1,528명이 죽는 동안
정부와 언론은 방관했는가?

————★★★★☆————

유치원과 가습기

'사립유치원 비리 사건'과 '정치하는 엄마들'

2018년 가을 전국의 학부모들이 분노한 이른바 '사립유치원 비리
사건'이 일어났다. 10월 5일 유치원 비리 근절을 위한 정책 토론회,
12일 비리 유치원 명단 공개, 25일 유치원 공공성 강화를 위한 정
부 종합 대책 발표에 이르기까지의 20일간 이 문제는 우리 사회의
최대 관심사로 떠올랐다.

　정부 대책의 주요 내용은 2020년까지 국공립유치원을 40퍼센트
확충하고, 국가교육회계시스템인 '에듀파인'을 모든 사립유치원에
적용하겠다는 것이었다. 여론의 분노에 쫓겨 서둘러 마련하느라 실
천 가능성에 강한 의문이 제기되었지만, 이 정도나마의 대안이 나

오게 된 것은 순전히 사립유치원 소비자인 엄마들의 단체, 즉 '정치하는 엄마들'이 '비리 유치원 명단 공개' 요구 작업에 1년 넘게 끈질기게 매달려온 덕분이었다.

이 사건으로 인해 여론의 비난 화살은 주로 사립유치원에 쏠렸지만, 정작 주된 비난을 받아야 할 대상은 정부와 정치권이었다. 전 국회의원이자 '정치하는 엄마들'의 공동대표 장하나는 "수십 년 동안 유아교육 현장을 이렇게 망쳐놓은 건 교육 당국"이라고 비판했는데,[1] 이 비판엔 충분한 근거가 있었다.

2017년 2월 국무조정실 부패척결추진단은 "대도시 유치원·어린이집 95곳을 골라 감사한 결과 91개 기관에서 205억 원을 부당하게 사용한 사실을 적발했다"고 발표했지만, 유치원 이름은 숨겨주었다. 한 해 2조 원 가까운 국고가 지원되지만 유치원은 감사조차 제대로 받지 않았고 감사에 적발되고도 명단이 공개되지 않은 것이다. 그럼에도 사회적으로 아무런 문제 제기가 없었다.

그러다가 장하나가 2017년 3월 『한겨레』에 기고한 글에서 엄마들의 세력화를 제안하며 페이스북 주소를 적어둔 것을 계기로 그해 6월 '정치하는 엄마들'이라는 비영리단체가 출범하면서 모든 게 달라지기 시작했다. 이후 1년여 동안 '정치하는 엄마들'은 왕성한 활동을 벌였고 회원 수는 늘어갔다. 회원이 수십 명 수준이던 초창기부터 보육, 교육, 노동, 여성 관련 토론회에 50회 이상 패널로 참석했고 '비리 유치원 감싸기 정부 규탄 기자회견' 등 자체 기자회견과 성명서 발표만 30차례 넘게 했다. 시민단체와의 연대 기자회견에도 적극 나섰고 엄마 당사자의 목소리가 필요한 인터뷰에는 적극 출연했다. 2018년 10월 기준 '정치하는 엄마들'에 가입된 회원수는 500여 명, 페이스북 페이지 '정치하는 엄마들'의 참여자(멤버)는 2,300여 명에 이르렀다.[2]

'정치하는 엄마들'은 텔레그램을 통해 활발하게 회의를 했는데, '텔방(텔레그램방)'에서 논의를 하면서 비리 유치원 명단 정보공개청구에 나서자고 결정했다. 이들은 2017년 12월부터 여러 차례 국무조정실과 전국 17개 시·도 교육청, 100여 곳의 교육지원청에 정보공개청구를 했다. 정보공개청구는 거듭 무시당했고 엄마들은 2018년 5월 비리 유치원 명단 공개를 요구하며 국무조정실과 인천시교육청을 상대로 행정소송에 나섰다.

'정치하는 엄마들'은 이 문제에 관심을 두고 있던 국회 교육위원회 소속 의원 박용진과도 협력했다. 박용진은 시·도 교육청과 교육지원청에 자료를 요청해 교육청·교육지원청 차원에서 2013~2017년 사이 감사를 벌여 비리를 적발한 유치원 1,878곳의 명단과 비리 내역을 입수해 국정감사에서 공개함으로써 이 문제를 전 국민적 차원의 정치적 소비자 운동으로 만드는 데에 큰 기여를 했다.[3]

'한유총'을 두려워한 정치인들과 진보 교육감들

사실 박용진의 활약은 눈부셨다. 2018년 10월 말 『경향신문』 정치부 데스크 구혜영은 "요즘 정치권 인사들을 만나면 더불어민주당 박용진 의원 이야기가 빠지지 않는다. '대박'을 터뜨렸다는, 대체로 비슷한 평가였다 "며 다음과 같이 말했다.

"국회가 박 의원의 질주로 달라지고 있다. 국회발 의제가 나온 지 20여 일 만에 온 나라가 움직였다. 2013년 누리과정이 실시된 이후 교육 관료들의 직무유기, 짬짜미 감사 등 묵은 적폐가 민낯을 드러냈다. 국회는 유아교육이라는 공적 가치에 관한 한 대표성을 인정받게 됐다. 촛불 이후 주요 의제에 직접 참여하는 게 낫다는 시민들이 늘었지만, 살다 보면 내 권리를 위임하는 간접 참여도 괜찮겠다는 시민들도 많아지는 추세다.……이 정도면 국회 정치의 전환이 시작됐다고 할 수 있겠다."[4]

물론 그런 전환은 아직까지도 이루어지진 않았지만, 이 사건에서 가장 중요한 것은 국회의원들은 평소 한국유치원총연합회(한유총)를 두려워했다는 점이다. 사실 바로 이런 이유, 즉 정치와 행정이 이익단체의 포로로 전락한 현실에 대한 대응책으로 일어난 것이 정치적 소비자 운동이다. 『중앙일보』 논설위원 강찬호는 「박용진 대박, 유치원·김일성 겁 안 낸 '똘끼'가 비결」이라는 인터뷰 기사에서 박용진이 돋보였던 이유를 소개했다.

이 기사에 따르면, 박용진은 유치원 비리를 추적해온 한 방송사가 "교육청 감사 결과 비리가 드러난 사립유치원 명단을 달라"고 했을 때 유일하게 응한 교육위원회 위원이었다. 이 방송사는 교육위원회의 다른 의원들에게도 같은 요청을 했지만 "내가 총대를 멜 순 없다. 큰일 난다"는 답만 돌아왔다. 보좌관들부터 기겁을 했다고 한다. 박용진은 자신이 정반대로 행동했던 이유에 대해 이렇게 말했다. "초선 의원이 벌집 무서워 상식을 피해 가면 안 된다는 의식이 있었다. 그래서 시민단체가 날 찾아와 '(사립유치원) 뚜껑 열어보니 개판'이라 했을 때 바로 토론회를 열었고 방송에 자료를 줬다. 그뿐이다."

박용진은 "토론회 열 때 동료 의원들이 말리지 않던가?"라는 질문에 피식 웃더니 이렇게 답했다. "(유치원들이) 귀신같이 알고 친한 의원들에게 청을 넣은 모양이더라. 여야 가리지 않고 의원 6~7명이 내게 전화를 걸어왔다.……'존경하는 박 의원, 걱정돼 전화했다. 나 박 의원 좋아하는데 괜히 유치원과 척지면 어쩌나 해서다. 잘 협의해서 (토론회를) 해라' 뭐 이런 얘기였다." 박용진은 "그런데 토론회가 끝나자 의원들이 싹 달라졌다"고 덧붙였다. "'잘했다'고 난리더라. 자유한국당 의원들까지 전화를 걸어와 '내가 못한 걸 당신이 해줘 고맙다'고 하더라."[2]

어디 그뿐인가. 국회의원들뿐만 아니라 진보 교육감들도 한유총을 두려워해 감사 결과를 공개하지 않았고 최근 2년간 감사를 포기한 곳도 있었다. 언론도 한유총과 척지는 걸 두려워한 탓인지 사건이 크게 확산되기 전까진 이 문제를 외면했다. 대표적인 시민단체들이나 노동조합들도 이 문제엔 관심이 없었다. 결국 소비자의 절박성이 역사를 만든 것이다. 장하나의 표현을 빌리자면, "평범한 엄마, 힘없는 시민들의 행동이 100년간 꿈쩍 않는 적폐에 균열을 내고, 무너진 유아교육 현장을 방관하던 교육 당국을 움직였다".[6]

사립유치원 비리 사건은 정부의 전방위적 압박에 힘입어 정부의 승리로 귀결된 것처럼 보이긴 했지만, 여전히 갈 길은 멀었다. 사립유치원 비리 근절을 위해 회계(에듀파인) 프로그램 사용을 의무화하는 내용, 교비 회계 수입 등을 부당하게 사용할 경우 처벌하는 내용들이 담긴 '유치원 3법(유아교육법·사립학교법·학교급식법 개정안)'은 2018년 12월 패스트트랙(신속처리안건 지정)에 올랐지만 해당 상임위인 교육위원회에서 제대로 논의조차 못해 보고 법제사법위원회로 자동 회부되었다. 사실상 방치되었다가 법제사법위원회로 넘어간 것이다.[7]

한유총은 2019년 3월 초 '유치원 3법'이 사유재산 침해라고 반발하면서 '유치원 개원開園 연기 투쟁'을 벌였지만, 검찰과 경찰, 국세청, 공정거래위원회까지 동원되어 명단 공개와 형사고발 카드를 들이밀자 하루 만에 투쟁을 접었다. 3월 14일 검찰이 전 한유총 이사장 이덕선에 대해 구속영장을 청구한 것과 관련, 『조선일보』는 "정권에 덤비면 이 꼴이 된다"는 식으로 본때를 보이는 것이라며, "전체주의 국가에서나 볼 수 있는 이런 야만野蠻도 언젠가 역풍을 맞을 것이다"고 반발하기도 했다.[8]

이후 오랜 갈등과 투쟁 끝에 2020년 1월 13일에서야 국회 본회의에서 유치원 3법이 통과되었다. '정치하는 엄마들'의 회원 곽지현(7세·5세 두 아이 학부모)은 "유치원 3법 통과는 '어떤 특정 세력의 로비력'을 능가하는 '엄빠력(엄마·아빠들의 힘)'을 보여준 것"이라고 말했다. 박용진은 "그간 학부모들 덕분에 버틸 수 있었다"며 "이제 사립유치원에 대한 지원을 논의해야 한다. 그 지원의 일환으로 사립유치원 교사에 대한 처우 개선이 우선돼야 한다"고 말했다.[2]

『중앙일보』는 사설을 통해 "'유치원 3법'은 공공성과 투명성 강화 차원에서 의미가 크다"면서도 "그러나 논란의 불씨는 아직 남아 있다. 사유재산의 공적 성격을 어디까지 규정할 것이냐 하는 문제다. 사립유치원을 개인 사업으로 볼 것인지, 비영리 공적 교육기관으로 여길 것인지 하는 첨예한 갈등이 내재해 있다"고 말했다.[10]

아닌 게 아니라 생각해볼 점은 있다. 사유재산의 공적 성격을 어디까지 규정할 것이냐 하는 문제는 반드시 풀고 넘어가야 할 숙제다. 그간 사립유치원을 일반 개인 사업자로 간주한 기반 위에서 모든 행정을 펴오다가 여론의 분노가 폭발하자 하루아침에 공공기관으로 다루는 식의 행정은 그로 인한 부작용이 클 수밖에 없다. 들끓는 여론 속에 사립유치원은 '어쩌다 공공기관'이 될 운명을 맞았으니,[11] 왜 문제가 없겠는가.

자유기업원 원장을 지낸 연세대학교 경제대학원 특임교수인 김정호는 「사립유치원 비리 문제에 대한 새로운 시각」이란 논문에서 바로 그런 문제를 지적하고 나섰다. 사립유치원 소유자들을 억울한 희생자로 여기는 듯한 김정호의 주장에 전적으로 동의할 수는 없을망정 "문제의 발단이 사립유치원의 소유자들이 아니라 정부의 부당한 정책 변화에 있다"는 진단만큼은 문제의 근본적 해결을 위해 적극 고려할 필요가 있겠다.[12]

개인 사업자에게도 상도덕은 있는 법인데, 그간 최소한의 상도덕조차 관리하지 못했던 정부를 신뢰하기는 어렵다. 앞으로도 '정치하는 엄마들'을 비롯한 소비자들의 정치적 소비자 운동이 계속될 수밖에 없고 계속되어야 할 이유라 하겠다. 장하나가 지적한 '잔인한 국가'의 근본을 바꿀 수 있을 때까지 말이다.

"남성 밑에 여성, 그리고 그 밑에 엄마가 있다. 사회생활을 하는 데 있어서 엄마는 여성이 아니라 그 이하다. 마치 화장실 가서 일 보고 오는 것처럼, 엄마는 천연덕스럽게 사회생활 하지 않으면 못한다. 잔인한 국가다. 그러나 엄마들이 시작하지 않았으면 이번 유치원 사건의 보도도, 국감도 없었다."[13]

이 사건은 이전의 정치 영역에서 비교적 외면되었던 '생활 정치'와 '개인화된 정치'를 중요한 정치 커뮤니케이션 현상으로 주목해야 할 대표적 사례로서 가치가 있다. 생활 정치의 중요성과 필요성에 대한 논의는 오래전부터 활발하게 이루어져왔음에도,[14] 정치 커뮤니케이션 연구가 여전히 제도 정치 중심의 편향성을 보이고 있는 것에 대한 성찰의 기회가 되어야 마땅하다. 이 사건은 정치적 소비자 운동의 반정치 성향은 막연히 우려할 것이 아니라 충분한 근거가 있는 합리적인 것이며, 소비자는 직접적인 당사자로서 관련 문제를 꿰뚫고 있는 건 물론 문제 해결에 대한 절박성을 갖고 있다는 점을 보여준다. 문제 해결을 위한 소비자들의 연대와 단합엔 소셜미디어가 큰 역할을 했다는 점도 주목할 만하다.

이스라엘은 정치적 소비자 운동이 미약한 나라였지만, 2011년을 기점으로 정치적 소비자 운동의 힘을 다시 보기 시작했다. 전반적인 물가 상승에 불만을 품고 있던 소비자들은 그해 여름 가격이 급등한 코티지 치즈cottage cheese에 대한 보이콧을 매개로 정책 전반에 대한 문제를 제기함으로써 정부와 정치권을 움직이는 성과를 얻었으며, 더 나아가 이스라엘 국민들이 시민이자 소비자로서 그간 보여온 무관심을 떨쳐버리고 정치적 소비자 운동에 대한 인식을 새롭게 하는 전기를 마련했다.[15]

이스라엘에선 운동을 이끈 리더들의 역할이 컸는데, 이는 '사립유치원 비리 사건'에서 장하나가 이끈 '정치하는 엄마들'의 역할이 절대적이었다는 사실과 맥을 같이한다. '사립유치원 비리 사건'이 과연 정치적 소비자 운동의 전기가 될 수 있는 파급 효과를 낳을 수 있을 것인지 두고 볼 일이지만, 향후 정치적 소비자 운동은 근본적인 제도 개혁을 염두에 둘 필요가 있고, 이 점에서 언론의 역할이 중요하다는 점을 강조해둘 필요가 있겠다.

'세월호'보다 훨씬 더 중요한 사건이었음에도

'사립유치원 비리 사건'은 정치적 소비자 운동의 성공 사례로 기록될 수 있겠지만, 이와는 정반대로 '잔인한 국가'의 끝장을 보여준 사건임에도 이렇다 할 정치적 소비자 운동이 일어나지 않은 사건도 있다. 그건 바로 '가습기 살균제 참사'다. 가습기 살균제 피해로 숨진 사람은 1,528명이나 된다(2020년 2월 19일 기준). 가습기 살균제 전체 피해 가구인 4,953가구 가운데 보상을 받을 수 있는 피해 인정율은 8.2퍼센트에 지나지 않는다.

피해자들이 바라는 건 많지 않다. 단지 피해 인정 범위를 넓히고 구제에 차등을 없애달라는 것뿐이다. 그럼에도 가해 기업과 정부는 모르쇠로 일관하고 있다. 아무런 이해관계도 없으면서 피해자들의 상처에 소금을 뿌리는 악한 인간도 많다. "다 끝나지 않았어? 다 끝난 걸로 알고 있는데?"라고 말하는 사람들은 비판받아 마땅할망정 눈감아줄 수도 있지만, 이런 말을 내뱉는 인간들은 어찌할 것인가? "그만 해먹어라. 그만 해먹어 좀. 그만 나와."[16]

가습기 살균제 문제가 드러난 건 2011년이었음에도 왜 아직도 이 참사는 해결되지 않고 있는 것일까? 물론 진실을 파헤치면 엄청난 비용이 든다는 이유로 사건을 축소하기에 급급했던 박근혜 정권의 책임이 크다. 그러나 그것만으론 다 설명할 수 없다. 정권이 바뀐 후 문재인 대통령이 처음으로 피해자들을 청와대로 불러 사과를 했지만, 단지 말뿐이었다. 정부는 여전히 책임을 인정하지 않았고, 따라서 그 어떤 조처도 취해지지 않았다. 피해를 당한 소비자들의 억울함과 분노로 말하자면, "대한민국이 사실상 무정부 상태"라고 한 어느 피해자의 절규처럼 그 어떤 사건과도 비교할 수 없을 정도로 클 텐데, 왜 이런 '무정부 상태'가 지속되었던 걸까?[17]

가습기 살균제 사건은 2011년 4~5월 서울의 한 대학 병원에서 출산 전후 산모 8명이 폐가 굳는 원인 미상의 폐질환으로 입원한 뒤 4명이 숨지면서 알려졌다. 2011년 8월 31일 질병관리본부는 가습기 살균제가 중증 폐질환의 원인이라고 발표했고, 유족들은 2012년 8월 옥시 등 가습기 살균제 제조·판매사 10곳을 검찰에 고발했다. 그러나 검찰은 이를 일반 형사사건으로 보고 검사 1명에게 수사를 맡겼고, 이듬해 '역학조사 결과가 나오지 않는다'며 시한부 기소중지했다. 피해자 접수는 역학조사 결과가 나온 지 2년이 지난 2013년 7월에서야 시작되었고, 정부는 2014년 3월에야 가습기 살균제가 폐질환의 원인이라는 공식 판정을 내렸다. 검찰 수사는 그로부터 1년 6개월이 지난 2015년 10월에서야 시작되었다. 하지만 수사는 지지부진遲遲不進했다.

2019년 7월 23일 서울중앙지검 형사2부는 가습기 살균제 사건 3차 수사 결과를 발표했다. 사건 책임자 34명(8명 구속 기소, 26명 불구속 기소)을 재판에 넘겼다는 게 주요 내용이었다. 2016년 22명이 기소되었던 2차 수사를 피했던 이들이다. 검찰은 이 수사에서 가습기 살균제가 최초 개발 단계부터 부실하게 개발되었고, 업체와 정부기관 간에 조직적인 유착이 있었다는 점 등을 새로 밝혀냈다. 가습기 살균제 원료 물질을 처음 개발한 유공(현 SK케미칼)은 1994년 개발 당시 '유해성 여부를 검증해야 한다'는 지적을 어긴 채 제품을 시중에 유통시켰다. 환경부 서기관 최 아무개씨는 업체에서 금품을 받은 뒤 국정감사 등 내부 자료를 제공했고, 국회의원 보좌관 출신 양 아무개씨는 가습기 살균제 사건 조사를 무마해달라는 부탁으로 수천만 원을 수수했다.[18]

이 뉴스를 텔레비전을 통해 보다가 깜짝 놀랐다. 기자가 이젠 모든 게 다 마무리된 것처럼 말을 하는 게 아닌가. 아니다. 전혀 그렇지 않다. 이 사건은 '안방의 세월호 사건'으로 불리기도 했지만, 실은 '잔인한 국가'라고 하는 점에서 보자면 세월호 사건보다 훨씬 더 중요한 사건이었다. 하지만 두 사건에 대한 국민적 관심도를 놓고 보자면, 세월호 사건은 국가적 수준의 사건이었던 반면 '안방의 세월호 사건'은 말 그대로 '안방'에만 머무른 수준이었다. 정치적 사건으로서 가치가 약했기 때문이었을까?

"가습기 살균제가 죽인 딸…저는 '4등급' 아버지입니다"

왜 이런 어이없는 일이 벌어진 걸까? 가습기 살균제 피해자 구제 관련 법안을 가장 먼저 대표 발의하며 19대 국회 4년 임기 내내 가장 적극적으로 나섰던 더불어민주당 의원 장하나는 『한국일보』 인터뷰에서 "기업들은 피해자들이 찾아가도 문전박대하고, 보상을 요구하는 피해자들을 상대로 한 소송에만 돈을 썼다"며 "정부의 든든한 '빽'이 없었다면 불가능한 일"이라고 비판했다. 정부가 허용한 물질로 제품을 만들어 사고가 발생한 만큼 정부가 책임을 피하기 위해 해당 기업 편을 들었다는 것이다.

장하나는 법안 발의 이후 자신을 가장 힘들게 했던 것은 "세상의 무관심"이었다고 했다. 그는 "언론도, 국민들도, 정부도, 입법부도 가족이 머무는 공간을 '아우슈비츠'로 만든 사건에 지금까지 별다른 반응을 보이지 않고 있다가 이제서야 불매운동을 벌이는 등 공분하고 있다"며 "검찰이 칼을 뽑으면서 사태가 재조명 받게 된 만큼 그 칼은 정부로도 향해야 할 것"이라고 강조했다.[19]

장하나는 『미디어오늘』 인터뷰에선 "늦었지만 옥시가 나서서 사과까지 했으니 이제 잘 풀릴까"라는 질문에 이렇게 답했다. "사과할 기회는 5년 전부터 있었다. 피해자들이 1인 시위 매일 하고 한 번만 만나달라고 했는데 그때마다 기업들은 진상 취급, 악질 민원인 취급을 했다. 한 번은 피해자들과 같이 옥시 회사를 방문한 적이 있는데, 국회의원이 가니까 그래도 문은 열어줬다. 근데 직원 식당 같은 데 앉혀 놓고 책임 있는 사람도 안 나왔다. 이런 히스토리가 있는데 이제 와서 사과하니까, 그 사과가 사과로 안 들리는 거다."

또 장하나는 "지금 상황은 마치 검찰과 정부가 잘못한 기업을 때려잡는 것 같은 그림이다"는 질문에 이렇게 답했다. "포청천 코스프레 하고 있다. 정부가 해당 가습기 판매 허가 다 내줬다. 가해 기업 책임으로만 몰아가는 것도 어불성설이라 본다. 잠깐 팔린 것도 아니고 15년 동안 800만 개가 팔리는 동안 가만 놔뒀으면 그건 정부 책임이다. 구하기 힘든 물건도 아니고 동네 마트만 가면 다 널려 있었다. 정부의 책임이 없다는 식의 정부 태도가 가장 큰 재앙이고 문제의 본질이다. 이걸 못 고치면 이런 사고 다시 일어난다. 아무리 검찰 수사를 하고 교수를 조지고 옥시를 조지고 해도 죽음의 행렬을 막으려면 정부가 책임 인정하고 사과하고 재발 방지 대책 마련하는 것으로 첫 단추를 끼워야 한다."[20]

"세상에 어떤 참사에서 사망자가 1,300명을 넘을 수 있을까요. 전쟁 말고 비교할 수 있는 게 있습니까."[21] 환경보건시민센터 소장 최예용이 2019년 초에 한 말이다. 전쟁, 그것도 아주 잔인한 전쟁이었다. 가습기 살균제로 인해 백일을 갓 지난 딸을 떠나보낸 피해자 아버지 정일관은 『오마이뉴스』에 올린 「가습기 살균제가 죽인 딸…저는 '4등급' 아버지입니다」라는 글에서 다음과 같이 피를 토하는 심정으로 절규했다.

"이번 가습기 살균제 피해자들은 여러 번 죽었으며 또 죽어간다. 가습기 살균제로 인해 폐와 장기가 망가져 죽고, 사망 원인이 가습기 살균제라는 사실에 애통하여 죽고, 정부 당국자들에게 외면당하고 무시당하여 죽고, 부도덕한 기업의 발뺌과 무책임함에 죽고, 언론의 무관심에 죽고, 의사·교수들로 구성된 판정단에 의해 등급이 매겨져 죽고, 1,2등급과 3,4등급을 차별하고 분열시켜서 피해 규모와 배상 책임을 축소하려는 농간에 죽고, 더디고 더딘 우리 사회의 공감 능력에 거듭 죽는다. 이런 사상 최악의 생명 경시 사고로 인해 피해를 입었는데도 왜 피해자들이 거듭해서 고통을 당하고 거듭해서 죽어야 하는가."[22]

"가습기 살균제 사건은 '재난'이 아니라 '악행'이다"
정부의 가습기 살균제 피해 판정이 뒤늦은데다 지나치게 까다로워 아무런 지원도 받지 못한 채 숨지는 희생자가 계속 늘어나고 있었지만, 정부는 별로 달라진 게 없었다.[23] 가습기 살균제 사건 특별조사위원회와 한국역학회가 2018년 10월부터 약 3개월간 조사한 연구에 따르면, 살아남은 피해자 66.6퍼센트가 '만성 울분'으로 고통받고 있었다. 피해자 ㄱ씨는 이렇게 말했다. "제가 할 수 있는 건 다한 것 같아요. 피해자한테 자꾸 증명하라고 하면 저는 가습기를 다시 흡입할 수밖에 없어요. 다시 흡입하고 임신해서 아픈 애를 낳고부검하는 수밖에 없어요. 도대체 저한테 뭘 어떤 식으로 증명하라는 건지 모르겠어요."

연구를 진행한 서울대학교 보건대학원 교수 유명순은 "이들의 울분은 현재의 피해 보상 및 대응 체계가 양산하는 '사회적 울분'"이라고 분석했다. ㄱ씨 사례처럼 피해자에게 전가하는 피해 입증의 어려움, 유해 제품을 생산한 기업과 규제하지 못한 정부에 대한 분노, 자신이 구매한 제품 때문에 가족이 죽거나 아픈 데 대한 죄책감, 피해 인정 과정에서 모욕적 경험 등이 누적되어 만성적인 울분과 각종 추가 피해를 겪고 있다는 것이다.[24]

사회적 참사 특별조사위원회와 한국역학회가 2019년 6월부터 12월까지 실시한 '가습기 살균제 전체 피해 가정 대상 첫 조사 결과'에 따르면, 피해자 중 성인 83퍼센트가 폐질환 등을 앓고 있으며, 성인의 49.4퍼센트가 자살 생각을 한 적이 있다고 대답했고, 11퍼센트는 실제로 극단적 선택을 시도했던 것으로 나타났다.[25]

1,528명의 사망자, 피해자 수천 명의 '만성 울분'의 고통은 사회적으로 어떤 의미를 갖는 걸까? 숙명여자대학교 교수 구연상은

「가습기 살균제 사건, 재난(참사)인가 악행인가」라는 철학적 논문에서 기존 시각은 이 사건을 대체로 재난災難이나 참사慘事로 규정하거나, '제조물에 따른 피해 사건' 정도로 보고 있지만, 악행惡行으로 규정해야 한다고 주장했다.

"살균제 기업들의 악행의 질은 그들이 살균제 제품에 쓰인 화학물질의 위험성을 '이미' 알고 있었을 뿐 아니라, 그것의 안전성을 검사해야 할 자신들의 의무를 '제대로' 수행하지 않았고, 심지어 그 검사 결과를 '거짓'으로 조작하기까지 했으며, 소비자의 안전을 철저히 무시해왔다는 점에서 매우 악질적이었다고 평가할 수 있다. 그들의 악행은 그것이 사고나 참사로 위장될 수 있었을 뿐 아니라 나중에 불거진 책임까지 회피하기 좋았다는 점에서 교묘巧妙하고 교활狡猾했다고 볼 수 있다."[26]

그렇다면 정부는 어떻게 볼 것인가? 『미디어스』기자 장영은 이런 총평을 내렸다. "독성물질 천만 병이 판매되는 동안 정부가 한 일은 아무것도 없다. SK케미칼을 무죄로 만들어주기 위해 혈안이 되었다는 것 외에 정부가 한 일은 가습기 피해자를 인정하지 않는 것뿐이었다. 정부가 국민을 먼저 생각했다면 보다 적극적으로 피해자를 찾아야 했다. 모든 가능성을 열어두고 피해자를 찾고 연구를 통해 가습기 살균제의 영향을 받을 수밖에 없는 질병은 철저하게 피해자로 인정해 구제를 해야만 했다.……'악의 평범성'이 여전히 우리 사회를 지배하고 있다는 사실이 끔찍하다."[27] 정부의 무책임과 기만이 즉각 중단되어야 한다는 건 두말할 나위가 없다.[28]

왜 언론은 '가습기 살인'을 외면했는가?

이런 악행을 방관한 언론과 시민사회는 면책될 수 있을까? 유가족 연대 대표 최승운이 말했듯이, "언론에서 처음부터 추적 보도를 해줬으면 (상황이) 이렇게까진 오지 않았을 것이다. 어느 누구도 관심을 가지고 보도하지 않았다".[29]

2016년 10월 15일 카이스트 과학저널리즘 7기 연구팀이 발표한 '가습기 살균제 참사, 언론 보도에 대한 고찰' 연구 결과에 따르면 언론 보도는 2011년부터 2016년까지 심층 보도보다 '발표 저널리즘'이 주를 이루었다. 연구팀은 "기자들의 출입처 제도가 이번 사태 취재에 가장 큰 걸림돌"이었다며 "즉 얘기되는 출입처 보도자료에만 언론이 끌려다닌 것"이라고 비판했다.[30] 이는 언론의 가습기 살균제 관련 기사량이 검찰의 수사 결과가 조금씩 새어나오기 시작한 2016년부터 극적으로 증가하기 시작했다는 것으로 입증되었다.[31]

언론은 왜 그랬을까? 『중앙일보』 논설위원 권석천은 2016년 5월 17일 「나는 왜 '가습기 살인'을 놓쳤나」라는 칼럼에서 용감하게 양심선언을 하고 나섰다. 그는 후배 기자 H가 자신에게 한 말을 소개했다.

"요즘 신문·TV에서 가습기 살균제 피해자들 보면 죄책감이 들어요. 2014년 서울중앙지검에 들어갈 때마다 거의 매일 그분들을 봤거든요. 피켓 들고 수사를 촉구하던 그분들 앞을 그냥 지나치곤 했어요. 검찰이 나서지 않는데 나보고 어떻게 하라고? 그런 마음이었던 것 같아요. 얼마나 크게, 몇 번이나 쓸 수 있을지 견적도 나오지 않고……. 검찰이 뒤늦은 수사로 비판 받고 있기는 해도 기자들 감수성이 검사들보다 못한 것 아닌가 하는 생각이……."

이 말을 듣고 자신이 사회2부장으로 있던 2014년 하반기부터 2015년 말까지 가습기 살균제 사건을 뒤돌아본 권석천은 "지난 5년간 피해자들을 투명인간으로 만든 건 언론이었다. 아무리 절규하고 발버둥 쳐도 언론의 눈엔 보이지 않았다. 그들이 보인 건 수사가 본격화되고 시민들의 분노가 불붙은 뒤였다"며 다음과 같이 말했다.

"쉬지 않고 터지는 사건에 한정된 취재 인력, 단발성 보도까지 알리바이는 차고 넘칠 것이다. 하지만 비상벨을 울리지 않은 죄는 어떤 이유로도 용서받을 수 없다. 특별수사팀이 소환하고, 발표하고, 보도자료가 나와야 움직이는 게 기자이고 언론일까. 그러고도 '악마의 보고서'를 썼다고 대학 실험실에 돌을 던질 자격이 있을까. 지금 나 자신을 포함해 한국 기자들은 '악마의 관성'에 갇혀 있다. 위험을 감수하며 스스로의 힘으로 '탐사'하기보다는 발표 내용, 발설 내용을 그럴듯하게 포장해 '퍼 나르기' 하는 데 급급하다. 나태하게 방관하다 사냥의 방아쇠가 당겨지면 그제야 달려들어 과잉 취재를 한다. 사자가 먹다 남긴 고기에 코를 처박는 하이에나와 다른 게 무엇인가."[32]

나흘 후 『서울신문』 편집국 부국장 진경호도 「가습기 살균제의 공범은 누구입니까」라는 칼럼에서 권석천의 양심선언에 가세하고 나섰다. "그의 고백과 자책은 그러나 그만의 것이 아닙니다. 필자를 포함해 언론 모두가 무릎을 꿇을 일입니다. 1996년 유공(현 SK케미칼)과 옥시, 애경 등이 잇따라 세계 어느 나라에도 없는 가습기 살균제를 만들어 팔고, 이로 말미암아 수백의 영문 모를 죽음이 이어지는 상황에서 언론은 청맹과니였습니다. 아니 '사흘에 한 번은 꼭 청소를 해줘야 한다'며 기사로, 광고로 이들 제품을 선전하기 바빴습니다. 이들 제품에 사람을 죽이는 물질이 들어 있다고 상상도 못했고, 알려 하지도 않았습니다."[33]

'하루살이 저널리즘'과 '먹튀 저널리즘'을 넘어서

권석천과 진경호가 고뇌 어린 반성 칼럼을 쓴 건 경의를 표할 일이지만, 언론의 기존 시스템과 관행은 그대로다. 앞서 지적했듯이, 언론은 여전히 주요 기사의 대부분을 정부기관의 일방적인 발표와 정치인의 입에 의존하는 '발표 저널리즘'에 미쳐 있다. 이건 실은 '하루살이 저널리즘'이요 '먹튀 저널리즘'이다. 발표가 나오는 하루 동안만 관심을 기울이다가 다른 기삿거리가 나오면 그쪽으로 튄다. 국민적 삶에 직결된 중요한 문제라도 발표에만 의미를 둘 뿐 문제의 해결엔 아무런 관심이 없다.

언론이 외면하면 기업·정부·정치권은 결코 움직이지 않는다. 장하나가 잘 지적했듯이, 국회의원들은 이런 식으로 움직인다. "국회의원 의정 활동도 언론에 얼마나 주목받느냐로 평가받는다. 그래서 반짝 하다 마는 경우가 많다. 이슈 되면 이 의원 저 의원이 다루다가 잠잠해지면 다른 이슈로 옮겨간다. 4년 내내 하는 의원은 없다.

쌍용자동차 해고 노동자 문제도 19대 개원했을 때 특위도 만들고 했는데 처음에는 열심히 하다가도 잘 안 풀리거나 언론 관심도 떨어지면 안 다루기 마련이다."[34] 기업과 정부도 다를 게 없다.

피해자 신고마저도 언론의 영향을 받으니 더 말해 무엇하랴. 환경보건시민센터 소장 최예용은 "20년 전 썼던 3천~4천 원짜리 일회용품을 사용했는지 등은 사실 기억하기 어렵다"면서 "관련 보도가 많아지면 신고 수가 올라간다"고 했다.[35] 사정이 이러하니, 언론이 미친 척하고 외면하면, 정치적 소비자 운동이 발을 딛고 설 땅이 없어져 버린다.

미시적인 소통의 문제를 교정하는 데에 자극을 주는 것도 언론의 역할이다. 서울대학교 교수 홍성욱이 「가습기 살균제 참사와 관료적 조직 문화」라는 논문에서 잘 지적한 것처럼, 관련 기업의 부처들과 정부의 부처 같은 조직들 내부에서 발생한 "칸막이 문화, 피드백과 소통의 단절 같은 문제가 가습기 살균제 재앙의 중요한 원인"이었다.[36]

서양에선 정치적 소비자 운동이 주로 소셜미디어를 통해서 이루어진다지만, 한국에선 공적인 사회적 문제에 관한 한 여전히 소셜미디어마저 언론의 의제설정 영향에서 자유롭지 못하다. 언론과 무관하게 실제 일상적 삶에서 겪는 문제가 동력이 되었던 '사립유치원 비리 사건'과는 달리, 가습기 살균제 사건엔 그런 동력이 없었거나 약했던 것으로 보인다.

아니면 다른 이유가 있었던 건가? 생각해보면, 참 이상한 일이다. 앞서 지적했듯이, 한국은 인터넷과 소셜미디어가 과잉 발달된 나머지 누리꾼들이 아직 사건의 전모가 드러나지 않은 상황에서도 가해자로 지목된 기업이나 개인에게 맹폭격을 가하는 '현대판 마녀사냥'이 자주 일어나는 나라다. 그런데 정의를 내세우는 이 투사들이 왜 가습기 살균제 사건에 대해선 비교적 얌전했던 걸까? 자신과 무관한 마녀사냥엔 재미로 뛰어들 수 있어도 그런 재미가 없는 일엔 자신의 쇼핑 행위와 관련이 있는 일이라도, 자신도 얼마든지 피해자가 될 수 있었던 일이라도, 나설 뜻이 없다는 걸까?

1,528명을 '통계'로만 여기는 냉담과 결별해야 한다

전반적인 시민의식의 문제는 없었던 걸까? 가정의학과 의사이자 의료인류학자인 김관욱이 『아프지 않았으면 좋겠습니다: 무감각한 사회의 공감 인류학』에서 토로한 '단장지애斷腸之哀', 즉 "자식 잃은 어미 원숭이의 창자가 끊어질 정도의 슬픔"이 널리 공유되지 않았다는 점에서 시민들 역시 깊은 성찰을 해야 할 일이 아닐까?

"첫째 아이 출산 때 내가 좀더 꼼꼼하고 부지런했더라면, 그래서 가습기 살균제를 철저히 챙겼더라면, 나 역시 피해자의 일원이 되었을지 모를 일이었다. 이런 생각에 미치니 상상만으로도 미칠 것 같았다. 온몸의 장기가 다 끊어지는 '단장지애'의 고통이 눈앞까지 밀려왔다."[37]

일반 시민들이 자신도 피해자가 될 수 있었다는 역지사지易地

思之의 정신으로 좀더 일찍 분노하고 나섰더라면 사태는 달라졌을 것이다. 그런데 그들은 왜 움직이지 않았던 걸까? 미셸 미셸레티Michele Micheletti는 정치적 소비자 운동의 메시지는 '개인화personalization'의 방식으로 접근해야 소비자들을 움직일 수 있다고 했는데,[38] 혹 그런 이유 때문이었을까?

"한 사람의 죽음은 비극이지만, 100만 명의 죽음은 통계다." 소련 독재자 이오시프 스탈린Iosif Stalin, 1879~1953의 말이다. 좋은 말이라고 소개한 게 아니다. 우리 인간의 맹점을 알자는 뜻이다. 각기 말한 취지는 다르지만, 테레사Teresa, 1910~1997 수녀도 인간 본성에 대해 "다수를 보면 행동하지 않고, 한 명만 본다면 행동한다"고 했다.[39] 4년간 20만 명 이상이 숨진 소말리아 다르푸르Darfur 내전에 대한 국제사회의 차가웠던 반응이 이 점을 잘 말해준다고 볼 수 있다.

미국 심리학자 폴 슬로빅Paul Slovic은 이런 실험을 했다. 참가자들에게 어린이 8명의 사진을 보여주면서 이들을 치료하려면 30만 달러가 필요하다고 말해주고, 다음엔 어린이 1명의 사진을 보여주고 이 아이의 치료비로 30만 달러가 필요하다고 말해주었다. 대부분의 참가자는 어린이 8명 대신 어린이 1명에게 기부하고 싶다는 의사를 밝혔다고 한다.

슬로빅은 "이 연구는 우울한 심리학적 경향을 시사한다"며 "사람들은 단 하나의 희생자를 불쌍히 여기지만 희생자가 늘어날수록 무덤덤해지며 88명이 죽는다 해서 87명이 죽는 것보다 더 가슴 아파하지는 않는다"고 말한다.[40]

좀더 큰 맥락에서 보자면, 혹 '의도적 눈감기willful blindness'는 아니었을까? 한국 사회는 '의도적 눈감기'가 상시적으로 일어나는 '불감사회不感社會'가 되어버린 건 아닐까?[41] 왜 어떤 경우엔 '의도적 눈감기'가 일어나고, 또 어떤 경우엔 지나치다 싶을 정도로 적극 개입해 국민적 분노의 소용돌이를 만들어내는가? 왜 우리는 불감과 과민을 오락가락하며, 그런 차이가 일어나는 이유는 무엇인가?

이 물음에 답해야 하는 건 학자들의 몫이다. 이는 소통의 문제이므로, 언론·커뮤니케이션 학자들이 우선적으로 답해야 한다. 그럼에도 언론·커뮤니케이션 학자들은 이 문제는 자신의 연구 분야와는 무관한 주제라고 생각하는 것 같다. 실제로 가습기 살균제 사건을 다룬 학술 논문 수십여 편은 대부분 법학, 보건학, 환경학, 소비자학 분야에서 나온 것이다. 언론 보도의 문제점을 다룬 논문이 몇 편 있지만, 이마저 언론·커뮤니케이션 학계에서 나온 건 단 한 편뿐이다.[42]

누가 누구를 향해 손가락질하기 어려울 정도로 한국 사회 전체가 '사일로silo'의 수렁에 빠져 의도하지 않은 불감사회로 나아가고 있는 건 아닌지 전 국민적 성찰이 요구된다고 하겠다.[43] 기업, 정부, 정치권, 언론이 악행을 저지르거나 방관하는 상황에서 정치적 소비자 운동은 마지막 자구책일 수밖에 없다. "쇼핑은 투표보다 중요하다"는 행동 강령을 철저히 실천하되, "나도 피해자가 될 수 있었다"는 역지사지의 수준까지 나아가야 한다. 우리 모두 사망한 1,528명을 '통계'로만 여기는 냉담과 결별해야 한다.

제2장

왜 게임업계는
페미니즘을 탄압하는가?

————★★★★☆————

'페미니즘 사상 검증' 사건

"소녀들은 왕자님이 필요 없다"가 그렇게 큰 죄인가?

메르스(중동호흡기증후군) 공포가 한창이던 2015년 5월 29일 인기 커뮤니티인 '디시 인사이드'는 메르스 관련 정보를 공유하는 '메르스 갤러리(메갤)'를 만들었다. 이곳에 메르스 의심 증상을 보이던 두 여대생이 격리 조치를 거부해 메르스를 퍼뜨렸다는 루머에 관한 글이 올라왔다. 해당 여대생들에 대해 디시의 누리꾼들은 "이러니 김치녀 소리를 듣는다", "원정(원정 성매매) 가는 거 아니냐", "명품 백 멘 것이 딱 한국 된장녀", "쇼핑에 환장했다"라며 성적 모욕감을 주는 발언은 물론 한국 여성 전체를 싸잡아 비아냥거렸다.[1]

　해당 내용은 사실무근으로 드러났고, 이 소동은 그대로 묻히는 듯했지만, 곧 메갤에는 사실도 아닌 내용으로 '김치녀'라며 한국 여성을 싸잡아 비난한 한국 남성들의 여성 혐오적 행태를 비판하는 글들이 올라오기 시작했다. 이들은 남성과 여성의 젠더 위계를 반전시킨 소설 『이갈리아의 딸들』에 빗대 스스로 '메갈리아의 딸들'로 부르다가 여성 혐오에 대한 저항이 생물학적 여성에만 국한된 것은 아니기에 '메갈리안'으로 바꾸었다. 평등주의egalitarian와 유토피아utopia의 합성어인 이갈리아Egalia라는 단어가 시사하듯이,2 그들이 꿈꾼 건 남녀가 평등한 세상이었다.

온라인상에서 벌어지는 여성 혐오의 중심에는 혐오 전문 사이트 '일베'가 있었는데, 메갈리아는 일베를 중심으로 각종 여성 혐오 용어들이 퍼져나가는 양상을 '미러링mirroring'으로 대응했다. 미러링은 '거울mirror처럼 반사해서 보여준다'는 뜻이다. 거울이 좌우를 바꾸어 보여주듯, '미러링'은 성별의 배치를 뒤집어 보여줌으로써 '여혐혐女嫌嫌', 즉 '여성 혐오에 대한 혐오'를 실천하는 기법이었다. 여성 혐오자들은 "여자는 삼 일에 한 번 때려야 한다"를 줄인 '삼일한'이라는 단어를 즐겨 썼다. 이에 대항해 메갈리아는 "남자는 숨 쉴 때마다 한 번씩 때려야 한다"는 '숨쉴한'이라는 단어를 만들었다. 허영심 많은 여성을 일컫는 '김치녀'에 대항해서는 '김치남', '한남충(벌레 같은 한국 남자)' 등의 용어를 만들었다. 이후 메갈리아는 여성 혐오자들의 적이 되었다.3

2016년 7월 18일 넥슨 게임 〈클로저스〉의 캐릭터 '티나' 역을 맡은 성우 김자연이 자신의 트위터에 티셔츠를 입은 한 장의 인증샷을 올렸다. 티셔츠엔 이렇게 적혀 있었다. '소녀들은 왕자님이 필요 없다GIRLS Do Not Need A PRINCE.' 이 티셔츠는 페이스북 페이지 메갈리아4에서 기획했다. 메갈리아4는 페이스북에서 일련의 여성 혐오 페이지들은 유지되는데 반해 '메갈리아2' '메갈리아3' 등 여성주의 페이지를 뚜렷한 근거도 없이 페이스북 측이 일방적으로 폐쇄한 것에 대한 소송을 준비하기 위해 모금을 진행하면서 후원의 대가로 이 티셔츠를 지급한 것이었다.

일부 남성 누리꾼들은 티셔츠를 만든 주체인 메갈리아를 지목하면서 넥슨 측에 해당 성우의 하차를 요구했다. 이들은 메갈리아는 페미니스트가 아니며, 헤이트 스피치(증오 발언)를 일삼는 혐오 집단에 불과하다고 주장했다. 바로 다음 날 넥슨은 해당 성우와의 계약 해지를 발표했다. 이에 정의당 문화예술위원회는 "정치적 의견이 직업 활동을 가로막는 이유가 되어서는 안 된다"며 넥슨을 비판하는 성명을 발표했다. 이후 정의당의 논평 댓글란에는 당원들의 비난이 가득했고 탈당계를 제출하는 당원들도 생겼다. 정의당은 이런 압력에 굴복해 논평을 철회했다. 정의당 내부의 이런 논란과는 별도로 〈클로저스〉 유저들은 메갈리아를 지지하는 웹툰 작가 리스트를 발표하고, 그들이 많이 활동하고 있는 웹툰 전문 사이트 레진코믹스 탈퇴 운동을 벌였다. 메갈리아 지지 작가를 반대하는 일부 유저들은 예스컷(웹툰에 대한 규제) 운동을 거론하기까지 했다.4

정의당마저 굴복시킨 남성들의 분노는 SBS 오디션 프로그램 〈K팝스타 5〉 준우승자로 가창력 못지않게 작곡 실력으로 주목받던

가수 안예은에게까지 그 불똥이 튀었다. 안예은은 7월 25일 트위터에 "티셔츠 샀다고 메갈(메갈리아)이면 메갈하지 뭐. #내가메갈이다"라는 22자의 글을 올렸다가 반反메갈리아 남성들의 집중적인 온라인 폭격을 받고 곧장 사과문을 올려야 했다.5

"게임계에 만연한 여성 혐오 문화"인가?

2018년 들어 게임업계에서는 '페미니즘 사상 검증'이 동시다발적으로 이루어졌다. 게임 이용자들이 '여성' 이슈를 게시한 게임 캐릭터 원화가 등에 대해 '남성 혐오 세력'이라며 '메갈리아'라고 낙인을 찍는 식이었다.

3월 26일 IMC게임즈 대표 김학규가 온라인 게임 〈트리 오브 세이비어〉의 게시판에 원화가 ㄱ씨와의 면담 결과를 올린 것이 논란이 되었다. 일부 게임 이용자들이 ㄱ씨가 여성 인권 단체인 '한국여성민우회' 계정과 페미니즘 연구 소개 사이트인 '페미디아' 계정을 팔로우하고 '한남'이란 단어가 들어간 다른 사람의 SNS 글을 리트윗했다며 "ㄱ씨를 퇴출시켜야 한다"고 주장한 것에 대한 답이었다. 김학규는 게시판에서 "사회적 분열과 증오를 야기하는 반사회적인 혐오 논리에 대해서는 적극적인 방지와 대응이 필요했기 때문에 해당 원화가와 면담을 진행했다"며 "정말로 그런 생각을 바닥에 깔고 작업하는 사람이라면 동료로서 같이 일하는 것이 곤란할 수 있겠다고 생각했다"고 밝혔다.

이에 SNS상에서는 회사 대표가 직원을 상대로 페미니스트 여부를 가리는 사상 검증에 나선 것이라는 비판이 일었다. 게임개발자연대 사무국장 김환민은 "게임계에 만연한 여성 혐오 문화가 단적으로 드러난 사례"라고 말했다. 한국여성민우회는 "IMC게임즈의 노동권 침해 및 페미니즘 사상 검증을 규탄한다"는 성명서를 발표했고, 민주노총은 "IMC게임즈는 여성 노동자에 대한 페미니스트 사상 검증과 전향 강요를 중단하라"는 성명서를 발표했다. 하지만 게임업체들에 중요한 건 고객인 게이머들이었다.⁶

5월 7일 게임업계의 페미니스트 탄압 사건이 또 일어났다. 모바일 게임 〈벽람항로〉의 이용자들이 게임 로그인 화면을 그린 프리랜서 원화가 김은혜에 대해 "남성을 혐오하는 작가"라며 업체 측에 해당 그림을 교체할 것을 요구한 사건이다. 김은혜는 게임 이용자들에 의해 '극단적인 페미니스트'로 몰린 동료 게임 원화가의 해명글에 '좋아요'를 남겼다는 이유로 퇴출 대상이 되었다. 업체 측은 김은혜에게 "페미니즘을 지지하지 않는다"는 글을 김씨의 트위터에 올리면 그림을 대체하지 않겠다고 제안했다. 김은혜는 거부했고 그림은 교체되었다.

김은혜는 『경향신문』과 통화에서 "페미니즘은 성 평등을 넘어 모든 사람에 대한 평등을 이야기하는 것"이라며 "그것을 부정하라는 요구는 사회에서 사람들과 어울려 생활하는 것 자체를 부정하라는 뜻으로 들렸다"고 말했다. 그는 "그림 그리는 일과는 전혀 관련 없는 문제로 반사회적인 인물이 돼버리고 불이익까지 생겼다"

고 말했다.[7]

김은혜는 "게임 이용자들이 나를 업계에 발을 못 붙이게 하겠다
고 한다"며 "라이트 노블(삽화가 들어간 가벼운 소설)에 들어가는 삽화 일
도 하는데 한 독자는 실망이라며 내 그림이 담긴 책들을 모아 찢은
사진을 보내기도 했다"고 말했다. '페미니스트'로 지목된 한 여성
작가는 "더이상 국내에서 들어오는 작업물이 없다"며 "일이 없어
생계가 힘들어진 작가들이 다수 있다. 이 중 일부는 해외에서 일감
을 찾고 있다"고 말했다.

이에 『중앙일보』 논설위원 양성희는 「단지 페미니스트라는 이유
로…」라는 칼럼에서 "메갈 낙인이 찍혀 직장을 잃고 생계를 위협받
게 된 이들은 게임업체에서 외주를 받아 일하는 프리랜서로, 노동
시장의 약자들이다"며 "다분히 회사 차원에서 엄중히 대처해야 할,
자사 직원에 대한 사이버 불링을 개인 문제로 축소한 후 고객의 뜻
이라며 해당자를 퇴출해버리는 회사들의 태도 역시 심각한 문제
다"고 비판했다.[8]

"게임업계가 '남초 시장'이라는 건 착시 현상"

게임개발자연대의 추산에 따르면, 게임업계 '메갈 사냥' 피해자는
2018년 3~4월 한 달 동안 최소 10명에 이르렀다. 피해자 대부분은
프리랜서 일러스트 작가로 업계의 가장 약한 고리로 꼽히는 직종
이었다. 게임개발자연대 김환민은 "게임업계는 여성 종사자 비율이

17.7%(2016년 기준)에 불과한 '남초 산업'인데 여성들이 몰린 아트 직군에서 특히 외주화, 주변화가 심화하고 있다"고 지적했다.2

10대부터 30대까지 남성들이 주로 이용하는 게임 커뮤니티에서 '메갈 사냥'은 개인의 SNS를 사찰하는 것에서부터 시작되었다. 트위터를 홍보 수단으로 활용하는 일러스트 작가들이 좋은 표적이 된 것이다. '사냥꾼'들은 작가들이 직접 쓴 트윗은 물론이고 리트윗하거나 '마음에 들어요'를 누른 기록, 심지어 어떤 사람을 팔로잉하는지도 확인했다. '미투' 운동을 지지하거나 소설 『82년생 김지영』 내용을 공유해도 '메갈 거름망'에 걸릴 수 있었으며, 여성단체 또는 이미 '메갈'로 판명된 동료 작가를 팔로잉하거나 '한남'이라는 표현을 쓴다면, '빼박'('빼도 박도 못하다'를 줄인 말) 메갈'로 판정되었다.

다음 차례는 '정의 구현'이었다. 게임 공식 카페 등에 "메갈 작가해결 안 되면 게임을 접겠다", "불매운동으로 조지겠다"고 항의 글을 올린 뒤 회사의 반응을 기다리면서 신속하게 일러스트를 내린 '기특한' 게임을 공유하며 추가 지출을 하고 이를 서로 인증하기도했다. '메갈 낙인찍기'는 이들에게 일종의 '인정 투쟁'이었다. 악성 댓글을 단 이용자 70~80명을 고소했던 작가 박지은은 "'메갈 리스트'를 왜 썼냐고 물어보면 99%는 '잠깐 재미로, 관심을 좀 얻으려고 그랬다'고 한다"고 말했다.10

'메갈 사냥'을 정당화하는 논리 가운데 하나는 게임업계가 '남초 시장'이라는 것이었지만, 이는 사실과는 달랐다. 한국콘텐츠진흥원의 「2017 게임 이용자 실태 조사 보고서」에 따르면, 남성 게임 이용률은 75퍼센트, 여성은 65.5퍼센트로 남성이 높긴 하지만 그 차이가 크지 않았다. 모바일 게임만 따지자면 여성은 60.3퍼센트, 남성은 59.3퍼센트로 오히려 여성 이용률이 더 높았다. 이유진과 박다해는 "게임업계가 '남초 시장'이라는 착시 현상이 생기는 건, 여성 이용자들이 '있지만 없는' 존재이기 때문이다"며 다음과 같이 말했다.

"여성 이용자들은 자신의 정체성을 드러내고 게임을 하길 꺼린다. 특정 게임 이용자가 여성인 사실이 밝혀지면 실력에 대한 비하, 근거 없는 비난, 성희롱 등이 발생해 여성 이용자들은 자신의 선호도와 상관없이 혼자서 즐길 수 있는 싱글 플레이 게임을 하거나, 자신이 여성인 사실을 숨긴 채 게임을 이용하는 경우가 다수다. 이런 상황임에도 게임 이용자가 성별을 밝히지 않으면 무조건 남성으로 간주하면서 게임 커뮤니티는 물론 게임업계 전체에서 남성 '과대표' 현상이 발생한다는 지적이 나온다."[11]

문제는 이렇게 과대표된 남성들을 게임 회사가 주 소비자로 본다는 점이었다. 이에 대해 페미니스트 게임 이용자 모임 '페이머즈'는 "여성 이용자가 돈을 많이 쓰고 적게 쓰고의 문제도 아니다. 여성 이용자는 일단 배제하고 보는 게임 회사 태도 자체에 문제가 있다"고 강하게 비판했다. "게임을 팔아주는 사람들을 10~30대 초반 남성으로 한정해서 생각하는 탓에 '메갈' 의혹 작가를 자르는 것만이 게임을 존속할 수 있는 유일한 방법이라고 여긴다"는 것이다. 게임개발자연대 김환민은 이런 결론을 내렸다. "아마 해프닝으로 조

기 진화될 수 있었을 거예요. 게임 회사가 남성 이용자들의 반발을
그대로 수용하지만 않았더라면요."[12]

"매출 떨어지면 네가 책임질래?"

언론에 보도되지 않은 탄압 사건도 많았다. 경기도 판교의 한 유명
게임 회사 마케팅팀에서 근무했던 류호정은 이화여자대학교 재학
당시 교내 e스포츠 동아리 '클라스'를 결성해 회장을 맡았을 만큼
그에게 게임은 '일상'이자 '꿈' 그 자체였다. 그러나 그는 이젠 민주
노총 전국화학섬유식품산업노조(화섬식품노조) 선전홍보부장으로 일
하고 있다. 2018년 봄에 일어난 일 때문이었다.

"제가 다녔던 회사도 '게임업계 여성 혐오' 논란에 휘말렸어요.
그래서 제 개인 페이스북에 '이런 일이 또 생겨 너무 슬프다. 나도
가해자가 된 것만 같다'는 내용의 글을 썼죠. 그걸 누군가가 '페미
니즘 글을 썼다'고 회사에 신고했더라고요." 마케팅 부서 '실장님'
은 비핵심 부서로 이동할 것을 권유했지만, 류호정은 거절했다. "직
접적으로 '글을 지우라'고 하면, 제가 또 페북에 글을 쓸까봐 두려
웠던 거죠.(웃음) 전 마케팅 업무가 좋았어요. 그런 제가 왜 도망쳐
야 하는 거죠?"

여성 혐오는 회사 직원들에게도 만연했다. 팀원들의 업무용 단
체 대화방에선 "페미니즘은 썩었다"고 주장하는 남성 직원들의 대
화가 일상적으로 오갔다. 마케팅팀에선 게임 속 여성 캐릭터의 '속

옷 무늬'가 회의 주제였다. "'이번 시즌엔 휴가철에 맞춰 파란색 땡땡이 팬티 어때?'와 같은 대화가 오가는 거예요. 게임 홍보를 위해 여성 캐릭터에 야한 의상을 입히거나 자극적인 자세를 취한 이미지를 띄우기도 하죠. 그런 걸 만드는 회사에 있다 보면, 구성원들은 점점 젠더 이슈에 무뎌지는 거예요. 문제를 제기하면 '매출 떨어지면 네가 책임질래?'라는 말이 돌아오죠."13

2020년, 이젠 달라질 때도 되었건만 게임업계의 '페미니즘 사상 검증'은 여전히 지속되었다. 무엇이 그리도 급했는지, 게임사 '요스타YOSTAR'가 배급하는 게임 〈명일방주〉 운영팀은 1월 2일 오전 1시께 공식 카페에 이런 글을 올렸다. "사전 예약 30만 명 돌파 기념 축전을 그린 일러스트레이터에 관한 제보가 올라왔다. (해당 작가의) 트위터 게시글 중 특정 사상에 동조하는 것으로 보이는 내용이 확인됐다. 저희는 정치적·사상적 입장에 치우치지 않고 중립의 자세로 유저들에게 다가가려 한다. 해당 게시글은 전부 내려갔고 재게시 예정은 없다. 향후 협력 인원 선정 시 사전 조사 과정을 강화하겠다."

이용자들은 이를 두고 "빠른 대처다", "논란되는 성향은 완전히 배제하라"라며 환영하고 나섰지만, 여성단체 등에서는 거센 비판이 나왔다. 한국여성민우회는 이날 "남성 중심적인 게임업계에서 성평등을 요구하는 여성 노동자들은 노동권과 생존권을 위협받고 있다"며 "〈명일방주〉와 요스타가 진정 사과해야 할 사람은 일부 게임 유저가 아닌 노동권을 침해당한 일러스트레이터다. 게임업계는 언제까지 구태에 머물 것이냐"라고 밝혔다.

페이머즈는 "게임의 일러스트레이터가 공개되면 이들의 SNS를 뒤져 페미니즘을 옹호하는지 검증하는 행태가 만연하고 있다. 이런 행태가 지속하는 이유는 게임업계가 블랙 컨슈머의 말에 적극 동조했기 때문"이라며 "〈명일방주〉 운영팀이 '사전 조사 과정을 강화하겠다'고 밝혔는데 이는 사상을 핑계로 여성 노동자를 업계에서 배제하겠다는 협박"이라고 비판했다. 여성노조 디지털콘텐츠창작노동자 지회장 김희경은 "게임업체 쪽에서는 '남성 이용자가 많아 그 의견을 수용할 수밖에 없다'고 하지만 그런 의견이 사상과 표현의 자유, 노동권을 침해한다는 게 문제"라며 "받아들이면 안 될 의견이 수용되다 보니 사상 검증의 영역도 사소한 쪽으로 번져간다"고 비판했다.[14]

정치적 소비자 운동이 약자를 탄압해도 되는가?

이런 '메갈 보이콧' 또는 '페미니즘 보이콧'을 두고 정당한 소비자 불매운동인가, 아니면 '갑질'인가 하는 논쟁이 벌어지기도 했다. 박가분은 "개인에 대해 조리 돌림과 인신공격보다는 콘텐츠에 대한 보이콧에 초점을 맞춰야 한다"며 불매운동의 정당성을 주장했다. "여성민우회는 이러한 게이머들을 비난하는 성명 중간에 '너희들의 세계를 부술 것이다'는 슬로건을 차용했다. 너희들의 세계를 부수겠다고? 당신들이? 무슨 수로? 당신들이 〈소울워커〉를 망하게 할 수 있단 말인가? 게이머들은 이러한 도발에 대해 다음과 같이 대답하면 그만이다. '반反메갈은 돈이 된다.'"[15]

반면 도우리는 "정당한 보이콧의 목적이 노동 착취나 환경권 등에 저항하는 사회적 정의 구현이라면, 갑질의 목적은 개인적 기분 풀이라는 점에서 다르다"며 '메갈 보이콧'을 갑질로 규정했다. 그는 "'메갈=페미니즘 옹호자'라면, 반메갈이 돈이 된다는 것은 '인종주의는 돈이 된다'처럼 '혐오는 돈이 된다'라고 주장하는 것과 같다"며 다음과 같이 비판했다.

"갑질의 대표 사례인 '땅콩 회항' 사건도 돈만 많으면 사회적 합의를 무시하고, 밥줄을 인질 삼아 기분대로 하겠다는 발상이 문제가 아니었나. 구매권을 시민권과 혼동하는 논리적 오류 때문이 아니었나. 반메갈은 혐오를 향해 회항하는, 전근대적인 갑질 행위다. 반메갈은, 혐오는 돈이 될 수는 있다. 하지만 그것이 가능한 사회일수록 부당한 사회다. 반메갈이 돈이 되는 것은 해가 된다."[16]

게임업계에서 일어난 '페미니즘 사상 검증' 사건들은 정치적 소비자 운동에서 과연 어디까지가 소비자의 정당한 권리인가 하는 문제를 제기했다. 특히 박가분과 도우리의 논쟁은 정치적 소비자 운동에서 의외로 까다로운 문제를 제기한다. 보이콧은 사회적 정의 구현과 무관하게 자신의 이념적·정치적·윤리적 신념에 따라 이루어질 수도 있지만, 문제는 표현의 자유와 힘의 관계다.

정치적 소비자 운동이 개인의 표현의 자유를 인정하지 않으면서, 강자에 대항하는 게 아니라 약자를 탄압하는 방식으로 이루어져도 괜찮은 것인가? 이와 유사한 일들은 다른 분야에서도 얼마든지 일어날 수 있는 일이기에 각별한 주목을 요하지만, 그런 운동을 막을 수 있는 방법이 사실상 비판 이외엔 없다는 데에 문제가 있다. 한국에서 "게임은 가장 격렬한 페미니즘의 격전지"인데,[17] 이는 주요 소비자가 특정한 사회적 성향을 가진 동질적 집단으로서 갖는 힘을 해당 상품을 대상으로 발휘했을 때 나타나는 정치적 소비자 운동의 문제점을 보여주는 것이다.

조아라는 「게임 내 여성 캐릭터 다시 보기」라는 논문에서 "게임 산업에서는 여성을 소비자로 보고 있지 않다"고 말했다. 〈오버워치〉·〈서든어택 2〉·〈데스티니 차일드〉 등의 게임 속 여성 캐릭터들의 복장과 신체 표현 방식이 논쟁을 불러일으킨 것과 관련, 그는 "여성 캐릭터의 비현실적인 과장된 가슴은 강력한 비난 대상이 되지만 그런 가슴이 어떤 목표를 가지고, 누구에 의해 만들어졌는지는 비난의 정도만큼 논의의 대상이 되지 못했다"면서 게임 속에서 여성 캐릭터들은 여전히 성적 대상화·성 상품화되고 있다고 진단했다.[18]

범유경·이병호·이예슬은 「〈오버워치〉, 그리고 다른 목소리: 게임 〈오버워치〉 내 여성 게이머에 대한 폭력적 발화 분석」이라는 논문에서 "여성이 게임을 하는 것이 더이상 놀라운 일이 아님에도 불구하고, 여성 게이머의 지위는 아직도 열악하다. 온라인 게임 안에서 여성 게이머들은 만연한 폭력적 발화에 노출되어 있다. 이는 욕설, 혐오 표현, 성차별, 성희롱 등의 형태로 발현되는데, 이 때문에 여성 게이머들은 자신의 성별을 숨기거나 게임에서 이탈하기도 한다"며 다음과 같이 말한다.

"실제 현실에서 약자로 규정되는 '여성'은 게임 세계 내에서는 더욱더 약한 자의 위치에 서 있다. 여성 게이머에게 가해진 비난은 남성 게이머들에게 향해진 일반적인 폭력적 발화와는 결을 달리하는 것이었다. 여성 게이머에 대한 비난은 게임 내에서의 비난보다 그들이 '여성'이라는 사실 자체에 초점이 맞춰져 있다. 이들 발화 대부분은 여성을 향한 성적 대상화, 여성 혐오적 표현, 성 고정관념을 고착시키는 발언으로 구성되어 있고, 이는 현실에서의 성적 권력관계를 여실히 드러내고 있는 것이다."[19]

앞서 보았듯이, 현실적인 문제는 게임업계가 '남초 시장'이라는 착시 현상이다. 문제는 여성 이용자들이 '있지만 없는' 존재라는 것인데, 이 벽을 넘어서기 위해선 6년 전 미국에서도 있었던 게임업계 '메갈 사냥'에 미국 여성과 일부 남성들이 적극 저항해 게임업체의 사과까지 받아낸 성공 사례를 참고할 필요가 있겠다. 한국에서도 2018년 7월 '반페미니즘' 공격으로 피해를 입은 작가 14명이 직접 참여한 '내일을 위한 일러스트레이션' 전시회가 목표 금액의 1,000퍼센트가 넘는 약 9,400만 원의 후원을 받은 것은 그런 희망의 가능성을 보여주었다.[20] 이는 올바르지 않은 정치적 소비자 운동을 올바른 정치적 소비자 운동으로 깨는 것이라고 할 수 있겠다.

'영혼 보내기'라는 페미니즘 바이콧 운동

게임업계에선 정치적 소비자 운동이 사회적 약자 탄압의 양상을 보이고 있는 반면, 여성들은 대중문화와 소비문화 전반에 걸쳐선 페미니즘 가치에 충실한 정치적 소비주의를 실천하고 있다. '미투' 운동이 일어났을 땐 성폭력 가해자로 지목된 영화인의 영화를 거부하는 움직임을 보이기도 했지만,[21] 여성의 정치적 소비자 운동은 주로 보이콧보다는 바이콧 방식이다. 이런 바이콧 소비 행태엔 '미닝아웃meaning out'이라는 이름이 붙었다. 뜻이나 가치를 뜻하는 미닝meaning과 사회적 소수자가 벽장에서 나온다는 의미의 커밍아웃 coming out을 합성한 신조어다.[22]

2018년 10월 개봉한 영화 〈미쓰백〉은 스크린을 충분히 잡지 못했다. 아동학대라는 무거운 소재를 다룬 데다, 감독이 신인 여성이라는 점이 영향을 미쳤다. 그러나 개봉 이후 여성 관객을 중심으로 호평이 늘며 스크린 수가 역주행했다. '쓰백러'로 불린 열혈 관객층은 'N차 관람(다회차 관람)'에 나섰다. 아동학대 장면을 보는 일이 고통스러운 이들은 '영혼 보내기'로 대신했다. 아이돌 팬덤 문화에서 유래된 영혼 보내기란, 영화를 지지하지만 사정상 관람이 어려울 경우 표를 사서 영혼이라도 극장에 보낸다는 뜻이다.

〈미쓰백〉에 영혼을 보낸 ㄱ씨는 "주연 배우가 여성이라는 이유로 투자받기 어려웠다는 감독 인터뷰를 보고 운동에 동참했다"며 "1만 원 정도 표값으로 목소리를 낼 수 있어 의미 있다"고 했다. 덕분에 〈미쓰백〉은 총 관객 수 72만여 명으로 손익 분기점(70만 명)을 넘겼으며, 2019년 5월 1일 열린 백상예술대상 시상식에서 여자 최우수 연기상(한지민), 신인 감독상(이지원), 여자 조연상(권소현) 등 3관왕에 올랐다. 이지원 감독은 "영화의 미약한 불씨를 살려준 관객들"에게 감사 인사를 전했다.

2019년 5월 9일 영화 〈걸캅스〉가 개봉하면서 '영혼 보내기'가 다시 주목을 받았다. 여성 경찰이 디지털 성범죄를 추적하는 내용에 공감한 여성 관객들이 N차 관람에 '영혼'까지 보탠 덕분이었다. 〈걸캅스〉는 개봉 전 일부 남초男超 인터넷 커뮤니티에서 공격받고, 포털사이트에선 평점 테러도 당했다. 하지만 개봉 후엔 여성들의 응원에 힘입어 손익 분기점(150만 명)을 넘길 수 있었다.[23]

회사원 염지원은 영화 〈걸캅스〉의 심야 영화표 5장을 예매했다. 자신이 예매해 못 보는 사람이 있을까 싶어 좌석은 맨 앞줄을 골랐다. 염씨는 "〈걸캅스〉는 대형 배급사가 상영하는 몇 안 되는 여성 중심의 오락 영화"라며 "여성 중심 문화 콘텐츠의 대중적인 보급을 위해 최소 손익 분기점을 넘겨야 한다는 마음으로 '영혼'을 보내게 됐다"고 말했다. 염씨는 "유튜브와 SNS를 이용하면서 대중문화의 정치적 역할이 그 어떠한 세대보다 중요해졌다는 것을 깨달았다"며 "앞으로 내가 소비하게 될 콘텐츠 시장이 나를 시작으로 조금이라도 정화될 수 있다면 영화표 5장 값인 5만 원은 전혀 아깝지 않다"고 말했다. 유튜버 김 아무개씨는 〈걸캅스〉 미국 개봉을 맞아 자신이 거주했던 뉴저지주 영화관 좌석도 구매했다. 국경을 넘어 '영혼을 보낸' 것이다.[24]

"광고는 페미니즘을 싣고 달린다"

광고도 페미니즘 소비자 운동의 격전지다. 여성을 성적 대상화하거나 성차별을 하는 광고가 워낙 많기 때문이다. 그래서 여성 소비자들에게서 '여성 혐오' 광고로 질타를 받고 방영이나 게시가 중단된 경우도 많은데, 성차별적 광고의 몇 가지 사례를 살펴보자.

"전구 갈 때는 아빠, 컴퓨터 살 때는 오빠가 필요하단다."(금호타이어 타이어프로) 조깅을 하는 여성 모델을 향해 쏟아지는 남성들의 눈길과 대화들. "야 떴다 떴다. 3시 방향 그린 그린." "히야, 저 뒷모습. 그림이다 그림."(엘레쎄)25 "여자니까 봐준다, 여자니까 뒤를 봐준다." 현대자동차가 선보인 '뉴라이즈 쏘나타'의 동영상 광고 중 '레이디 케어'의 '주행 중 후방 디스플레이' 기능을 강조하기 위해 집어넣은 문구다. 뒤이어 '감각적이지만 운전 감각은 서툰 나 같은 사람들을 위해'라는 글이 여성 모델 위에 얹혀져 나온다.26

한국여성민우회의 광고 모니터링단이 2017년 6월 방영된 지상파·케이블·극장·유튜브 광고 684건을 모니터링한 결과를 보면, 899개 광고 내용(중복 계산) 가운데 절반이 넘는 497개(55퍼센트)가 여성을 '주부'로, 남성을 '전문직'으로 표현하거나 깨끗함을 유지하는 것이 여성성의 중요 요소라고 표현하는 등 성 역할 고정관념을 강화하는 내용이었다. 또 205개(23퍼센트) 광고는 여성 몸의 일부를 맥락 없이 강조·전시하거나 상품과 동일시하는 등 성적 대상화한 표현을, 16개(2퍼센트)는 여성 혐오적 지칭을 담고 있었다.

아울러 영상 광고의 공통 특징은 '20대 이하 여성의 과다, 40대 이상 여성의 부재'로 나타났다. 지상파 광고 가운데 40대 여성은 4명 등장했고 50·60대 여성은 1명도 등장하지 않았다. 반면, 40대 남성은 13명이, 50·60대 남성은 각각 4명씩 등장했다. 인터넷·극장 광고에서도 40대 여성은 1명만 등장했으나 같은 나잇대 남성은 7명이 나왔다. 또 50·60대 여성은 1명도 없었다. 대신 대부분 광고 속 여성 인물은 10·20대 여성이 대부분이었다.[27]

소비자들이 집단적으로 항의하면 달라진다. 광고의 방영이나 게시를 중단하는 것을 넘어서 정반대의 변화를 시도하기도 한다. 예컨대, 2015년 2월 삼성전자가 선보인 세탁기 '액티브워시' 광고 속에서 세탁 같은 가사를 여성이 전담하는 시선을 드러냈다는 지적이 나오자, 2017년 3월 신제품 '플렉스워시' 세탁기를 내놓으며 공개한 광고에는 육아를 하며 세탁을 해야 하는 남성 모델의 모습이 나왔다.[28]

이렇듯 여성들의 정치적 소비자 운동이 활성화되면서 광고와 페미니즘을 결합시킨 '펨버타이징femvertising'은 성장 추세를 보이고 있다. '펨버타이징'이라는 신조어는 미국에서 2014년부터 등장했다. 미국의 쉬노즈 미디어SheKnows Media는 2015년부터 '펨버타이징 어워즈'를 주관하고 있다. 5개 부문 15개의 후보작 가운데 시민 투표와 심사위원 평가를 거쳐 최종 수상작이 가려진다.

한국에도 펨버타이징이 눈에 띄게 늘었다. 2016년 8월 리우올림픽에서 금메달을 딴 태권도 국가대표 김소희 선수는 운동 선수로 살아오며 숱하게 들어온 말들이 있다. "여잔데 무슨 태권도야." "여자니까 행동 조심하고 다녀라." 그런 말에 굴하지 않았던 김소희 선수는 즐겁고 재미있어서 태권도를 포기하지 않았다. 화면 속에서 그는 이렇게 말을 맺는다. "제가 지금 살고 있는 제 인생이 제가 생각하고 있는 여자다움인 것 같아요." 공익광고가 아니라, 생리대 브랜드 위스퍼가 2016년 7월 '#여자답게' 캠페인의 일환으로 선보인 광고다.[29]

물론 펨버타이징에 대한 우려도 있기는 하다. 한겨레경제사회연구원 선임 연구원 이정연은 "페미니즘이 상업주의의 최전선인 광고와 결합하는 대목에서 경계할 것이 분명 있다"며 이렇게 말한다. "펨버타이징이 독립적이고 주체적이면서도 기존의 미적 기준에 크게 벗어나지 않는 '아름다운' 여성의 이미지를 더욱 견고하게 하는 역할을 할 수 있다는 점 때문이다. 나아가 상업화한 이미지가 자본과 소비에 종속된 삶에 대한 문제의식을 흐리게 할 여지도 있다."[30]

그럼에도 성차별 광고가 난무해도 그걸 당연하게 여겼던 과거와 비교해보자면, 펨버타이징은 긍정적 진보로 평가해도 무방하리라. 이런 변화는 "기업의 최상부 임원까지 의식의 변화가 없으면 1회적인 대응에 그칠 것"이라는 우려의 목소리도 있는데,[31] 이게 바로 정치적 소비자 운동이 왕성하게 추진되어야 할 이유라 하겠다. 2019년 6월 아이스크림 업체 배스킨라빈스의 '여아 성 상품화' 논란이 불거진 것도 그런 의식과 행동의 변화가 미친 영향이 컸다.[32] 영국광고실행위원회가 성 역할과 성별 고정관념을 고착화하는 광고를 금지하는 방안을 모색하는 것도 그런 정치적 소비자 운동의 힘 때문

이라는 건 두말할 나위가 없다.[33]

　'영혼 보내기' 운동이나 '펨버타이징'과는 달리, 게임업계의 '페미니즘 사상 검증' 사건은 파편화된 사회적 약자들이 연대와 단합을 통해 사회적 강자에 대항한다는 정치적 소비자 운동의 기본 전제를 뒤흔드는 것으로서, 소비자들이 원치 않거나 혐오하는 사회적 가치를 위축시키기 위해 소비자 권력을 사용하는 목적의 정당성 문제를 제기했다고 볼 수 있다.

1990년대생들의 '반反페미니즘'을 위한 변명

게임 분야에서 이루어지는 '페미니즘 사상 검증'은 당위론만으론 해결되기 어렵다는 점을 분명히 짚고 넘어갈 필요가 있겠다. 그런 '사상 검증'의 주요 세력인 1990년대생 남성들에 대한 이해가 동시에 이루어져야 오해에서 비롯된 갈등의 악화를 풀 수 있다. 이 문제에 관한 한 최고의 지침서는 박원익과 조윤호의 『공정하지 않다: 90년대생들이 정말 원하는 것』이라는 책이다. 이 책의 주요 내용을 중심으로 이야기를 풀어가보자.

　구세대의 관점에서 볼 때엔 1990년대생은 신인류다. 페미니즘을 대하는 태도가 전혀 다르다. 자신을 진보적이라고 생각하는 구세대에게 페미니즘은 무조건 지지해주어야 할 당위였다. 여기서 주의해야 한다. '무조건 지지해주어야 할 당위'라는 건 형식적인 시혜 수준의 제스처일 뿐, 그것은 실천과는 거리가 매우 멀다는 점이다.

즉, 공적 영역에선 남성 페미니스트인 척하지만, 사적 영역에선 전혀 다른 인간이라는 이야기다. 이는 '미투 운동'에서 드러난, 수많은 진보주의자의 성폭력 작태를 통해 질리도록 입증된 사실이다.

반면 1990년대생에겐 그런 이중성이나 위선이 없다. 구세대는 생활은 반페미니즘을 실천하면서 머리로만 페미니즘을 긍정하는 반면, 1990년대생은 출생 이후 생활이 곧 페미니즘 그 자체였다. 2008년과 2018년의 통계청 조사 결과를 비교해보자. 2008년엔 가사 분담에 대한 견해를 묻는 항목에 "공평하게 분담해야 한다"는 응답이 20대 남성은 44.0퍼센트, 20대 여성은 61.3퍼센트로 나타났다. 2018년엔 어떻게 달라졌는가? 놀랍게도, 20대 남성은 80.0퍼센트, 20대 여성은 83.0퍼센트였다.[34]

가부장제에 대한 생각은 어떤가? 구세대는 입으로는 페미니즘의 옹호자인 것처럼 행세하지만, 그들의 몸과 마음은 가부장제에 찌들어 있는 중독자라고 해도 과언이 아니다. 반면 1990년대생은 가부장제를 온몸으로 거부한다. 가부장제라고 하면 무작정 나쁜 것처럼 여겨지지만, "남자가 가족의 생계를 책임져야 한다"는 생각이 바로 가부장제적 사고이며, 남성 권력의 횡포는 바로 이런 사고에서 비롯된 것임을 유념할 필요가 있겠다.

한국여성정책연구원이 2018년 11월 실시한 설문조사에 따르면 "가족의 생계는 남자가 책임져야 한다"는 항목에 50대 남성의 70.8퍼센트가 동의했으나 20대 남성은 33.1퍼센트만 동의했다. "남자는 힘들어도 내색하지 말아야 한다"는 질문에 동의하는 20대 남성은

18.2퍼센트에 불과했다. 2019년 1월 『중앙일보』가 인터뷰한 20대 남성들의 목소리를 들어보자.

"20대 남성이 언제 가부장제 혜택을 보고 그런 제도를 답습하며 여성을 억압했나. 학교 안에서 우리는 그런 권력을 누린 적이 없다." "20대는 남녀 구분 없이 약자지만 우린 '남자니까' 기득권 취급을 받는다." "성차별적인 문화를 만들고 가부장제 문화에서 혜택을 본 세대는 40, 50대 남성이다. 근데 40, 50대 남성은 지금 페미니즘 정책을 펴면서 가해자가 아닌 것처럼 행동한다."[35]

박원익과 조윤호는 "20대는 제도적인 영역에서 성 평등 가치가 공식화되고 남녀의 고정된 역할이 해체되는 과정 속에서 태어나고 성장했다. 이들에게 성 평등은 어떤 세대보다 익숙하고 보편적인 가치다. 한편 이들이 남녀 가릴 것 없이 무제한적인 입시와 취업 경쟁에 시달리기 시작한 세대라는 점을 눈여겨봐야 한다"며 다음과 같이 말한다.

"20대 남성들은 한국의 성별 임금 격차 문제가 나올 때마다 '그게 대체 나하고 무슨 관계냐'고 반문하게 된다. 다시 말해, 성별 임금 격차와 관련해서 여성에게 미안한 마음을 품어야 한다는 기성세대에 대해 '그것은 내가 만든 문제가 아니라 기성세대 당신들이 만든 문제인데 왜 그 책임을 나에게 돌리느냐'고 항변하는 것이다. 여기에도 '구조적 문제에 대한 책임을 개개인에게 묻는 것은 불공정하다'고 생각하는 20대의 가치관이 관통하고 있다.……대한민국은 변했고 변하고 있다. 그런데 변화는 보지도 않고 과거의 기준에 비추어 청년들에게 무언가를 양보하라고 요구하는 것은 결국 불안정한 미래에 시달리는 청년들 중 누가 더 약자이고, 누가 더 기득권인지를 논하며 편을 가르는 행위가 된다."[36]

1990년대생 남성의 반페미니즘 뿌리가 바로 여기에 있다. 그들은 "자신이 남자로 태어났다고 해서 과거 세대의 과오에 대해 연대 책임을 묻는 것은 불공정하다고 생각"하는데,[37] 페미니즘은 '남자 대 여자'라고 하는 전통적 잣대를 들이대는 경향이 있다. 여기서 싹트기 시작한 반감이 갈등의 증폭 과정을 거치면서 '페미니즘 사상 검증'으로까지 나아가게 된 건 아닐까?

중요한 건 1990년대생의 이런 공정 관념이 비단 페미니즘에만 국한된 게 아니라 정치와 사회 전 분야의 문제들에 대해서도 적용되고 있다는 점이다. 그래서 1990년대생이 '보수화'되었다고 보는 엉터리 진단도 난무한다. 그렇다면, 이건 '페미니즘-반페미니즘'의 문제가 아니라 혁명적으로 달라진 삶의 환경과 조건에서 나타난 새로운 가치관의 문제가 아닐까? 이 가치관에 동의하지 않더라도 그 안에 내재된 새로운 진보성에 주목하면서 상호 접점을 만들어 나가야 하지 않을까?

제3장

왜 진보 언론은 자주
'불매 위협'에 시달리는가?

———— ★★★★☆ ————

'어용 언론' 사건

진보 언론을 위협한 『시사IN』 구독 해지 사태'

미국에선 정치적 소비자 운동이 정치판의 이전투구泥田鬪狗 양상을 보이기도 한다. 공화당에 정치자금을 기부한 기업에 대해 민주당이 보이콧 운동을 벌이면, 공화당이 그 기업에 대해 바이콧 운동을 벌이는 식이다. 2016년 대선에서 도널드 트럼프 진영에 정치자금을 준 유통업체 엘엘빈L.L.Bean을 둘러싸고 벌어진 논란이 그 대표적 사례다.[1]

기업이 권력 눈치 보기에 바쁜 한국에선 그런 유형의 질 낮은 정치적 소비자 운동이 벌어지긴 어렵지만, 다른 유형의 이색적인 정치적 소비자 운동이 벌어지고 있다. 온라인에선 페미니즘이나 정치적 당파성과 관련해 진보 언론 불매 위협이 자주 일어나는데, 이는 정치적 반대편을 대상으로 하는 게 아니라 크게 봐서는 같은 진보 진영 내에서 벌어지는 일이라는 점에서 매우 흥미롭다.

진보 언론 불매 위협은 2000년대 초반에 벌어진 안티조선운동과는 좀 다른 성격을 가진 정치적 소비자 운동이다. 이른바 '1등 신문'으로 인한 경제적 유인 효과를 누린 『조선일보』는 이념·당파성과 무관하게 사회경제적 이유로 구독하는 독자가 많아 정치적 불매운동에 별 영향을 받지 않았다. 한국언론진흥재단의 '2015 언론 수용자 의식 조사'에 따르면, 『조선일보』 독자의 47.7퍼센트만 자신을 보수 성향이라고 했으며, 19퍼센트는 진보 성향, 33퍼센트는 중도 성향으로 밝혔다. 다른 보수 신문들도 비슷한 양상을 보였다.2 반면 매출액 규모로 『조선일보』의 4분의 1 수준에 지나지 않는 『한겨레』 등 비교적 영세한 진보 언론 독자들의 구독 요인은 대부분 이념·당파성이기 때문에 기존 독자들의 정치적 불매운동으로 인한 '위축 효과'에 취약하다.

진보 언론 불매 위협은 진보 언론의 등장 이후 늘 산발적으로 일어난 것이긴 하지만, 성공 사례의 원조는 유시민이다. 그는 2010년 해학과 풍자를 담는 「한홍구-서해성의 직설」 난에 쓰인 '놈현 관장사'라는 표현을 문제 삼아 '『한겨레』 절독'으로 압박하면서 『한겨레』 1면에 사과문을 게재케 하는 데에 성공했다. 이와 관련, 당시 『한겨레』 기획위원이었던 홍세화는 다음과 같이 말했다.

"흥미로운 일은 스스로 진보라고 말하는 사람의 『경향신문』이나

『한겨레』를 절독하겠다는 소리는 종종 듣는 데 반해 스스로 보수라고 말하는 사람의 '조중동'을 절독하겠다는 소리는 듣기 어렵다는 점이다. 이 점에 대해 '진보는 분열로 망한다'는 말이 적용될 듯싶지만, 나는 그보다 한국의 이른바 진보 의식이 성찰과 회의, 고민 어린 토론 과정을 통해 성숙하거나 단련되지 않고 기존에 주입 형성된 의식을 뒤집으면 가질 수 있는 데서 오는 경박성, 또는 섬세함을 통한 품격의 상실에 방점을 찍는다."[3]

그 이유가 무엇이었건 유시민의 '절독' 위협은 예외적인 사건이었지만, 불매 위협은 2016년부터 일부 진보 세력이 진보 언론을 비판하는 데에 반드시 따라붙는 일상적인 것이 되었다. 2016년 7월 『한겨레』에 "메갈리아는 일베에 조직적으로 대응한 유일한 당사자"라며 메갈리아를 옹호한 정희진의 칼럼이 실린 후 『한겨레』 구독을 중지하겠다는 주장이 온라인에 거세게 등장했으며, 민주언론시민연합은 정희진 칼럼을 읽어볼 것을 추천하고 정희진의 강연회를 준비했다가 메갈리아를 옹호하는 것이냐는 비판과 함께 수십 명의 후원회원이 후원 탈퇴에 나서는 일에 직면하기도 했다. 민주언론시민연합 사무처장 김언경은 "누리꾼들이 의견을 가질 수 있지만 추천했다는 것만으로 공격하자 우리도 사안을 다루는 게 불편해졌다"고 우려했다.[4]

2016년 8월 『시사IN』 기자 천관율이 메갈리아에 대해 분노하는 남성들을 분석한 기사는 독자들의 『시사IN』 구독 해지 사태를 낳았다. 구체적인 피해 규모는 밝혀지지 않았지만, 내부 기자와 SNS

등에선 "연간 억 원대", "몇 년 치 연봉"이라는 말이 나왔다. 『시사IN』 편집국장 고제규는 "지금껏 『시사IN』이 광고에 의존하지 않고 구독료에 의존하는 건강한 경영 구조를 가진 매체라고 생각했지만 독자들이 한순간에 이탈하는 사태가 터지면서 이 구조 역시 안정적이지 않다고 느끼게 됐다"며 "당장의 위기는 허리띠를 졸라매 극복할 수 있지만 당장 후배들이 기획안을 낼 때 자기검열을 할까봐, 그것이 가장 안타깝다"고 말했다.

오늘의유머(오유), 루리웹 등 남초 커뮤니티에 '한경오(『한겨레』, 『경향신문』, 『오마이뉴스』), 『시사IN』, 『프레시안』' 등을 '이성을 혐오하는 메갈리아를 지지하는 매체'로 규정하고 절독 운동까지 촉구하는 글이 게시되었기에 『한겨레』, 『경향신문』, 『오마이뉴스』, 『프레시안』 등 다른 언론사들도 바짝 긴장하면서 촉각을 곤두세웠다.[5]

'어용 지식인'과 '어용 시민'의 탄생

2017년 4월 참여정부 시절 청와대 홍보수석을 지낸 이화여자대학교 교수 조기숙이 『왕따의 정치학: 왜 진보 언론조차 노무현·문재인을 공격하는가』라는 책을 출간했다. 『미디어오늘』 기자 정철운은 친노·친문 네티즌들 사이에 유행하는 '한경오는 가난한 조중동'이란 프레임의 발화점을 이 책으로 보았다.[6] 이 발화점을 큰 불로 키운 건 유시민이었다.

2017년 5월 5일 유시민은 한겨레TV 〈김어준의 파파이스〉에 출연해 "지식인이거나 언론인이면 권력과 거리를 둬야 하고 권력에 비판적이어야 하는 건 옳다고 생각한다"며 "그러나 대통령만 바뀌는 거지 대통령보다 더 오래 살아남고 바꿀 수 없는, 더 막강한 힘을 행사하는 기득권 권력이 사방에 포진해 또 괴롭힐 거기 때문에 내가 정의당 평당원이지만 범진보 정부에 대해 어용 지식인이 되려 한다"고 말했다.[7]

유시민의 이 발언은 5월 9일 치러진 대선에서 더불어민주당 후보 문재인이 제19대 대통령에 당선됨으로써 문재인 지지자들에게 하나의 절대적 좌표가 되었다. 문재인 정부와 페미니즘 가치가 충돌할 때에도 페미니즘을 공격하는 이론적 면죄부로까지 활용되었다. 손희정은 『페미니즘 리부트』에 쓴 「어용 시민의 탄생」이란 글에서 유시민의 '어용 지식인론'에 대해 "'진보'와 '어용'과 '지식인'이 한자리에 설 수 있는 놀라운 광경은 반동적 반지성주의의 '가장 빛나는 순간'이다"고 개탄했다. 유시민은 진보와 지식인이라는 말을 써온 역사적 맥락을 탈각해 맹목적인 당파성을 간단하게 '진보'의 자리에 올려놓고 '어용'이라는 말 안에 녹아 있어야 할 수치심을 지워버렸다는 것이다.[8]

그렇게 수치심을 지워버린 효과 때문이었을까? 인터넷엔 자신을 '어용 시민'으로 칭하는 이들이 대거 등장했으며, 이들은 진보 언론마저 '어용'이 될 것을 요구했다. 이는 이미 대선 과정에서부터 나타났다. 공정 보도를 실천하려다 부당하게 해고된 해직 기자들이 모여 만든 독립 언론 『뉴스타파』는 문재인 후보 캠프 검증 보도를 했다는 이유로 월 2,000명가량의 후원자들이 이탈하는 등 불매운동의 직격탄을 맞았다. 『뉴스타파』에 대한 불매운동은 이미 2014년 7월 당시 새정치민주연합 의원 권은희의 재산 신고 축소 의혹 보도, 2015년 11월 당시 국회 산업통상자원위원회 위원장 노영민의 피감 기관 책 판매 보도 때도 나타났다. 권은희 보도 때는 한 달에 1,000명가량의 후원자가 이탈했다.<u>2</u>

이명박·박근혜 정권에서 모진 탄압을 받았던 해직 기자들이 양심적 언론인으로서 수행한 보도에 대해서조차 이런 '재정적 탄압'을 가하다니, 이게 도대체 말이 되는 일이었을까? 진정한 언론인이 되고 싶어 큰 희생을 무릅쓴 언론인들에게 정부여당에 종속된 '기관 보도원' 노릇이나 하라는 요구가 도대체 그 어떤 명분으로 정당화될 수 있단 말인가? '어용'을 철저히 실천하는 북한이나 중국의 언론 모델이 바람직하다는 것이었을까?

이에 『경향신문』 논설위원 오창민은 「'진보 어용 언론'은 없다」는 칼럼에서 "'진보'와 '어용'과 '언론'의 조합은 속성상 이뤄질 수 없고 이뤄져도 안 된다"며 "진실을 기록하고 권력을 감시하는 펜이 무뎌져서는 안 된다. 그것이 문재인 정부의 성공을 돕는 길이기도 하다"고 말했다.<u>10</u> 그러나 이 칼럼엔 다음과 같은 댓글이 주렁주렁 달렸다.

"나는 어용 국민으로 살 거다.""뭐? 진보? 경향 니들이 진보면 똥파리도 새다!!""이젠 더이상 속지 않는다. 입 진보. 팩트만 보도하라는 말이다.""그래도 허니문이라고 조중동도 가만있고 축하해주는데, 한줌도 안 되는 경향 니깟 것들이 뭔데 이래라 저래라야?"
"지난 참여정부 때 입 진보 언론이 노무현 대통령을 조중동과 함께
사지로 몰고 간 일에 대한 성찰은 전혀 없고 여전히 입만 살아서.
당신들 때문에 우리는 더 절박하게 문재인 대통령을 지켜내야 한
다는 결의를 다지는 걸 모르죠?"

순식간에 2,000명의 독자를 잃은 『한겨레21』

며칠 후 『한겨레21』에 실린 문재인 대통령 표지를 놓고 문재인 지
지자들이 대통령에게 악의적이라며 비난하고 불매·절독 등을 압
박하는 사건이 벌어졌다. 이에 전 『한겨레21』 편집장 안수찬은 페
이스북을 통해 "시민 누구나 절독 또는 절독 캠페인을 통해 언론에
압력을 가할 수 있다"면서도 "저널리즘의 기본을 진지하게 논하지
않고, 감정·감상·편견 등에 기초해 욕설과 협박을 일삼는 집단에
굴복한다면, 그것 역시 언론의 기본을 저버리는 일"이라고 비판했
다. 정당한 비판이었지만, 안수찬이 "덤벼라. 문빠들" 등의 표현을
사용해 독자들을 자극하는 바람에 비판, 욕설 비난, 조롱 댓글이 쏟
아졌다. 『한겨레』는 홈페이지를 통해 「독자와 주주, 시민 여러분께
사과 드립니다」라는 사과문을 게재함과 동시에 안수찬에게 '엄중
경고' 처분을 내렸으며, 안수찬 역시 사과했다. 이 사과 게시물에도
댓글이 무려 1만 개가 달리는 등 논란은 한동안 지속되었다.[11]

이 사건을 보도한 진보적 언론 전문지 『미디어오늘』 기자 김도연

은 자신의 페이스북에 "아니꼽다고 좌표 찍은 뒤 개떼처럼 몰려가 일점사해서 굴복시키는 시대면, 언론이 왜 필요한가. 그게 파시즘 인데"라고 비판했다가, 비슷한 상황에 처했다. 『미디어오늘』은 회사 차원에서 공식 입장과 사과를 내는 동시에 김도연에게 정직 1개월 의 징계를 내렸다.[12]

『미디어오늘』(2017년 5월 17일)은 「독자 행동주의와 언론 개혁」이 라는 사설을 통해 "노무현의 좌절을 반복하지 않기 위해서라도 하 이에나 같은 언론으로부터 문재인을 지켜야 한다는 열성적인 지지 자들의 심정을 모르는 바는 아니다.……그만큼 한국의 언론 지형이 왜곡돼 있고 공정하지 않다고 보기 때문일 것이다"며 다음과 같이 말했다.

"그러나 '조중동에 맞서' '우리 편이 돼주는 언론' 따위를 『경향 신문』이나 『한겨레』에 기대하는 것은 이 신문들을 죽이는 길이다. 언론이 늘 옳을 수는 없고 언론 역시 비판에서 자유로울 수 없다. 당연히 잘못하면 욕을 먹어야 하고 합당한 비판이라면 감수해야 한다. 그러나 우리가 언론에 요구할 수 있는 건 최선의 진실을 말하 라는 것, 그 이상이 될 수 없다. '가난한 조중동'이라고 비난하면서 '우리들의 조중동'이 되라고 강요하는 건 끔찍한 일이다."[13]

2017년 6월 21일 연세대학교에서 '변화의 시기, 언론과 공중의 역할과 관계의 성찰: '한·경·오' 논란을 계기로'라는 주제의 한국방 송학회 방송저널리즘연구회 세미나가 열렸다. 이 세미나에서 한국 외국어대학교 교수 채영길은 소위 '문빠(문재인 지지자)'와 '한경오'라는 호명에 의문을 제기하면서 이 논란은 사회문화적 변화 속에서 새롭게 등장한 '실현하는 시민Actualizing citizen'이 진보와 보수 언론이 아닌 제3의 진영을 형성하는 과정에서 벌어진 일이라고 분석했다. 새롭게 등장한 시민들은 전통적인 언론이 독점한 역할과 권위에 대해 부정적인 인식을 갖게 되었고, 주체적으로 팟캐스트, 온라인 커뮤니티, 소셜미디어 등 네트워크 미디어를 기반으로 하는 대안적인 공간을 만들어 그들만의 미디어를 형성했다는 것이다.

반면 경희대학교 교수 이기형은 "문재인 지지자들이 진보 언론을 한경오 또는 가난한 조중동이라고 부르며, 이들 언론의 기사에 문제점들을 찾아내 '적폐 인증'이라고 말하는 상황"이라면서 "이들은 그동안 진보 언론이 수행했던 역할에 대해서는 말하고 평가하지 않고 있다"고 지적했다. 시대정신연구소 부소장 한윤형은 "공중들이 소셜미디어와 팟캐스트 등에 관심을 보이는 현상 자체가 새로운 미디어를 만들어낼 것이라고 본다"면서도 "하지만 이 힘을 활용해 자신들이 싫어하는 한경오를 타격하는 경향은 우려스럽다"고 말했다. 그는 "문재인 지지자뿐만 아니라 모두가 자신들이 원하는 서사를 쓸 수 있다. 기득권 세력이 자신들을 탄압했다는 편집된 증거를 집어넣으면 된다"면서 "공중들을 이해하는 자세는 취해야 하지만 그와 별개로 뉴스를 편집·조작하는 것은 지적해야 한다"고 주장했다.[14]

채영길은 "'한경오-문빠' 갈등은 진보 언론과 특정 정치 지지 세력 집단과 갈등 관계가 아니라 기존 언론과 새로운 미디어 진영 간의 갈등으로 봐야 한다"고 주장했지만, 문제는 그 갈등으로 인해 진보 언론이 집중 타격을 받는다는 데에 있었다. 2017년 10월 『한겨레21』 편집장 길윤형은 「소심한 21」이라는 글에서 5개월 전에 벌어진 사태가 빚은 결과에 대해 다음과 같이 말했으니 말이다.

"독자님들도 잘 아시다시피 『한겨레21』은 백척간두의 위기 앞에 있습니다. 지난 5월 문재인 대통령 당선 직후 불거진 '표지 사진' 논란과 전임 편집장의 '덤벼라 문빠' 사태로 2천 명 넘는 독자님들이 저희 곁을 떠났습니다. 안 그래도 경영난을 겪고 있는 『한겨레21』에 이는 결정적인 타격이었습니다."[15]

걸핏하면 '『한겨레』 절독'을 부르짖는 '어용 시민'

『한겨레』의 시련은 이후에도 계속되었다. 2018년 3월 『한겨레』에 '미투' 운동에 대한 '공작설'을 제기한 김어준 등에 대해 비판한 사회비평가 박권일의 칼럼이 실린 후 쏟아진 수백 개의 악플 중 상당 부분은 '『한겨레』 절독'을 부르짖고 나섰다.[16]

"절독이 답. 김어준 격하게 응원합니다." "내가 이런 쓰레기 신문을 후원하고 있었다니." "『한겨레』 20년 보다 재작년에 끊었습니다. 스스로 자정되길 바랍니다." "우리 집 3군데 『한겨레』 10년 넘게 봤다 작년에 절독! 잘한 일이야 퉤!!" "그냥 다들 구독 해지 하시라니까요. 사이트 들어와서 페이지뷰 올려주지도 마시구요. 그냥 상대를 마세요." "이 사람 칼럼을 읽고 오늘 30년간 구독해온 『한겨레』

를 절독 신청했습니다. 이 사람 자르고 연락주면 다시 구독하겠다고 했고요."

2018년 4월, 성추행 의혹이 제기된 전 의원 정봉주가 "죄송하다"며 모든 공적 활동의 중단을 선언한 것과 관련, 『한겨레』 기자 김지훈은 정봉주와 김어준의 사과를 요구하는 칼럼을 쓰면서 "두 사람을 비판하는 글을 쓰는 건 부담스러운 일인데, 나도 그의 지지자들에게 어떤 해를 입지 않을지 걱정이 된다"고 밝혔다.[17] 아니나 다를까, 이 칼럼에 쏟아진 악플의 상당 부분도 '『한겨레』 절독'을 들고 나왔다.

"참는 데에도 한계가 있어 저는 30년 구독 방금 끊었습니다. 제 구독료가 이런 기자 봉급 나간다는 게 참을 수 없네요." "이런 기사를 보려고 내가 『한겨레』를 10년 만에 다시 구독했나. 자괴감이 드네. 그냥 끝내리. 내가 뭐 머리 아프게 이런 기레기 같은 글을 보고 있나." "그동안 혹시나 했지만 『한겨레』에는 이제 더이상 기대할 것이 없다는 것을 깨달았다. 이제는 내 구독료는 안 들어가니까 광고주 돈 받아서 쓰레기 기사를 쓰던 말던 혈압 올리지 않아도 되겠다."

'어용 저널리즘' 요구와 그에 따른 비판이 나름의 철저한 리서치 끝에 나온, 비교적 정확한 것이라면 또 모르겠는데, 그것도 아니다. 엉터리가 많았다. 대표적인 게 『한겨레』 선임기자 성한용에 대한 비난이다. 칭찬해도 모자랄 사람에게 온갖 욕설을 퍼붓는 웃지 못할 블랙코미디가 가끔 벌어진다. 성한용은 『미디어오늘』(2018년 7월 10일) 인터뷰에서 "일부 문재인 지지자들은 성 기자를 '안철수 지지자'라고 비판하기도 했다"는 질문에 대해 다음과 같이 답했다.

"양쪽에서 욕을 먹고 있다. 2012년 안철수 전 대표가 대선 출마 선언했을 때 「안철수 대통령은 없다」는 제목으로 비판 칼럼을 썼다. 정치 경험과 훈련이 중요한데 정당 정치인이 아닌 그가 대통령 하는 것은 사기에 가깝다는 취지였다. 당시 안철수 진영이 큰 타격을 받았다고 한다. 날 '안빠'라고 비난하는 것에 안철수 쪽 사람들은 어이없어 한다. 2017년 대선 국면에서 문 대통령의 열성 지지자들은 『한겨레』와 경향을 세게 비판했다. 조중동뿐 아니라 『한겨레』·경향도 그들에게 기득권 세력으로 받아들여졌다. 과거 노무현 전 대통령 비판 기사를 떠올리는 이들도 있다. 기자 비난에 사실 어찌할 수 있겠나 싶다."[18]

『뉴스타파』 후원자 3,000명이 사라진 '조국 코미디'

'어용 저널리즘'을 요구하는 어용파들이 벌이는 코미디 같은 행태는 수시로 벌어지는데, 아마도 그 압권은 '윤석열 사건'일 게다. 2019년 7월 『뉴스타파』는 윤석열 검찰총장 후보자 인사청문회 말미 후보자 '위증'과 관련된 통화 녹음 파일을 공개했다. 당시는 문재인 지지자들 사이에서 윤석열의 인기가 하늘을 찌르던 때였다.

문재인-윤석열 지지자들은 "『뉴스타파』와 자유한국당이 야합했다"고 비난하면서 『뉴스타파』 후원을 끊거나 댓글로 보도를 비난했다. "2012년에 시작했던 후원을 오늘부로 종료한다", "아무 데나 총질하면 공정 언론인가", "이번 기회에 『뉴스타파』 기레기들 후원금 모두 받아내야 한다" 등 『뉴스타파』 홈페이지엔 900여 개의 댓글이 달렸다.

논란이 확산하자 『뉴스타파』 대표 김용진은 이례적으로 '대표 서한'을 통해 "저희는 윤 후보자가 청문회에서 윤우진 관련 부분을 이런 식으로 넘겨버린다면 앞으로 본인이나 검찰 조직에 두고두고 부담이 될 수 있고, 국민과 임명권자에 대한 후보자의 도리가 아니라는 판단을 했다"며 취재 이유를 밝혔다. 김용진은 "그가 어떠한 흠결이나 의혹도 깔끔하게 털어내고 모든 국민들의 여망인 검찰 개혁을 이끌어가는 주역이 되기를 바라는 마음으로 이번 보도를 한 것"이라고 해명했다.

그러나 이런 해명은 전혀 받아들여지지 않았으며, 광고 없이 후원으로 유지되는 『뉴스타파』는 엄청난 타격을 입었다. 전체 후원자 8~9퍼센트에 달하는 3,000여 명이 후원을 끊어버렸으니 말이다. 이렇게 매몰찼던 어용파들은 '조국 사태' 이후 윤석열을 타도해야 할 적으로 지목하면서 180도 달라졌다. 『뉴스타파』 7월 8일자 「윤석열 2012년 녹음 파일…'내가 변호사 소개했다'」 기사엔 다음과 같은 후속 댓글들이 달렸다.

"『뉴스타파』에 사과합니다. 윤석열을 인사이트로 본 언론이 『뉴스타파』가 유일했네요." "너무 미안하네요. 대중의 어리석음. 저도 그 대중의 1인. 후원 증액합니다. 그게 제 반성의 도리인 것 같네요. 계속 검찰과 검사 집단 심층 취재 부탁드려요." "지난 윤석열씨 청문 소란 때 후원을 접을까 잠깐 고민했던 제 자신이 어리석었습니다. 윤석열씨에 관한 후속 기사 있으면 올려주세요."

『뉴스타파』홈페이지와 각종 커뮤니티에도『뉴스타파』에 사과의 뜻을 전하는 댓글이 줄을 이었다. 진정한 사과였을까? 아니었다. 다음 댓글을 보자. "그 당시 윤석열 녹취록을 청문회 막판에 공개한 게 다 이유가 있었던 것 같네요.『뉴스타파』에 사죄드립니다."[19] 이런 '조국 코미디'에 웃어야 할까, 울어야 할까?

"한경오는 오히려 지나치게 친親민주당이어서 문제다"

그런데 정말 궁금한 게 있다. 진보 언론 불매 위협을 가하는 사람들이 원하는 '어용 저널리즘'이 과연 문재인 정부의 성공에 도움이 되겠느냐는 문제다. 건국대학교 미디어커뮤니케이션학과 교수 손석춘은『미디어오늘』(2017년 5월 17일) 인터뷰에서 "소위 '한경오'란 이름의 진보 언론 혐오 프레임"에 대한 질문에 다음과 같이 답했다.

"한경오 프레임은 말이 안 된다.『한겨레』·『경향신문』·『오마이뉴스』는 오히려 지나치게 친親민주당이어서 문제다. 이 프레임을 만든 분들은 자기가 좋아하는 정치인에 대해 조금이라도 문제 제기하면 '조중동과 같다'고 한다. 오래됐다. 참여정부 시절에도 그랬다. 깨어 있는 시민이라는 분들은 당시 내게 조중동과 똑같은 놈이라고 했다.……한경오 프레임을 주장하는 사람들과 이를 뒷받침하는 교수들에게 묻고 싶다. 노무현 전 대통령의 비극적인 최후에는 무조건 노무현에 대해서 감싸고만 돌았던 지식인들의 책임은 없는가.……(성찰이 없다면) 반동을 부른다."[20]

이런 시각에 대해 경희대학교 철학과 교수 최성호는 『교수신문』에 기고한 「노무현의 죽음과 비판적 지지의 신화」라는 글에서 칼 포퍼Karl Popper, 1902~1994와 토머스 쿤Thomas Kuhn, 1922~1996을 끌어들여 '비판적 지지'에 대한 반론에 나섰다. 당파적 열정의 문제를 거대한 패러다임의 문제로 보려는 건 소 잡는 칼로 닭을 잡는 우도할계牛刀割鷄 또는 모기를 보고 칼을 빼어든 견문발검見蚊拔劍이 아닌가 하는 생각이 들지만, 일단 그의 말을 들어보자.

"포퍼는 정치의 진보 역시 시민들이 정치권력을 자유롭게 비판할 때 성취될 수 있다고 보았다. 나아가 포퍼는 그런 자유로운 비판을 막는 세력이 역사 속에서 맹위를 떨쳤다고 보고, 그들을 열린사회의 적, 민주주의의 적으로 규정하였다.……지난 10년간의 정치적 퇴보를 목격한 문재인 지자자들은 이제 더이상 정치에 대한 이런 포퍼적 관점을 취하지 않는다. 그들은 '비판적 지지'라는 한국 시민사회의 전통적인 문법을 거부한다는 말이다."

그래서 그 대안으로 선택한 것이 쿤의 패러다임론이라는 게 최성호의 주장이다. 그는 "과학 이론을 수용하면서 과학자들은 그 이론에 오점이 전혀 없는 것을, 그것이 모든 현상을 한 치의 오차도 없이 성공적으로 설명하는 것을 요구하지 않는다고 쿤은 역설한다"며 다음과 같이 말한다.

"그 이론이 장래에 성공적 이론으로 성장할 희망이 있다는 사실

만으로도 과학자들에겐 그것을 수용할 이유로 충분하기 때문이다. 그 성공을 실현하는 것은 상당 부분 과학자 자신들의 몫이라고 판단하는 것이다. 나는 문빠들이 정치에 관한 포퍼의 관점에 대한 대안으로 쿤의 관점을 취하는 것으로 본다. 쿤의 관점을 받아들여 그들은 문재인 정부가 장래에 사회를 더 민주적이게, 더 공정하게, 더 정의롭게 만들어나갈 희망이 있는 한 자신들의 지지를 철회하지 않을 것이다."

이어 최성호는 "문빠들은 문재인 정부가 오점이 전혀 없을 수는 없다는 것을, 모든 정책을 한 치의 오차도 없이 성공적으로 추진하지 못할 수도 있다는 것을 잘 알고 있다"고 말한다. "문재인 정부의 실수나 오류를 용인할 준비가 되어 있고, 그에 대하여 정당하게 제기될 수 있을 법한 비판도 곧잘 무시한다. 나아가 그들은 문재인 정부의 성공이 많은 부분 자기 자신들의 몫이라 인식하며 문재인 정부를 야당과 주류 언론의 비판으로부터 보호하기 위한 여론전도 마다하지 않는다.……한경오는 문재인 정부를 하나의 정치권력으로 보며 그것을 비판적으로 지지하는 포퍼적 시각에 충실한 반면 문빠들은 쿤적인 시각에서 그것을 거부한다."[21]

최성호는 2018년 2월에 이르기까지 여러 차례에 걸쳐 『교수신문』에 '문빠 옹호론'을 전개했다. 그는 마지막으로 쓴 「민주주의의 미래, 에피스테메, 문빠」라는 글에선 "문빠는 자신과 의견이 다른 이들을 모두 적폐로 몬다"는 대표적인 비판에 수긍하면서 "그 상대가 우리 사회가 나아가야 할 방향을 함께 결정할 동료 시민임을 부정하는 것은 아무리 조심해도 지나치지 않다"고 했다. 하지만 그는 이어 다음과 같이 주장한다.

"그러나 그러한 조심스러움에도 불구하고 나는 (일부 문빠들이 다소 과격한 표현을 사용한다는 문제를 인정하면서도) 문빠 현상을 한국 민주주의가 더 성숙한 민주주의로 도약할 전기로 평가하기에 주저하지 않는다. 이런 나의 평가는 제도로서의 민주주의, 특히 1인 1표로 대표되는 민주적 의사결정 절차가 그 사상적 뿌리에 있어 상대주의, 허무주의, 냉소주의의 씨앗을 담고 있다는 관찰에서 비롯한다. 민주주의라는 제도의 특성상, 정치적 문제에서는 정답이 없다거나 혹은 문재인이나 박근혜나 다를 게 뭐가 있냐는 식의 허무주의, 냉소주의가 민주주의에 대한 근본적인 위협으로 상존한다는 말이다."[22]

'매개 조직'의 허약이 키운 '정치 팬덤'

반면 사회평론가 박권일은 『자음과모음』(2018년 가을호)에 기고한 「정치 팬덤이라는 증상」이라는 글에서 최성호가 '문빠의 쿤적인 시각'을 옹호한 것에 대해 "흥미롭게도 1930~1940년대 히틀러빠도 정확히 그렇게 행동했다"고 지적했다. "적어도 행태에서만은 '문빠'와 '히빠'는 구별 불가능한 것이다. '세상을 바꾸고 있다는 느낌'과 '세상을 실제로 바꾸는 것'은 다르다. 더구나 '세상을 더 낫게 바꾸는 것'은 또 다른 문제다." 그는 "문빠를 비롯한 '정치인 빠' 현상은 정치 체제의 불안정성이 만들어낸 증상일 뿐, 치켜세울 일이 아니다"고 했다.

박권일은 문빠, 박사모 같은 정치인 팬덤이 기세를 떨치는 이유로 한국 사회의 매개 조직(정당, 노동조합, 사회운동, 언론 등 개인과 권력 중심부를 연결하고 매개하는 조직)이 허약한 것을 들었다. 그는 "그런 사회에서는 역량과 매력을 갖춘 정치인이 유니콘처럼 희귀하기 때문에 특정 정치인에게 과도한 기대와 역사적 소명을 부여하기 쉽다"며 "유명인, 인기 스타가 어느 날 갑자기 정치에 뛰어드는 경우가 자주 일어난다"고 했다.

또 박권일은 "매개 조직이 강하고 다양한 사회에서는 이성과 합리성이 사회적 평판을 높이는 내깃돈Stakes으로 작용하는 반면, 매개가 약한 사회에선 정치 효능감Political efficacy이 내깃돈이 된다"고 지적했다. 정치 효능감은 "내 행동으로 정치인, 관료 같은 정치 주체가 반응한다는 일종의 타격감"이다. 그는 "효능감은 많은 사람이 정치에 참여할 수 있게 하는 동력이 되지만, 내용과 방향이 없다는 게 문제"라며 "비도덕적 행위, 심지어 범죄를 저질러도 강한 효능감을 느낄 수 있다"고 설명했다. 또 "매개가 약한 사회에선 편견과 아집으로 가득 차 비판에 귀 막는 존재가 절대다수를 점하고, 내부 비판이나 성찰은 그것이 아무리 정당할지라도 내부 총질로 간주되어 축출된다"고 주장했다.23

전남대학교 철학과 교수 김현은 「'문빠'의 정의正義와 여성주의적 장소성」이란 논문에서 "문빠가 이질적 공중으로서 참여민주주의를 활성화할 수 있는 새로운 동력이라는 점을 인정"하고 긍정하면서도 '문빠의 집단적인 공격성'에 대해선 비판적인 자세를 취한다. 그는 "문빠는 문재인 대통령에 대한 비판에 대해 대단히 공격적이다. 문빠는 소셜미디어를 포함한 각종 매체를 통해 개진된 문재인 대통령에 대한 비판 또는 새 정부의 정책에 대한 비판적 글을 허용하지 않는다. '이니 하고 싶은 대로 해라'라는 슬로건이 보여주듯, 국가정책이 정의롭고 옳은 것이라서 문재인 대통령이 옳은 것이 아니라, 문재인 대통령이 추진하기 때문에 옳은 것이 된다"며 다음과 같이 말한다.

"문빠의 정치적 판단은 문재인 대통령에 대한 호불호만을 기준으로 움직일 뿐, 그들 이외의 이질적 타자를 고려하거나 타자에 대한 감수성을 관용하지 않는다. 문빠가 가지고 있는 이러한 일방적인 면모와 맹목성 때문에, 문빠를 박사모와 동일한 정치적 훌리건이라고 보는 시각도 만만치 않게 퍼져 있으며, 문빠가 보이는 이 패권주의적이고 공격적인 형태 때문에 문빠를 일베에 빗대어 '문베충'이라고 부르는 사람들도 생겨나고 있다. 전적으로 틀린 진단인 것만은 아니다. 나는 문빠가 지닌 이 집단적 공격성이 방어적이라는 이유에서 허용되어도 좋다고 생각하지 않는다."[24]

사실 가장 답답해하는 쪽은 한경오다. 뭐라고 반론을 펴거나 항변을 했다간 불매운동에 불을 붙여줄 수 있어 그저 침묵으로 대응하는 수밖엔 없으니 말이다. 아주 드물게 부드럽고 우회적인 반론이 나오긴 하지만 말이다. 예컨대, 『한겨레』 탐사에디터 이재성은 「도덕성 백신 활용법」이라는 칼럼에서 "집권세력한테 비판은 숙명이다. 더구나 <u>스스로</u> 택한 도덕성 선명 경쟁의 후과라면 감수할 수밖에 없다"며 다음과 같이 말했다.

"오히려 이런 비판들이 더 큰 비리와 부조리를 막을 수 있는 예방주사 노릇을 한다고 생각하는 게 좋다. 문제는 백신을 몸에 대한 공격으로 받아들여 과잉반응하는 것이다. 비유하자면, 백신 주사 자체를 거부하거나 지나치게 많은 항체를 만들어내어 몸을 파괴하고 있는 건 아닌지.……진짜 위기는 비판의 과잉이 아니라 개혁의 퇴보에서 온다."[25]

"진보 신문은 보는 것이 아니고 봐주는 것이다"

『한겨레』엔 이재성의 칼럼과 같은 글들이 겨우 몇 개나마 실리긴 했지만, '조국 사태'를 거치면서 좀 달라졌다. 유시민이 진두지휘를 하는 가운데 문재인의 열성적 지지자들이 총력전을 펼친 탓인지 시간이 흐를수록 『한겨레』가 주눅 드는 듯한 모습이 역력했다. 이 사태가 있은 후 『한겨레』와 『경향신문』에 대한 불매 위협의 주장들을 잠시 감상해보자.

2019년 8월 22일 『한겨레』는 「딸 '금수저 전형' 논란, 조 후보자 책임 있게 설명해야」라는 사설을 게재했다. 언론으로서 당연히 할 수 있고 해야 마땅한 중립적인 글이었지만, 이 사설엔 이런 댓글들이 달렸다.

"『한겨레』 구독 종료 잘했다.""『한겨레』는 이렇게 하는 것이 언론인의 본분이라고 생각하는갑다. 얼마 되지 않은『한겨레』역사에서 배우지를 못하나 보다. 또 같은 실수를 되풀이하는데, 더이상 애정을 줄 수가 없네. 굿바이~『한겨레』." "사설은 사설답게 써주세요. '조국 후보자 해명을 위해 청문회 빨리 개최해야' 이것이 사설 제목으로 어울리지 않나요? 언론은 이번 상황에서 어떤 역할을 하고 있는지『한겨레』와『경향신문』은 반성을 해야 합니다.『한겨레』정기 구독은 보는 것이 아니고 봐주는 것이라는 사실을 잊지 마시기 바랍니다."

같은 날『경향신문』의「조국 딸, 조국이 맡은 위원회 소속 교수 면접 보고 '유엔 인권 인턴'」이라는 기사엔 이런 댓글들이 달렸다. "경향도 언론이 아니구먼. 이제는,『경향신문』절독 하련다." "이제 모두 경향을 구독하지 맙시다. 온라인으로도 보지 맙시다." "『경향신문』구독 해지함. 한경오 아직 정신 못 차렸네. 특히 경향 니들." "야~ 정말 악의적인 기사이군요. 매국 언론 조중동에 한 넘 더 추가. '조중동경'." "근거 없는 추측 보도. 이제부터 경향은 보지 않기로 했다. 니들도 조중동과 똑같이 취급받을 거다."

8월 31일 고려대학교 연구교수 임미리가『경향신문』에「진영 논리에서 벗어나야 진영을 지킬 수 있다」는 칼럼을 썼다. "자유한국당이라는 거악에 맞서 민주 진영을 지키기 위해 조국 후보를 보호해야 한다고 주장하지만 오판이다. 여론조사에서 20대와 여성이 조국 후보에 대해 좀더 반대하는 것으로 나왔다. 두 집단 모두 상대적으로 진영 논리와 거리가 있다. 진영보다는 실질이, 명분보다는 구체적 삶이 갈수록 중요해지고 있다. 진영 논리에서 벗어나야 최소한의 진영이라도 지킬 수 있다." 이 칼럼엔 이런 댓글들이 달렸다.

"제발 이런 재수 없는 글 싣지 마라. 성질나면 경향 끊어버린다." "이참에 『경향신문』 끊어야겠다. 경향 이 쉐키도 조중동이랑 다를 게 없어." "조중동에 맞장구쳐서 『한겨레』, 특히 경향이 맹비난했죠. 그래서 노무현 자살했죠? 조국도 그리 하라는 겁니까? 임미리님. 님은 그때 많은 사람이 '지못미'하면서 가슴 아파했던 거 모르시겠죠?"

9월 3일 『경향신문』 논설실장 양권모가 「정녕 조국뿐일까?」라는 칼럼을 썼다. "문재인 대통령은 '우리는 다시 실패하지 않을 것'이라고 했다. 실패하지 않을 목적어의 앞줄에 노무현 정부가 못다 이룬 '검찰 개혁'이 놓여 있을 터이다. 정녕 '아직도' 조국 법무장관은 실패하지 않을 '유일무이한' 카드일까"라는 내용이었다. 앞을 내다본 선견지명이 있는 칼럼이었지만, 당시엔 이런 댓글들이 달렸다.

"이제 경향과는 인연을 끊는다. 지금까지 불쌍해서 구독해줬는데 더 이상 못 보겠네." "지금 우리가 경향을 읽고 있다고 해서 내일도 경향을 계속 읽고 있으리란 법은 없다!" "이제 필요 없어진 한경오가 살아남으려면 무조건 까는 것밖에 없지. 그래서 노무현 정부 무너뜨리고 자한당이 다시 정권 잡는데 일등공신이 되었었지. 뻔히 도덕책이나 기사로 내는 한경오 읽을 필요도 없지만 당할까봐 불쌍해서 구독했는데 이젠 그럴 필요도 없으니 과연 뭘로 살아남을까?"

'역사의 소급'과 '희생양 만들기'

진보 언론 '불매 위협' 사건은 정치적 소비자 운동의 관점에서 어떻게 보아야 할까? 앞서 살펴본 모든 댓글을 관통하는 기본 전제는 "진보 신문은 보는 것이 아니고 봐주는 것이다"는 자세다. 자신들이 시혜를 베풀고 있다는 '소비자 갑질'의 전형적인 모습이라고 볼 수 있는데, 혹 이들은 '진보' 자체를 그렇게 이해하고 있는 건 아닐까?

협성대학교 교수 박영흠과 신한대학교 교수 이정훈은 「'한경오' 담론의 구조와 새로운 시민 주체의 출현」이란 논문에서 "시민들이 진보 언론에 분노하는 이유는 그들이 소비자이기 때문이다. 저널리즘은 권력과 자본뿐 아니라 수용자로부터도 독립되어 있어야 한다는 것이 전문직주의의 논리다"며 다음과 같이 말한다.

"하지만 '소비자-시민'들은 언론이 수용자로부터 독립되어 있어야 한다고 생각하지 않는다. 언론은 수용자의 명령에 따라야 한다. 그것이 자본주의 시스템에서 판매자와 소비자 간의 정당한 관계이기 때문이다. 오늘날 한국 사회에서 소비자의 권리는 절대적이며 판매자는 소비자의 뜻에 언제나 복종해야 한다. 그러나 소비자-시민들이 보기에 뉴스의 판매자인 언론은 뉴스를 구매하는 소비자-시민의 절대적 권력을 무시하고 시키는 대로 하지 않고 있다. 따라서 정당한 대접을 받지 못한 소비자들은 능동적 실천을 통해 언론을 단죄할 권리가 있다는 주장이다."[26]

박영흠과 이정훈은 '불매 위협'을 하는 사람들의 주장을 소개했을 뿐, 그 어떤 판단을 내리진 않았다. 하지만 소비자이기 때문에 무조건 불매운동을 할 수 있다는 논리는 사실상 자기폄하라는 건 지적해둘 필요가 있겠다. 제6장에서 자세히 다루겠지만, 책임 수용을 하는 '시민 소비자citizen-consumer'의 개념이 절실히 요청되는 분야가 바로 언론이 아닌가.[27] 설사 소비자로서 권리를 행사하겠다는 사람들의 행위 자체를 비판할 수는 없다 하더라도, 이게 과연 그 '소비자들'이 '열광적으로 응원'한다는 '대한민국의 민주주의와 정의'인지에 대해선 얼마든지 문제를 제기할 수 있을 것이다.[28]

하지만 그런 문제 제기마저 소통은 사실상 불가능할 것으로 보인다. 이른바 '역사의 소급' 또는 '과거의 현재화' 현상 때문이다. 오늘날의 관점에서 보자면, 한경오의 노무현 비판, 특히 이명박 정권 시절의 노무현에 대한 '정치적 보복'과 관련된 보도에서 지나친 점이 있었다는 건 분명하다. 이 점에선 문재인 지지자들의 분노에 공감할 수 있지만, 문제는 그게 과연 한경오에만 국한된 것이었으며 진보적 시민은 달랐던가 하는 점이다.[29]

진보 언론 불매를 부르짖는 사람들의 각성과 문제의식은 노무현 서거라는 전혀 예상하지 못했던 역사적 비극 이후에 나타난 것이다. 다시는 그런 비극을 반복하지 않겠다는 의지와 실천의 선의는 이해할 수 있다. 하지만 동시에 당시 상황으로 되돌아갈 필요가 있다. 이미 2006년에 노무현의 지지도는 한 자릿수로 추락했을 정도로 민심 이반은 매우 심각한 수준이었다. 2007년 8월 '100년 정당'을 내세운 열린우리당이 창당 3년 9개월 만에 사라졌고, 12월 19일 제17대 대선에서 이명박은 압도적 승리(이명박 48.7퍼센트, 정동영

26.1퍼센트)를 거두었다.

　"이명박을 대통령으로 만들어주다니!"라는 외침으로 대변되는, 이런 일련의 상황에 분노했던 진보적 시민들은 누구에게 책임을 물어야 했을까? 모두가 다 진보 언론이 만든 일이라고 주장하려는 게 아니라면, 책임은 노무현에게 돌아갈 수밖에 없었다. 그게 옳건 그르건, 한국인의 유별난 '지도자 추종주의'는 정반대로도 작동하는 법이다. 김대중 정권의 마지막 실정에 대한 책임의 화살이 온전히 김대중에게 돌아갔듯이 말이다. 인터넷에 돌아다니는 'DJ에 대한 유시민의 원색적 비난과 추모시'를 읽어보라.[30] 지나치다 싶을 정도로 독한 비난이었지만, 그게 무슨 문제가 되진 않았다. 당시 많은 사람이 공감했기 때문이다. 한경오의 노무현 비난도 그런 맥락에서 나온 것이다.

　당시 김대중과 노무현에 대해 매우 부정적이었던 민심을 "국민이 어리석거나 나빴다"는 식으로 평가할 수는 있다. 그러나 감히 그렇게 말할 수 있는 사람은 없으리라. 그래서 그 민심을 반영했을 뿐인 한경오에 '역사의 소급' 방식을 통해 비난하고 걸핏하면 불매운동 위협까지 하는 게 과연 온당한가? 혹 '희생양 만들기'는 아닐까? 노무현을 지켜주지 못했거나 노무현 비판에 가담했던 죄책감을 한경오에 투사하는 건 아닐까? 자신들의 죄를 한경오에 덮어씌우는 게 아니냐는 것이다. 나는 실제로 주변에서 그런 사람을 여럿 보았다. 한경오가 민심의 한계마저 넘어서는 슬기로움을 발휘하지 못했다고 질책할 수는 있을망정, 한경오를 무슨 몹쓸 주범이나 되는 것처럼 몰아가는 게 과연 옳으며 정의로운 일일까?

'어용 저널리즘'은 어용 세력에도 독이다

'어용 저널리즘'을 요구하는 압박은 일견 성공한 것처럼 보인다. 언론과 지식인이 벌떼처럼 달려드는 악플 공세가 두렵거나 신경 쓰여 자기검열을 하고 있기 때문이다. 기자와 간단한 전화 인터뷰를 하고서도 익명을 요청하는 지식인 취재원이 부쩍 늘었다. 말 한마디 잘못해 겪어야 할 '악플'과 '신상 털기'가 두렵거나 아예 "논란이 되고 싶지 않기 때문"이다. 경희대학교 사회학과 교수 김중백은 "SNS가 중요한 삶의 터전인 30~40대에게 '사이버 불링'은 큰 고통"이라며 "지식인도 예외는 아니다"고 했다.[31]

『한겨레』논설위원 곽정수는『한국기자협회보』에 기고한「'진영 논리'서 독립한 새 언론을 갈망하며」라는 칼럼에서 30여 년 전 '땡전뉴스 시대'의 공포는 사라졌지만, 이젠 '진영 논리'라는 새로운 성역이 만들어졌다고 개탄했다. 그는 "요즘에는 진보 성향 언론이 어쩌다 진보 정부를 비판하면, 팩트 여부와 상관없이 진보 성향 독자들로부터 '기레기'라는 욕이 쏟아진다. 보수 성향 언론도 똑같은 처지다. 기사의 기본인 '팩트'가 설 자리가 사라졌다. 언론 위기의 뿌리에는 '팩트 위기'가 놓여 있다"며 다음과 같이 말한다.

"기자들이 언제부터인가 팩트를 확인하는 노력에 앞서 독자들이 기사를 어떻게 생각할까를 먼저 살피게 됐다. 독자에게 박수 받을 기사는 열심히 찾아 쓰고, 나머지는 외면하는 '자기검열'이 갈수록 심해졌다. 입맛에 맞는 기사는 대서특필하고, 그렇지 않은 기사는 축소·누락시키는 일이 벌어졌다. 아예 팩트를 입맛에 맞게 과장·축소·왜곡하는 온갖 '사기술'까지 등장했다. '조국 사태' 보도는 그 결정판이다. 2019년 언론의 위기는 '자승자박'의 결과다."[32]

그러나 '어용 저널리즘' 작전의 성공은 어용 세력에는 자신들을 파멸시키는 독이다. 비판을 원천봉쇄함으로써 자기 혁신이나 개선의 가능성을 부정하는 권력의 말로가 좋은 걸 본 적이 있는가? 어용파는 자신들은 '권력'이 아니며 정당한 표현의 자유를 행사할 뿐이라고 강변하지만, 그건 디지털 혁명 이전의 시대에나 통할 수 있는 궤변이다. 익명의 악플 공세로 인해 자살을 하는 연예인이 속출하는 세상에서 집단적인 언어폭력을 표현의 자유로 옹호하는 걸 어찌 궤변이라 하지 않을 수 있겠는가.

진보 언론 불매 위협은 비교적 영세한 진보 언론의 생존책으로 널리 실천되고 있는 독자들의 자발적인 후원이 갖는 역기능을 보여준 사건이기도 했다. 자발적 후원 의존도가 클수록 특정한 이념·당파성을 실천하는 언론일지라도 언론의 독립성보다는 독자들의 편협하거나 근시안적인 이념·당파성을 충족시켜야 하는 압박을 받게 되고, 이는 결국 언론의 본원적 사명을 저해하는 동시에 '정치적 양극화'를 심화시킬 수 있기 때문이다.[33]

유시민은 1984년 9월의 세상에 갇혀 있다

'어용 저널리즘' 요구가 우리 시대의 피할 수 없는 현상이라면 가볍게 여기는 마음으로, 아니 즐기는 마음으로 감내하는 것도 좋겠지만, 그게 과연 누구에게 도움이 될까 하는 의구심은 떨쳐버리기 어렵다. 아무리 이해하려고 애를 써도 '어용 저널리즘' 요구의 이론적 근거는 한국이나 미국과 같은 다수대표제-양당제 국가에서 정치 혐오와 더불어 나타나는 '반감의 정치'와 '응징의 정치' 모델이기에 더욱 그렇다.

승자독식을 기반으로 하는 이 모델에서 유권자들은 상대적으로 더 반감을 느끼거나 더 증오하는 '최악最惡'의 정당을 응징하기 위해 '차악次惡'의 정당을 선택하는 투표를 한다. 이런 투표 행태를 잘 아는 정당들은 뭔가 일을 잘해서 유권자의 표를 얻을 생각은 하지 않고 상대 정당을 공격해 유권자들의 반감이나 증오를 키우기 위한 '증오 마케팅'에만 몰두하면서 이걸 정치의 본령으로 삼는다. 지지자들 역시 같은 행태를 보이기 때문에 정치 참여를 '닥치고 공격'으로만 이해하며, '내부 비판'은 금기시한다. '어용 저널리즘' 요구는 바로 이런 의식의 산물이기도 하다.

다수대표제-소선거구제에서는 '51대 49'로 이긴 승자는 아슬아슬하게 이겼음에도 독식을 하고 49퍼센트의 목소리는 대변되지 못한다. 우리 편이 잘할 생각은 하지 않고 상대편을 공격해 승리하는 것을 정치의 본질로 삼는 이 모델에선 누가 승리하건 나라는 골병든다. 우리는 언제까지 이런 승자독식의 전쟁을 계속해야 하는가?

이런 의문을 원천봉쇄하는 건 장기간의 체험 학습이다.

오랜 세월 적어도 2년에 한 번 이상 이런 '승자독식주의 체험 학습'을 한 유권자들은 승자독식주의를 당연시하는 사고방식을 갖기 십상이다. 그런 선거 방식을 보장한 법과 제도의 후광효과를 업고 "원래 세상이 그런 거 아냐?"라고 당당하게 말하는 심성을 갖게 될 가능성이 높다는 것이다. 정치와 무관한 우리의 일상적 삶에서조차 승자독식주의가 만연하는 이유이기도 하다. '압축 성장'의 혜택을 본 우리의 업보라고 하기엔 너무 가혹하다.

압축 성장이 심화시킨 '비동시성의 동시성' 현상으로 이해해야 하는 걸까?[34] '어용 저널리즘' 요구의 선봉에 선 유시민은 아직도 이른바 '서울대학교 프락치 사건' 또는 '서울대학교 민간인 감금 폭행 고문 조작 사건'이 일어났던 1984년 9월의 세상에 살고 있는 것처럼 보이니 말이다.[35] 폭압적인 전두환 정권이 대학 캠퍼스에 프락치를 침투시켜 운동권 학생들의 동태를 살피던 시절 운동권 투사들에게 선악善惡 이분법은 불가피한 점이 있었다. 그런 상황에서 의심과 확신의 경계는 쉽게 무너지기 마련이다. 이 사건의 주동자로 구속된 유시민이 1심에서 징역 1년 6월을 선고받고 쓴 '항소 이유서'는 큰 반향을 불러일으키면서 사실상 그런 비극적인 사태를 만든 주범인 전두환 일당에 대한 분노를 치솟게 만들었다. 그런데 비극은 아직도 끝나지 않았다. 민주화가 이루어질 대로 이루어진 오늘날에도 유시민이 그 시절의 선명한 선악 이분법의 사고 틀에 갇혀 있으니 말이다.

1980년대의 운동권을 지배했던 사고 가운데 '조직 보위론'이란 게 있다. 조직 보위론은 '진보의 대의'를 위해 활동하는 운동 조직을 '적'의 공격에서 '보위'해야 하며, 따라서 내부에서 성폭력 사건이 일어났다 하더라도 이를 조직 밖으로 알려선 안 된다는 논리다. 바로 이 논리에 따라 운동권 내부의 많은 성폭력 사건이 철저히 은폐되었고, 피해자에겐 이중·삼중의 고통이 가해졌다.[36] 유시민은 '조직 보위론'의 신봉자로서 이미 여러 차례 이와 관련된 논란의 주인공이기도 했다. 그는 민주화가 된 세상에서 그 썩은 냄새가 진동하는 조직 보위론을 다시 꺼내 든 것이다.

왜 유시민은 세상을 그렇게 일관성 있게만 살려고 하는 걸까? 왜 다른 생각을 전혀 못해보는 걸까? 정말 안타까운 마음으로 묻는 거다. 아니 간곡히 호소하고 싶은 심정이다. 우리가 그간 그토록 외쳐온 '밑에서부터의 개혁'은 말만 무성했을 뿐 실천이 없었다. 유시민이 지지자들에게 각자 선 자리에서 '우리 이니'를 위해 그런 일을 해보자고 호소했다면 어떤 일이 벌어졌을까? '이니'를 싫어하던 사람들도 그들이 낮고 빛나지 않는 자리에서 그런 헌신적인 활동을 묵묵히 했다면, 그들을 좋아하고 존경하게 된 나머지 '이니의 성공'을 위해 동참하게 되지 않았을까?

물론 그건 쉽지 않은 일이지만, 유시민은 감성적인 선동의 달인이 아닌가. 게다가 그는 자신의 한마디로 KBS 사장마저 벌벌 떨게 만들고, 촛불혁명의 영웅이었던 JTBC마저 '조국 사태'의 정국에서 '어용'을 하지 않았다는 이유로 문재인 지지자들의 적으로 전락시킬 정도로 막강한 '문화 권력'과 '정권 권력'을 가진 사람이 아닌가. 그런 권력을 가진 유시민이 자신의 타고난 달변을 통해 '분열과 증오' 대신 '관용과 화합'을 외치면서 진보적 개혁의 메시지를 전파하는 전도사로 활약했다면, 한국의 정치 지평 자체가 달라지지 않았을까?

물론 우문愚問이긴 하다. 유시민은 "보수 정당에서 세종대왕님이 나오셔도 안 찍는다"고 말할 정도로 선악 이분법을 체화한 사람이니까 말이다.[37] 이 말을 뒤집으면 "문재인 정당에서 누가 나와도 찍는다"는 말일 텐데, 이건 민주주의라기보다는 '군주주의'다. 유시민을 1984년 9월의 세상에 갇혀 있게 만든 전두환 일당이 새삼 미워진다. 싸우면서 닮아간다는 말이 있다지만, '어용 저널리즘'은 박정희·전두환 시대의 유물로 족하다.

'문빠'는 민주주의와 진보적 개혁의 소중한 자산이다

아는 사람들은 잘 알겠지만, 문재인을 열성적으로 지지하는 사람들은 대부분 착하고 선량하고 정의로운 사람들이다. 이들은 한국 민주주의와 진보적 개혁의 소중한 자산이다. 빈말이 아니라, 나는 진심으로 그렇게 생각한다. 아니 내가 사는 전라도에 그런 분이 워낙 많은 탓에 친밀한 경험으로 수없이 확인한 사실이다. 문제는 이들이 '우리 이니'에 관한 문제에선 전혀 다른 사람으로 변신한다는 점이다. '정치'가 아닌 '종교'의 영역으로 이동한다고 해도 과언이 아니다.

정치를 종교처럼 대하는 사람들은 자기들끼리는 모두를 '의인'으로 여기겠지만, 정치를 정치로 여기는 사람들에겐 이만저만 곤혹스러운 일이 아니다. '어용 저널리즘'을 요구하는 어용파는 대부분 '문빠' 또는 '문파'로 불리는 사람들인데, '문파'를 옹호하는 전남대학교 철학과 교수 박구용은 문파를 탐구하기 위해 "인터뷰를 진행하면서 참으로 많은 사람들이 문파를 비정상 중의 비정상인 괴물 취급을 한다고 느꼈다"고 말한다. 그런데 박구용은 그 이유는 제대로 탐구하지 않았다. 그는 '문파를 괴물로 만들려는 사람들'을 '백인 인종주의자들'과 비슷하게 봄으로써 문파가 억울한 누명을 쓰고 있다는 식의 자세를 취할 뿐이다.[38]

그렇다면 문파에겐 아무런 문제도 없다는 것인가? 박구용은 모호한 자세를 취한다. 그는 문파의 문제점, 그것도 문제 가능성을 이론상으로만 제시하면서 현실 분석과 연결시키지 않는다. 그는 "문재인 정부와 더불어민주당이 광장과 의회 사이에서 자율적으로 활동하는 문파를 인위적으로 조직하거나 조작할 때 문파의 의사소통적 권력은 폭력으로 둔갑할 것이다"고 하면서도,[39] '인위적 조직과 조작'의 경계가 어디까지인지에 대해선 아무런 말도 하지 않는다. '정권 권력'을 업은 유시민과 김어준의 영향력은 단지 '개인적인 자율적 활동'에 지나지 않는다는 것인가? 다음과 같은 '좌표 찍고, 벌떼 공격'은 어떻게 봐야 하나?

"지금까지 문빠들의 타깃은 주로 정치인이나 공직자, 언론인이었다. '공격 좌표'를 찍고 무차별 신상 털기와 악플, 문자 폭탄 테러를 가해왔다. 한 번 당해본 인사들은 문빠를 '히틀러 추종자', '문화대혁명 홍위병'이라며 학을 뗐다. 하지만 대통령은 자신의 지지 세력에 의한 자유민주주의 파괴 행위를 묵인해왔다. 문빠는 눈에 뵈는 게 없는 괴물처럼 됐다. 이제는 반찬 가게 주인까지 공격 대상으로 삼은 것이다. 그 여주인에게는 지금껏 겪어보지 못한 형벌이었을 것이다. 하지만 이런 짓을 숨어서 벌여온 문빠들 그 누구도 처벌받지 않았다."[40]

진중권은 2019년 11월 조국 가족의 표창장 위조 진상을 폭로해 악플 테러를 당하자 페이스북을 닫으며 이런 심경을 토로했다. "누가 좌표를 찍었는지 저 극성스러운 이들이 우르르 몰려와 단체로 행패를 부린다. 저 뇌 없는 무리들의 아우성이 피곤할 뿐이다."[41] 곧 다시 활동을 재개한 그는 '유시민의 알릴레오'에 대해 "알릴레오 시청자는 기자들 리스트를 만든다. 제대로 일하는 기자들을 리스트 (만들어) 좌표를 찍고 공격을 한다"며 "(기자의) 가족의 신상 파서 기레기라고 비난한다. (그런 신상 털기가) 집단화, 조직화, 일상화되고 있다"고 했다.[42]

이런 이야기들은 보수 언론에만 실릴 뿐, 진보 언론은 단 한마디도 하지 않는다. '좌표 찍고, 벌떼 공격'이 정당한 표현의 자유의 영역에 속한다고 보기 때문일까? 그렇다 하더라도 그게 사회적으로 큰 논란이 되고 있다면, 그 '뉴스 가치'에 주목해 그런 일이 있었다는 보도는 해야 하는 게 아닐까? 독자들이 우수수 떨어져 나갈 거라는 공포 때문에 그마저 할 수 없다는 건가? 도무지 이해할 수 없는 일이다.

불행 중 다행히도 박구용은 "현실적으로 모든 '우리'가 그렇듯 문파도 폭력의 가능성을 담고 있다. 특히 문재인을 지킨다는 명목으로……일부 문파가 이런 위험에 노출되어 있다"고 말한다. 그런데 단지 이 말뿐이다. 오히려 "'문재인을 지키기 위한 수비형 공격'이 문재인을 반대하는 사람들에겐 폭력적으로 보였을 수 있다"는 말을 보탬으로써 문파의 폭력성에 대한 문제의식을 정략적인 것으로 축소하려 든다.[43]

박구용은 언론 인터뷰에선 "팬들은 정치인에 대한 열성적 지지를 통해 세상에 대한 불안을 해소하고 정치 참여를 확대할 수 있다는 측면에서 바람직하다"고 전제하면서도 "잘못도 감싸면서 맹목적으로 지지하는 마음은 해나 아렌트가 '전체주의의 기원'에서 제시한 '폭민'처럼 폭력 같은 극단적 형태로 나타날 수 있다"고 경계했다.[44]

그러나 그는 더는 들어가지 않는다. 철학자로서 현실 문제에 깊이 개입하기로 했다면, '좌표 찍고, 벌떼 공격'은 정당한 표현의 자유라고 옹호하든가 아니면 그게 바로 해나 아렌트Hannah Arendt, 1906~1975가 우려한 현상이라고 말해야 할 게 아닌가. 이런 자세는 공정하지 않다. 박구용은 문파 비판이 문재인을 반대하는 사람들에 의해서만 이루어지고 있는 것처럼 말하지만, 문재인에 대해 중립적이거나 지지하는 사람들 사이에서도 왕성하게 나오고 있다는 건 외면한다. 문파의 보복이 두려워 차마 공개적으로 말을 못하고 있는 사람이 훨씬 더 많다는 사실도 외면한다.

글을 쓰다 보니 박구용을 비판하는 모양새가 되고 말았는데, 내가 정작 던지고자 하는 메시지는 '방향'에 관한 것이다. 여러 철학 교수를 비롯해 수많은 지식인이 문파라고 하는 '한국 민주주의와 진보적 개혁의 소중한 자산'이 바람직한 방향으로 나아갈 수 있게끔 비전과 충언을 제시해줄 법도 한데, 왜 답이 나오지도 않을 문파 논란에 가세해 문파를 옹호하는 데에만 열을 올리는지 너무 안타깝다는 것이다. 바로 이런 토양이 진보 언론을 '불매 위협'에 시달리게 만드는 '어용 언론' 사건을 낳는 데에 일조했겠지만, '어용 저널리즘'은 박정희·전두환 시대의 유물로 족하다는 말을 다시 한번 강조하고 싶다.

제4장

왜 정치인들이 시민들보다
흥분하는가?

———★★★★☆———

일본 상품 불매운동

프란츠 파농과 아이리스 매리언 영

"나는 과거의 포로가 아니다. 나는 과거에서 내 삶의 의미를 찾고 싶진 않다.……오늘날 백인들에게 17세기의 노예선에 대해 책임을 물어야만 하겠는가? 가능한 모든 수단을 동원해서 죄의식이 사람들의 가슴 가슴에서 끝없이 잉태되도록 애써야만 하겠는가?……그러나 나에겐 아직도 내 자신을 수렁으로 몰아넣어야 할 권리는 없다.……과거가 결정한 진창 속으로 내 자신을 밀어넣어야 할 권리는 없다."[1]

아프리카의 혁명 투사 프란츠 파농Frantz Fanon, 1925~1961이 『검은 피부, 하얀 가면』의 결론에서 한 말이다. 제6장에서 다룰 '책임의 사회적 연결 모델'을 제시한 아이리스 매리언 영Iris Marion Young, 1949~2006은 논의의 확장을 위해 파농의 이 말을 인용한다. 영은 "파농은 아프리카인들에게 식민주의의 역사를 잊으라는 놀라운 제안을 한다"며 다음과 같이 말한다.

"현재 상황에 대한 해명을 과거에서 찾거나 노예제도와 식민지 착취라는 범죄에 골몰하는 것은 흑인과 백인 사이의 관계를 재각인할 우려가 있다. 해방은 마땅히 이러한 관계를 초월해야 한다. 과거에 발생했던 거대한 범죄 때문에 괴로워하는 소위 혁명가들은 과거 지향적인 분노에서 옴짝달싹 못할 것이다.……대신 파농은 급진적 자유와 자기창조self-invention라는 실존주의적 입장을 권한다.……과거를 잊고 새롭게 시작하라는 파농의 시각은 충분히 설득력이 있지만 동시에 궁극적인 결함을 지닌다.……만약 역사적 부정의라는 사실을 마주하지 않는다면, 우리는 희생자의 망령에서 자유로울 수 없고 과거에 가해자가 저지른 잘못을 반복하게 될지도 모른다."[2]

아프리카 식민주의 역사에 대해 흑인은 잊자고 하고, 백인은 잊으면 안 된다고 하는 게 인상적이긴 하지만, 실천과 이론의 차이일 수도 있다. 이론적으론 영이 옳지만, 파농이 그 이론을 몰라서 잊자고 했겠는가? 책임 추궁은 현실적 힘에 의해 좌우되는데, 이 이기기 힘든 새로운 투쟁을 하느라 아프리카인들의 심신이 피폐해질 걸 염려하는 파농의 고뇌가 느껴진다. 반면 영은 주로 백인들을 향해 아프리카 식민주의 역사에 대한 책임을 공유할 걸 주장한 셈이니, 둘의 의견이 꼭 상충한다고만 볼 수는 없다.

이런 논의가 한국의 식민주의 역사엔 어떻게 적용될 수 있을까? 아니 어떻게 적용되어야 할까? 불행히도 우리에겐 그런 논의나 논쟁은 없다. 파농과 영의 견해 차이는 식민주의 역사에 대한 분노를 공유하는 사람들끼리 미래에 어떻게 할 것이냐를 두고 나온 것이지만, 한국에는 식민주의 역사에 대한 인식 자체가 다른 사람이 너무 많다. 그래서 논의나 논쟁은 늘 '친일파'냐 아니냐를 두고 벌어진다. 이런 현실에 대해 성찰하는 자세를 갖고 일본 상품 불매운동에 대해 생각해보기로 하자.

그 이전에 우리의 유별난 점도 미리 인정하고 들어가는 게 좋겠다. 8월 23일 서울 홍익대학교 앞에서 일본인 여성 ㄱ씨가 한국인 남성 ㄴ씨에게 길거리에서 폭행당한 사건이 일어나자, 대신 사과한 한국인이 많이 나타났다. 하지만 ㄱ씨는 한국 언론과 인터뷰하면서 "한국인이 왜 사과를 하지?"라고 의아한 표정을 지었다. ㄱ씨는 "한국인분들 죄송하다고 말하지 말아주셨으면 좋겠습니다. 그저 한 명의 나쁜 행동일 뿐 한국인의 잘못이 아닙니다"라며 "한-일 관계가 이 일로 악화되는 일이 없기를 바란다"는 내용의 글을 올렸다.[3] 우리는 그런 사과를 당연하게 생각하는 경향이 있지만, 이렇게 자문자답해보는 게 좋겠다. 왜 우리는 개인 관계마저 한일 관계라고 하는 틀을 통해서만 보려고 하는 걸까?

일본 정부가 촉발시킨 일본 상품 불매운동

2019년 7월 일본 정부의 수출 규제로 촉발된 시민들의 일본 상품 불매운동이 온·오프라인상에서 다양한 형태로 벌어지기 시작했다. 불매할 일본 상품과 이를 대신할 제품 정보를 공유하는 사이트가 인기를 끌고, 일본 여행 카페가 '휴업'하는가 하면, 자발적인 1인 시위도 이어졌다. 7월 17일 리얼미터가 일본 제품 불매운동 실태를 조사한 결과를 보면, '현재 참여하고 있다'는 응답이 54.6퍼센트로 전주前週보다 6.6퍼센트포인트 증가했다.4

7월 17일 회원 수가 133만여 명에 이르는 국내 최대 일본 여행 카페 '네일동'이 사이트를 임시 휴면 상태로 돌리는 '활동 중단' 방식으로 불매운동에 동참했으며, 일본 여행 취소 인증샷은 소셜미디어의 트렌드가 되었다. 불매운동 참가자들은 "1919년 독립운동은 못했지만 2019년 일본 불매운동은 한다"는 구호를 외치고 나섰다.5

광주 광덕고등학교 학생회는 학교 현관에서 학생과 교사 170여 명이 모인 가운데 일본 제품 불매운동을 선언했다. 이들은 이날 '일제日製의 사용은 일제日帝로의 회귀', '역사를 잊은 민족에게 미래는 없다'는 등 손팻말을 들었으며, '노NO'라는 영문과 일본 지도를 새긴 상자 안에 평소 쓰던 일제 볼펜 샤프, 핫팩 등을 넣어버리는 행동을 펼쳤다.6

7월 18일 오전 포털사이트 실시간 검색어엔 불매할 일본 상품의 대체재를 알려주는 사이트인 '노노재팬'이 등장했다. 실시간 검색어 1위에 오르면서 접속자가 몰렸고, 트래픽이 늘면서 서버가 감당

하지 못해 접속 장애가 발생하기도 했다. 온라인 커뮤니티나 SNS
에는 '일본 상품 리스트'가 공유되는가 하면, 일본 브랜드 회원에서
탈퇴했다는 인증 글도 속속 올라왔다. 특히 "(불매운동이) 장기적으로
매출에 영향을 줄 만큼 오래가지 않을 것"이라는 최고재무책임자
CFO의 발언으로 한국 소비자들을 격앙시킨 유니클로가 주된 탈퇴
대상이 되었다.7

　일본 상품 불매운동은 『조선일보』 불매운동으로 번졌다. 7월 19일
시민단체 '언론소비자주권행동(언소주)'은 "오는 8월 12일부터 『조선
일보』 광고에 대한 불매운동을 시작한다"고 밝혔다. 언소주는 "일
본의 수출 규제로 양국 간 경제 전쟁에 가까운 상황이 벌어지는 와
중에 『조선일보』는 오히려 한국 정부와 국민을 때리고 있다"며 "한
국 언론인지 의심스러울 정도로 일본 정부에 치우친 보도를 하는
것에 반발해 불매운동을 하자고 뜻을 모았다"고 밝혔다.

　언소주는 매주 『조선일보』에 광고를 많이 게재한 기업 3곳을 선
정한 뒤 SNS를 통해 시민들에게 알리고, 해당 기업에서 생산하는
제품을 불매하는 방식으로 운동을 하겠다고 했는데, 이 운동 방식
으로 인해 2008년 업무방해 혐의로 재판에 넘겨진 바 있었다. 이에
대해 2013년 8월 법원은 광고주에 대한 업무방해는 성립하지만,
신문사에 대한 업무방해는 성립하지 않는다고 판결했다. 언소주는
당시 법원의 판결이 '정치적 판결'이었다고 비판하며 "이번 불매운
동이 문제가 된다면 다시 제대로 재판을 받아 판례를 바꾸고 싶다"
는 입장을 보였다.8

한국갤럽이 7월 23~24일 이틀간 실시한 여론조사에 따르면, 한일 간 분쟁 때문에 "일본산 제품을 사는 것이 꺼려진다"는 응답자는 80퍼센트인 것으로 나타났다.9 실제로 한국수입자동차협회의 7월 수입차 판매 실적 자료에 따르면, 렉서스 등 일본차 판매량은 2,674대로 불매운동이 벌어지기 전인 6월(3,946대) 대비 32퍼센트 급락한 것으로 나타났다. 전년 동기(3,229대)와 비교해도 17퍼센트 줄어들었다. 일본차의 국내 시장 점유율은 6월 20퍼센트에서 7월 14퍼센트로 6퍼센트포인트 떨어졌다. 한 일본차 업계 관계자는 "지난달 계약률은 그 이전과 비교했을 때 40~50% 이상 줄었다"며 "7월 계약된 차량이 판매 실적으로 잡히는 8월 이후 실적은 폭락세를 보일 것"이라고 말했다. 또 수입 맥주 시장에서 부동의 1위였던 일본 맥주는 10년 만에 벨기에 맥주, 미국 맥주에 이어 3위로 급락했다.10

KB국민·롯데·삼성·신한·우리·현대·비씨·하나 등 8개 카드사의 국내 주요 일본 브랜드 가맹점 신용카드 매출액은 6월 마지막 주 102억 3,000만 원에서 7월 넷째 주 49억 8,000만 원으로 반토막이 났으며, 특히 유니클로 매출액은 6월 마지막 주 59억 4,000만 원에서 7월 넷째 주 17억 7,000만 원으로 70.1퍼센트나 급감한 것으로 나타났다. 도쿄와 오사카, 오키나와, 후쿠오카 등 일본 주요 관광지 4곳에서 8개 카드사 매출액도 19퍼센트가량 감소한 것으로 나타났다.11

이런 여론에 근거한 것인지는 알 수 없지만, 7월 30일 더불어민주당 싱크탱크인 민주연구원이 "일본의 경제 보복으로 불거진 한·일 갈등이 내년 총선에 긍정적인 영향을 줄 것"이라는 내용의 비공개 보고서를 당내 의원들에게 배포한 것이 알려지면서 물의를 빚었다.

야 4당은 "반일 정서를 총선 카드로 썼다"고 거세게 비판했다. 자유한국당은 "사태를 수습할 생각 대신 국민 정서에 불을 지피고 그 정서를 총선 카드로 활용할 생각만 하는 청와대와 집권여당"이라고 했고, 바른미래당은 "국익보다 표가 먼저인 민주당은 나라를 병들게 만드는 박테리아 같은 존재"라고 했으며, 민주평화당과 정의당도 "민주당은 양정철 민주연구원장을 즉각 해임하라", "책임지는 자세가 필요하다"고 비판했다.[12]

거센 반일 여론이 확인되자, '반일 프레임'을 비판하던 보수 언론은 잠시 흔들렸고,[13] 정치권은 '친일파' 논쟁으로 빠져들었다. 8월 2일 일본이 결국 한국을 수출 심사 우대국(화이트리스트)에서 빼기로 한 발표가 나온 직후 이른바 '일식당서 사케 오찬' 보도가 터져 나왔다. 더불어민주당 대표 이해찬이 일식당에서 '사케'를 곁들인 점심 식사를 한 것과 관련해 야당이 "반일 감정을 부추기던 여당 대표가 일식당에서 사케를 마신 것은 이율배반의 극치"라고 공격한 것이다. 그러자 여당은 "이 대표가 마신 사케는 국산 쌀로 만든 국내산 청주"라고 반박했다. '친일파' 공격에 앞장섰던 전 청와대 민정수석 조국은 "야당은 전국의 일식당이 다 망하기를 원하는가"라며 이해찬 옹호에 나섰다. 이에 『조선일보』는 「여야의 '친일파' 몰기, 코미디가 따로 있나」라는 사설에서 다음과 같이 주장했다.

"이 모습을 그대로 방영하면 코미디가 될 것이다. 여당 대표가 일식당에서 식사하는 일이 문제가 될 수는 없다. 일식당도 한국인이 경영하는 곳이 대부분일 텐데 그곳에서 식사하는 게 무슨 문제가 되나. 대법원 판결을 비판하면 '친일파'라는 조국 전 수석과 뭐가 다른가. 야당은 언제까지 이런 말초적인 정쟁에 몰두할 것인가. 이 코미디는 청와대와 민주당이 반일 감정을 선거에 이용하기 위해 '죽창', '의병', '매국'이라며 선동을 시작한 탓이 크다. 냉정한 대책을 내놓는 데 주력했다면 이런 논란이 벌어졌겠나.……이런 정권을 견제해야 할 야당도 '사케 마셨으니 너도 친일파'라는 수준이니 할 말이 없다."[14]

8월 3일 산업통상자원부는 소셜미디어에 현 상황을 IMF 외환위기에 빗대며 사실상 반일反日 불매운동을 부추기는 게시물을 올렸다가 이틀 만인 5일 별다른 설명 없이 삭제했다. 산업통상자원부는 게시물에서 "우리가 어떤 민족입니까? IMF 외환위기 때 결혼반지, 돌반지 팔아 외채 갚아 세계를 놀라게 한 국민 아닙니까?"라고 적었으며, 첨부한 가상假想 카카오톡 대화창 이미지에는 "진짜 열 받는다. 당하고만 있을 거야? 받은 만큼 돌려주자", "매운맛을 보여주자" 등과 같은 표현이 담겼다. 산업통상자원부 측은 "부정적 댓글이 있어 지웠다"고 했다.[15]

"방송 중에 제가 들고 있는 이 볼펜이 일제가 아니냐는 시청자의 항의 전화가 왔습니다. 일본에 대한 우리 국민의 분노가 얼마나 큰

지 실감할 수 있습니다. 이 볼펜은 국산입니다. 9시 뉴스 마치겠습니다. 고맙습니다." 8월 4일 밤 KBS 메인뉴스〈〈뉴스 9〉〉 진행자가 뉴스를 마치며 이같이 말했다. KBS는 다음 날 아침 「"이 볼펜은 국산입니다" KBS 뉴스에 초유의 클로징 등장한 사연」이란 제목으로 이를 긍정적으로 소개한 인터넷 기사까지 내보냈다. 그러자 네이버에만 1,000개 넘는 댓글이 붙었는데, 대부분 "일본인과 결혼한 사람은 다 이혼하거나 추방해야 하는 건가", "고가 의료기기 90%는 일제다. 수술도 받지 마라" 등과 같은 조롱 댓글이었다. "그 뉴스를 찍는 카메라는 어디 것이냐"는 댓글도 있었는데, KBS 메인뉴스 촬영 카메라는 일본 소니사社 제품으로 알려졌다.[16]

'냉정'이라는 말이 '보수 용어'인가?

8월 5일 더불어민주당 일본경제침략대응특별위원장 최재성은 MBC 라디오에 나와 "도쿄에서 방사능 물질이 기준치보다 4배인가 초과돼 검출됐다"며 "도쿄를 포함해 여행 금지 구역을 사실상 확대해야 한다"고 했다. 국회 문화체육관광위원회 더불어민주당 간사인 신동근은 "(도쿄의 방사능 검사를 위한) 민관 합동 조사단을 구성해 점검을 실시해야 한다"며 "조사 결과에 따라 도쿄올림픽을 보이콧하는 것도 적극 검토해야 할 것"이라고 했다.[17]

같은 날 서울 중구청은 15일 광복절에 '노보이콧 재팬가지 않습니다사지 않습니다'라는 문구가 들어간 가로 60센티미터, 세로 180

센티미터의 깃발을 태극기와 함께 명동·청계천 길가에 걸겠다고 밝혔다. 퇴계로, 을지로, 태평로, 동호로, 청계천로 등 22개 길에는 태극기와 일본 보이콧 깃발 1,100개가 설치되고, 이 가운데 722개는 6일부터 걸린다고 했다. 이 운동의 취지에 대해 중구청장 서양호는 "중구는 서울의 중심이자 많은 외국인 관광객이 오가는 지역"이라며 "전 세계에 일본의 부당함과 우리의 강한 의지를 보여줄 것"이라고 밝혔다.[18]

이에 앞서 2일 성북구청장은 석관초등학교에서 팻말을 들고 학부모들에게 대일對日 불매 동참을 호소했으며, 구로구청장은 구청 현관 앞에서 직원들과 일본 제품·일본 여행 보이콧 문구가 적힌 종이를 들고 단체사진을 찍었다. 경기도는 5일부터 8월 말까지 '반도체 소재 장비 국산화 및 해외 투자 유치 아이디어' 공모전을 연다고 밝혔다. 수원시는 일제 사용과 일본 여행을 거부하는 '신新물산장려운동'을 선언했다. 수원시 외에도 안양·군포·시흥·양주 등이 구청 차원에서 일제 구매를 전면 중단하기로 했다.[19]

이렇듯 지자체들까지 가담한 일본 제품 불매 열풍의 와중에서 '냉정'이라는 말은 거의 '보수 용어'가 된 느낌마저 주었다. 8월 6일 『경향신문』 기자 이명희는 「이제 냉정해질 때」라는 칼럼에서 불매운동을 긍정적인 시각으로 전한 뒤 "'일본 보이콧'은 아베 정부에 타격을 줄 수 있을까. 당장 일본의 입장 변화를 끌어낼 순 없겠지만 적어도 한국이 만만찮다는 것은 보여줄 수 있다. 물론 효과를 보려면 6개월 이상 지속돼야 한다"며 다음과 같이 말했다.

"이제 정부는 냉정해야 한다. 지자체들도 교류를 이어나가야 한다. 이미 국민들은 차분히 일본과의 싸움을 벌이는 중이다. 반일 감정은 우리를 하나로 뭉치게 하고 때론 상상 밖의 힘을 발휘한다. 분명한 사실은 그런 내셔널리즘이 감정에 휩싸인다면 장기적으로 큰 손해를 낳는다는 것이다. 내셔널리즘이 배타주의로 바뀌는 한 비판을 피할 수 없다. 폭염 속 우리는 견디기 힘든 지점에 서 있다. 일본 대신 집 근처 시원한 도서관으로 북캉스를 떠나보자."

아주 좋은 칼럼이었건만, 이 칼럼에 달린 댓글들은 '냉정'이라는 단어를 물고 늘어졌다. "지금 냉정하지 않은 국민이 있는가요? 일본으로 쳐들어가야 한다고 떠들지 않고 조용히 분을 삼키고 있는데……", "훈장질이군요^^ 너나 잘하세요~~", "좀 한가한 소리처럼 들리네요. 길 떠난 지 얼마 되지 않았습니다. 갈 길이 멀단 말입니다. 배웠다는 사람들의 이런 소리가 많은 사람들 맥 빠지게 한다는 걸 알았으면 합니다."[20]

'경제판 임진왜란론'에 대한 시민들의 반발

그런 주장들에 대해 "불매운동 그만하자는 내용이 아님. 정부나 지자체의 역할은 따로 있다는 것입니다"라는 댓글이 달린 게 불행 중 다행이었다. 실제로 이 네티즌처럼 생각하는 사람이 많았다. 깃발 게양에 반대하는 비판 글이 중구청 홈페이지에 400개 가까이 쏟아졌는데, 한 시민은 이런 글을 남겼다. "시민이 촛불집회한다고 정치권이 달려와서 불 지르는 꼴입니다."[21]

청와대 국민청원 게시판엔 '서울 한복판에 NO Japan 깃발을 설치하는 것을 중단해주십시오'(남시훈 명지대학교 교수)란 글이 올라왔고, 정의당에서도 "아베 정권과 일본을 구분하지 못하고 무개념적인 반일과 민족주의로 몰아가는 정치인들의 돌발적 행동은 자제할 것을 촉구한다"는 비판 논평이 나왔다.[22]

그러나 중구청장 서양호는 완강했다. 그는 6일 오전 10시쯤 자신의 페이스북에 글을 올려 "왜 구청은 나서면 안 되지요? 왜 명동이면 안 되나요?"라며 "지금은 경제판 임진왜란이 터져서 대통령조차 최전선에서 싸우는 때"라고 했다. 이어 "중구의 현수기는 국민과 함께할 것"이라고 했다. 그러나 서양호와 함께할 뜻이 없는 국민도 많았다.

서양호의 '경제판 임진왜란론'에 대해 일부 네티즌들은 '상처 입고 돌아갈 일반 일본인 관광객에게 미안하다', '구청장이 사리분별도 못하나' 등의 댓글을 달았다. 서울시관광협회는 이날 "10월부터 일본인 관광객 수가 예년 20~30% 수준으로 급감하는 것으로 파악됐다"며 "서울시에 대책을 요구할 것"이라고 밝혔다. 서울시 관광 안내 자원봉사자인 50대 여성은 "서울 주요 관광지에서 일본말 듣기가 어려워졌다. 체감상 40%는 줄었다"고 했다.

이건 중구청만의 문제가 아니라 서울시의 문제이기도 했다. 오후 2시쯤 서울시장 박원순은 서양호에게 전화를 걸어 깃발에 대한 우려 의견을 표했다고 한다. 이 우려 의견 때문인지는 알 수 없으나,

서양호는 오후 2시 30분쯤 자신의 페이스북에 "일본 정부의 경제 보복에 국민과 함께 대응한다는 취지였는데 뜻하지 않게 심려를 끼쳐 드려 죄송하다. 배너기를 내리도록 하겠다"고 썼다. 오후 4시 무렵 중구에선 깃발을 더는 찾아볼 수 없었다.[23]

다음 날 『경향신문』은 「도쿄 여행 금지·올림픽 불참, '무작정 반일' 자제해야」라는 사설에서 시민들보다 뜨거워진 정치인들의 행태를 비판하고 나섰다. 이 사설은 최재성과 신동근의 주장에 대해 "일본의 부당한 조치에 강력한 대일 압박이 필요하다는 입장은 일견 이해하지만, 지나치게 반일 감정을 자극하는 이런 대응은 바람직하지 않다"고 했다. 이어 중구청의 깃발 사건에 대해 다음과 같이 비판했다.

"비록 해프닝에 그쳤지만, 일본인 관광객에게 공포심만 안겨줄 게 뻔한 이런 대응이 사태 해결에 무슨 도움이 될 것이라고 기대했는가. 극일 의지는 무도한 조치를 행한 아베 정권을 향해야지, 일본 시민들까지 적으로 돌리는 '무작정 반일'이 되어선 안 된다. 중구청 사례는 '반일 이벤트'를 기획하는 다른 지자체에서도 반면교사로 삼을 필요가 있다."[24]

『조선일보』 논설실장 박정훈은 "이 정권은 '말言'로 일본과 싸우고 있다. 실력을 키우고 힘을 보탤 노력은 소홀히 하면서 '다시는 지지 않겠다'고 한다"며 이렇게 주장했다. "서울의 한 구청장이 '노No 재팬' 캠페인을 벌이려다 상인들 반발에 철회하는 해프닝이 벌어졌다. 그 시각 일본 지자체들은 한국 항공사를 찾아와 한·일 노선을 없애지 말라고 로비를 벌였다고 한다. 어느 쪽이 이기는 게임을 하고 있는지는 자명하다."[25]

여론조사기관 칸타가 SBS의 의뢰를 받아 8월 12~13일에 실시한 여론조사에선 일본 불매운동에 대해 응답자 4분의 3이 적극, 또는 가능한 한 동참한다고 밝혔다. 일본의 경제 보복 조치에 대한 우리 정부 대응을 '잘하고 있다'고 평가한 사람은 56.2퍼센트, '잘못하고 있다'고 평가한 사람은 38.3퍼센트인 것으로 나타났다. 긍정 평가한 응답자들에게 이유를 물었더니 44.2퍼센트가 단호한 대응이라서, 35.8퍼센트는 과도한 일본 의존도를 낮출 기회라서 지지한다고 답했다. 반대로, 잘못하고 있다는 응답자들은 구체적인 경제 대응책 부족 49.5퍼센트, 지나친 반일 감정 자극 31.9퍼센트, 외교적 노력 부족 17.5퍼센트 순으로 이유를 꼽았다.

8월 24일까지 연장 여부를 결정해야 하는 한·일 군사정보보호협정(GSOMIA·지소미아)에 관한 질문에선 '맞대응 차원에서 즉시 파기' 37.2퍼센트, '안보 차원에서 유지하는 게 좋다' 56.2퍼센트로 나타났다. 정부 대응을 긍정 평가한 응답자에서는 즉시 파기 의견이 유지보다 8.2퍼센트포인트 높았지만, 부정 평가 응답자들은 4분의 3이 '유지' 쪽을 지지했다. 도쿄올림픽 보이콧 주장에는 올림픽과 정치 연계는 옳지 않고 국제 여론도 우려되어 보이콧에 반대한다는 응답이 61.3퍼센트로 방사능 우려와 강경 대응을 위해 찬성한다는 36퍼센트를 크게 앞섰다. 칸타 이사 이양훈은 "일본에 단호하게 대응을 하라는 요구들이 강하면서도, 개별 사안에 대해서는 합리적이고 차분한 태도들을 유지하고 있는 게 특징"이라고 분석했다.[26] '총론은 열정, 각론은 냉정'으로 대처한다고 말할 수 있겠다.

일본 상품 불매운동의 그늘

불매운동의 그늘도 있었다. 한 맘카페에는 일본 편의점 브랜드를 운영하는 자영업자의 글이 올라왔다. 글쓴이는 "어찌어찌 살다 보니 편의점을 하게 됐는데 하필 그곳"이라며 "인수하고 몇 달은 매출도 잘 나오고 단골도 늘어갔는데, 최근 일주일 넘게 매출이 바닥을 친다. 생업이 걸려 있고 당장 먹고살아야 하니 답답하다"고 토로했다. 이에 누리꾼들은 "안 그래도 불매를 하면서도 결국 자영업자들이 타격을 받을까 걱정했다", "괜한 자영업자가 피해 보는 것 같다"며 안타까움을 표했다.[27]

어떤 운동에서건 늘 과격파는 나오기 마련이다. 앞서 소개한 「도쿄 여행 금지·올림픽 불참, '무작정 반일' 자제해야」라는 『경향신문』 사설엔 이런 댓글이 달렸다. "오늘만큼은 사설에 반대한다. 이번에 아주 본때를 보여야 한다." "맨날 깨끗한 척 교조주의에 빠져서, 결정적 시기에 개혁 세력 발목 잡더니 또 시작이냐?"[28] 이런 유형의 네티즌들은 불매운동을 극단으로 끌고 가려는 성향을 보였다.

8월 6일 다수의 온라인 커뮤니티에는 '유니클로 단속반입니다'라는 제목의 글이 게재되었다. 해당 게시물에는 불매운동 여파로 텅 빈 유니클로 매장의 사진이 올라왔다. 작성자는 사진 속 유니클로 매장이 구체적으로 어느 지점인지까지 명시하고 있으며 "순찰 중 이상무"라는 글과 함께 상황을 보고하는 문구도 올렸다. 유니클로 단속반은 매장 상황 파악뿐만 아니라 매장에서 제품을 구매하는 사람들을 포착해 고발하기도 했다. 자신이 유니클로 단속반이라고 주장하는 한 네티즌은 "현재 계산대에 2명 정도 있고 매장 안에서 구경하는 사람은 2~3명 정도 있다"고 보고하기도 했다.

해당 게시물을 본 일부 네티즌들은 댓글을 통해 불매운동을 강요하는 자세는 지양해야 한다고 주장했다. 한 네티즌은 "불매운동은 개개인이 자발적으로 선택해서 하는 것"이라며 "불매운동에 동참하지 않는 사람들을 감시까지 해가며 고발하는 행동은 그들을 강제·협박하는 것"이라고 비판했다. 또 다른 네티즌들도 "유니클로 매장에 들어가거나 구매한다고 해서 사람들을 촬영하는 행동은 부적절하다고 생각한다. 불법촬영 아닌가", "나는 불매운동을 지지하는 사람이지만 극단적이고 부적합한 형태의 불매운동으로는 번지지 않길 바란다", "불매운동을 하지 않는다고 해서 무조건 비난하는 것은 옳지 않은 것 같다" 등의 반응을 보였다.[29]

8월 7일 강원도 강릉의 사설 박물관인 참소리박물관이 '일본인 관람 금지'와 'No Japs Allowed'라고 적은 '보이콧 재팬' 팻말을 내걸었다가 관람객의 항의를 받고 철거하는 일이 발생했다. 8월 10일 올해로 한국 생활 9년 차인 프리랜서 기자 라파엘 라시드는 자신의 트위터 계정에 '일본인 출입 금지'라고 쓰인 현수막을 내건 부산의 한 식당 사진과 함께 "이것은 국가주의가 아니라 인종차별주의다

This ain't nationalism, this is racism"고 비판했다. 그는 '애국 마케팅' 혐의도 제기했다. "'일본인 출입 금지'라고 썼지만, 한국어로만 쓰여 있어서 정작 일본 사람들은 무슨 뜻인지 알 수도 없어요. 이런 현수막을 내건 이유가 정말 일본인들을 막기 위한 거였을까요? 현수막 홍보의 대상은 사실 한국인이죠. 한국인 고객들에게 '애국심이 있는 우리 식당에 오라'는 애국 마케팅이요."[30]

'일본 불매운동'이 확산하면서 불매운동에 동참하지 않은 이들을 '친일파'로 규정해 공격·비난하는 사례도 적잖았다. 극단적 사례지만, 심지어 일본에서 7년째 거주 중인 양 아무개씨는 SNS에서 "한국인이 왜 일본에 사느냐"며 비난하는 메시지를 받았으며, "집주소를 알아내 죽이겠다"는 협박마저 받았다.[31] 8월 25일엔 일본 차량이라는 이유로 골프장에 주차된 렉서스 승용차 3대를 돌로 긁어 파손한 사람마저 나타났다.[32]

심지어 정부 부처까지 이런 흐름에 가세했다. 불과 얼마 전까지 청년들의 해외 취업, 특히 일본 취업을 장려한다고 대대적으로 홍보했던 정부가 180도 달라진 것이다. 고용노동부는 8월 하순 서울·부산 등 5개 도시에서 개최한 해외취업전략설명회에서 일본 취업만은 쏙 빼고 진행했으며, 9월 코엑스에서 열 예정이던 해외취업박람회를 취소하기로 결정했다. 불매운동이 일고 있는 와중에 일본 기업이 대거 참여하는 행사를 진행하기가 부담스럽다는 이유에서였다.[33] 일본 취업의 꿈에 부풀어 있던 청년들은 어떡하라고 그랬던 걸까?

취준생들은 온라인 커뮤니티에서 허탈함과 분노를 드러냈다. "54조 추경예산으로 일자리 하나 못 만드는 주제에"라거나 "한·일 관계 악화에 정부가 취업준비생들의 취업 길까지 제한해버리는 것을 보니 피가 솟을 지경"이라며 분통을 터뜨렸다. 이런 글도 있었다. "박람회가 취소되면 그 대안으로 일본 현지에 가서 취업 활동을 해야 하는데 3~6개월 현지 체류 비용 아껴 써도 몇 백만 원 깨집니다. 가뜩이나 경제도 어려운데 우리 부모님들 등골 휘어집니다. 사정상 이것도 여의치 않으면 일본 취업 어쩔 수 없이 포기해야 합니다." 한 청년은 "일본에 일하러 가는 것일 뿐인데 친일파나 매국노로 매도하는 분위기 때문에 곤혹스럽다"며 "정말 그만둬야 하는지 망설여지기까지 한다"고 했다.[34]

"한일 관계는 국내 정치로 환원되고 만다"

이 운동을 어떻게 보아야 할까? 이 운동이 정치적 소비자 운동인 건 분명하지만, 앞서 지적했듯이, 비상한 시기에 발동되는 민족주의·애국주의 운동의 성격이 두드러진다. 정치적 소비자 운동의 일반적인 사례로 보기는 어렵다는 것이다. 이 글에 자세히 소개하지는 않았지만, 이 불매운동에 정치권이 분위기 조성 차원에서 큰 역할을 했으며, "한일 관계가 나쁘면 대통령 지지율이 오르고 좋으면 내린다"는 건 법칙이 되었기에 더욱 그렇다.

일본 기타큐슈대학 국제관계학과 교수 이동준은 이렇게 말한다.

"한일 관계는 국내 정치라는 말이 있다. 철저하게 국익을 쫓아 전개되기 마련인 외교가 한일 관계에서는 국내 정치의 영향을 강하게 받아 결국 국내 정치로 환원되고 만다는 것이다."[35] 그렇지 않다고 부인하긴 어려울 것이다.

『중앙일보』 국제문제 대기자 김영희는 2015년에 쓴 「한일 관계에서 언론의 역할」이란 글에서 "한국 언론이 애국적인 정도만큼, 『산케이신문』 같은 경우는 그 몇 배로 애국적, 선동적 보도로 일본 여론을 들쑤신다. 2012년 8월 이명박 대통령의 독도 '상륙'과 일왕이 한국에 오려면 과거에 대한 사과부터 해야 한다는 발언 이후 일본 여론은 산케이나 요미우리, 월간 『분게이슌주(문예춘추)』유의 보도를 액면대로 받아들여 양심의 소리를 내는 일부 지식인들의 말이 먹혀들지 않는다"며 다음과 같이 말했다.

"한국 언론은 그때의 이명박 대통령을 신랄하게 비판했어야 했다. 그때를 전환점으로 일본 여론은 아베 지지로 선회, 2012년 말 총선에서 아베에게 대승을 안김으로써 아베는 화려하게 총리로 컴백했다. 아베 재집권의 일등공신이 이명박 대통령이었지만 한국 언론은 그것을 근본적으로 문제 삼지 않았다."[36]

그러나 더욱 중요한 건 한국 시민들은 이명박의 그런 행위를 긍정적으로 받아들였다는 점이다. 예컨대 JTBC가 이명박의 독도 방문 당일(8월 10일) 여론조사업체인 리얼미터에 의뢰해 조사해보니 긍정 평가가 66.8퍼센트로 부정 평가(18.4퍼센트)의 3.6배에 이르렀다.[37] 이명박의 지지율도 독도 방문 직후 6퍼센트포인트 오른 26퍼

센트를 기록했고, 이후 2주간 지속 상승했다.[38]

왜 그런 어이없는 일이 벌어졌을까? 당시 이명박의 측근 이재오 의원이 "신친일 매국파가 안 되기를 바란다"면서 이명박 대통령의 독도 방문을 비판하는 야당을 압박했다는 걸 상기할 필요가 있다.[39] 한국에선 '빨갱이' 딱지 못지않게 무서운 게 '친일파' 딱지다. '빨갱이' 딱지의 약발은 많이 떨어졌지만, 아직도 '친일파' 딱지의 위세는 건재했다.

2013년 12월 26일 아베 신조 총리가 취임 후 야스쿠니신사를 처음 방문했을 때 박근혜 정부는 "과거 식민 지배와 침략 전쟁을 미화하고 전범을 합사한 야스쿠니 참배에 개탄과 분노를 금할 수 없다"며 강하게 반발했다. 아베의 야스쿠니 방문 직전 조사(2013년 12월 3주)에서 48퍼센트였던 대통령 지지율은 직후 조사인 이듬해 1월 2주차 조사에선 53퍼센트로 올랐다. 반면 2015년 12월 한·일 정부가 일본군 위안부 협상에 합의했을 땐 지지율이 내렸다. 야권과 시민단체의 '졸속 협상'이란 비난에 지지율은 43퍼센트(12월 3주)에서 40퍼센트(1월 1주)로 내려갔다.

왜 '보수-진보 편 가르기'를 해야 하는가?

성격과 양상이 앞선 두 정권 때와는 크게 다르긴 하지만, "한일 관계가 나쁘면 대통령 지지율이 오르고 좋으면 내린다"는 법칙은 이번에도 작동했다. 리얼미터가 YTN 의뢰로 7월 15~19일에 실시한 여론조사에서 문재인 대통령의 국정 수행 지지율은 8개월 만에 50퍼센트를 넘긴 51.8퍼센트를 기록했다. 이와 관련, 인사이트케이 연구소장 배종찬은 "일본과의 갈등은 열성적 지지층뿐 아니라 잠재적 지지층까지 결집하게 만드는 반면 반대층은 다른 목소리를 내기 어렵기 때문에 대통령 지지율이 급격히 올라가게 된다"고 말했다. 그러면서 "전문적 용어로는 '플래그 잇 어라운드Flag it around' 라고 부른다"며 "깃발(국기) 주변에 모여들게 한다는 의미, 즉 쉽게 말하면 '태극기 휘날리며' 효과"라고 말했다.[40]

반면 자유한국당의 지지율은 8월 6~8일에 조사된 한국갤럽 조사에서 18퍼센트로 '황교안 체제' 이전인 10퍼센트대로 떨어진 것으로 나타났다(더불어민주당 41퍼센트). 50대 집단에선 34퍼센트였던 지지도가 20퍼센트로 떨어졌고, 보수층과 중도층에서 각각 55퍼센트와 23퍼센트였던 지지도가 43퍼센트와 12퍼센트로 10퍼센트포인트 이상 하락했다. 수도권 지지도(24퍼센트→10퍼센트 중반)도 비슷한 양상이었다.[41]

물론 이런 지지율이 오래 지속되는 건 아니며, 새로운 사건이 일어나면 곧 다른 양상을 보이기도 한다. 또한 대통령이나 정치권이 여론을 리드하는지 아니면 추종하는지 그 관계는 분명치 않다. 김영희가 지적했듯이, "정부와 정치권은 국민들에게 일본을 감정이 아니라 이성으로 대하자는 말을 못한다. 정치적 부담이 너무 크기 때문이다. 언론도 예외가 아니다. 일본 정치인의 망언이 나오고, 정치인들이 떼거리로 야스쿠니신사를 참배하면 한국 언론의 보도는

연일 반일 애국 경쟁을 벌인다".[42]

이렇듯 국가 간 대결 구도, 특히 한일전으로 벌어지는 정치적 소비자 운동은 국내의 정치적 소비자 운동과 상충하기도 한다. 이 국제적 경제 전쟁에서 이기기 위해서는 우선 당장 가장 큰 피해를 볼 삼성 등 대기업들을 지원해야 하며, 규제 완화를 해야 한다는 목소리가 높다. 심지어 법적 처벌의 가능성이 있는 다른 문제들에 대한 면책을 시사하는 주장까지 나왔다.[43]

매우 부실한 기준으로 보수-진보 편 가르기를 하는 것도 문제였다. 판사 시절 집무실 칠판에 "소신 없는 판사가 되자"는 좌우명을 써놓았다는 변호사 정인진은 「내게 '보수냐 진보냐' 묻는 이들에게」라는 칼럼에서 "너는 보수냐, 진보냐?"고 따지는 '진영 논리의 무지스러움'에 대해 이렇게 개탄했다. "한·일 경제 전쟁에서 일본이 도발해오기 전 대일청구권 문제에 관한 정부의 조치가 미숙했다는 견해에 동조하면 보수적이고, 반대하면 진보적인가. 거꾸로, 이 문제를 놓고 보수주의자라면 정부를 비난해야 하고 진보주의자라면 정부를 옹호해야 하는가."[44]

'지피지기'하는 평소 실력을 키우자

이런 상황에선 정치적 소비자 운동은 이성보다는 열정에 휘둘리기 쉽다. 열정이 좋지 않다는 뜻이 아니다. 문제는 지속가능성과 평소 실력이다. 우리의 평소 실력은 아직 약하다. 미리 준비하기보다는 늘 "그럴 줄 몰랐다"는 식으로 일본의 도발에 분노하는 수준이다. '지피지기知彼知己'가 필수임에도 관광은 많이 가지만 일본 연구는 약하다.

정치적 소비자 운동은 소비자들이 추구하는 가치가 평소의 일상적 삶에 녹아들어 일상적 실천이 이루어질 때에 의미가 있고 효과를 볼 수 있다. 폭스바겐이 배출가스 장치 조작으로 미국 시장에서 철퇴를 맞았지만 한국 내 판매량은 늘었다. 2015년 12월엔 수입차 판매량 1위에 올랐다. 진경호가 잘 지적했듯이, "폭스바겐 측의 대대적인 판촉 활동에 우리는 속절없이 우리의 하늘을 내주었습니다. '봉'이 따로 없습니다".[45]

정치적 소비자 운동은 '공익 마인드'가 전혀 없는 그런 이기주의와 결별할 걸 요구한다. 사회적 분위기가 어떠하건 개인적 가치와 신념에 따른 소비를 지속적으로 할 걸 요구한다. 아직 갈 길이 멀지만, 일본 상품 불매운동의 교훈은 정치인들이 시민들보다 흥분하는 '한일 관계의 국내 정치화'에 대한 성찰이 필요하다는 걸로 정리할 수 있겠다.

사실 한일 관계 악화로 인해 나타난 가장 큰 문제는 한국 사회 내부의 분열이었다. 일본과는 비교할 수 없을 정도로 크고 광범위한 분열 전선이 한국 사회를 찢어 놓았으며, 그 선봉엔 언론도 가담했다. 8월 22일 정부의 한·일 군사정보보호협정 종료 방침의 공식 발표 이후 그런 분열과 갈등은 심화되었다. 그렇다면 일본 상품 불매운동은 그런 분열상에 대한 대대적인 성찰과 변화를 위한 대안

모색의 기회가 되어야 했던 건 아닐까? 일본의 우경화가 어찌할 수 없는 '디폴트'라면, 결국 문제는 한국의 힘을 키우는 것만이 유일한 해법이라는 결론에 도달하게 된다. 그렇다면, 그렇게 하기 어려운 내부의 문제들에 대한 성찰과 변화를 위한 대안 모색도 필요한 게 아니었을까?46 일본 상품 불매운동이 일과성의 해프닝으로 끝나기를 원치 않는다면 말이다.

　무엇보다도 언론의 성찰이 필요하다. 보도 내용과 방향에서 보수 언론과 진보 언론 사이의 간극이 너무 컸다. 일본의 경제 보복에 대해 진보는 비교적 낙관론을 펴는 반면 보수는 비교적 비관론을 폈다. 동일한 문제를 두고서도 그랬다. 예컨대, '반도체 소재 국산화'의 경우 그 가능성에 대해 전혀 다른 두 의견이 평행선을 달릴 뿐, 어느 쪽이건 반대편의 주장을 검증해보면서 보도를 하는 경우는 거의 없었다. 온갖 수사修辭의 향연이 팩트를 압도했다. 자신의 이념이나 감성에 따라 독자들이 각자 알아서 판단하라는 식이었다. 서울대학교 언론정보학과 교수 이준웅의 표현에 따르자면, "논변이 귀하고 비유가 헐한 나라"였다.47

　이거야말로 한국 언론에 '사회적 갈등 판매'보다는 갈등과 문제 해결에 주력하는 '솔루션 저널리즘solution journalism'이 절실히 필요한 이유라고 할 수 있겠다.48 동일한 답에 이르진 못한다 하더라도 사실 확인과 상호 소통을 통해 의견 차이를 크게 줄일 수 있는 사안은 많다. 그러나 언론은 그런 경우에도 각자 이미 정해놓은 '모범답안'을 밀어붙이면서 그 답안에 맞는 사실이나 주장만 취사선택해 갈등을 키우고 있다. 한국 언론에 '솔루션 저널리즘'의 전면적 도입은 그런 '갈등 마케팅'의 틀을 근본적으로 바꾸는 혁명이나 혁신으로 이해되어야 할 것이다.

제5장

왜 문재인 정부 출범 후
시민단체와 언론개혁 후원이 줄어들었을까?

———★★★★☆———

촛불집회

"그 많던 시민은 다 어디로 갔을까?"

2017년 7월 초 인권운동가 박래군은 제주인권회의에서 "촛불집회를 한 이후에도 시민들이 시민단체에 참여하지 않습니다. 시민들은 시민단체 회원으로 가입하지 않고, 시민단체를 후원하지도 않아요. 활동가는 더이상 충원되지 않아 늙어가고 있습니다"라고 개탄했다. 『경향신문』 논설주간 이대근은 「그 많던 시민은 다 어디로 갔을까」라는 칼럼에서 이 개탄을 소개한 후 다음과 같이 말했다.

"이건 시민운동 차원을 넘어 한국 사회가 당면한 근본 문제다. 한국 사회에 시민이 없다. 지난해 겨울 광장의 시민을 생각하면 시민의 부재는 역설적이다. 시민단체 활동이 시민성을 판단할 유일한 척도는 아니지만, 광장을 떠난 시민이 연대하기보다 고립된 개인으로 돌아간 것은 엄연한 현실이다. 개인과 국가 사이에는 아무것도 없다. 향우회, 동문회, 친목회만 번성한다."[1]

문재인 정부 출범 이후 개혁과 관련된 사회적 이슈에 대한 소셜펀딩 모금액도 예전보다 많이 줄어들었다. 공정 보도를 실천하려다 부당하게 해고된 해직 기자들이 모여 만든 『뉴스타파』의 후원자도 대선을 거치면서 줄어들었다. 이와 관련, 『뉴스타파』 PD 최승호는 이렇게 말했다. "이해는 가요. 지난 10년 동안 시민들이 너무 긴장된 삶을 살았잖아요. 촛불로 새 정부가 출범하고 나니 '아, 됐다. 마이 했다. 이제 뭐 알아서들 하시고. 우리도 우리 삶을 챙겨보자' 이런 모드가 생긴 거 아닌가 싶어요.(웃음)"[2]

이 세 진술은 박근혜 퇴진을 관철시킨 촛불집회를 '위대한 시민혁명'으로 예찬했던 당시의 사회적 분위기에 비추어 다소 당혹스럽게 들린다. 촛불 이후의 상황에 대한 평가는 촛불집회 2주년을 맞은 2018년 10월 29일엔 더욱 부정적인 어조로 바뀌었으니 더욱 그렇다.

『경향신문』은 사설을 통해 한국 사회의 어두운 현실을 거론하면서 "전 세계를 감동시킨 '촛불혁명'의 성과로서는 너무나 초라하다"고 개탄했다. 그러면서 "이 사회의 부정부패와 비리를 없애고 반칙과 특권을 해소"하고 "부의 대물림과 기회의 불평등을 바로잡는 일"이 시급하다고 강조했다.[3] 『한겨레』 역시 사설을 통해 "2년 전 촛불이 처음 출현해 들불처럼 번져나갈 시기에 진보뿐 아니라 보

수 세력까지 폭넓게 공감했던 민주주의와 불평등 타파의 가치를 다시 돌아볼 때다"고 역설했다.4

그런데 과연 그렇게 보아야 하는 걸까? 진보 세력의 생각을 대변하는 것으로 보이는 이 두 신문의 주장은 촛불과 무관하게 실천되어야 할 당위지만, 과연 촛불집회가 그런 광범위한 당위의 실현을 위해 일어난 것이었을까? 혹 우리는 촛불집회에 감동한 나머지 '희망적 사고'를 곁들여가며 너무 큰 의미를 부여해온 건 아닐까?

"1% 대 99%가 아니라 50%가 50%를 착취하는 사회"

'촛불 이후'에 대한 보수 쪽 시각은 훨씬 더 부정적이지만, 촛불의 의미에 대한 과잉 해석은 비슷했다.『중앙일보』는 사설을 통해 "진보·보수를 넘어 사회 양극화를 포함한 우리 사회의 구조적인 모순과 분열을 타파하고 어려운 서민의 삶을 해소하라는 국민의 명령이 바로 촛불정신이 아니었던가"라며 "그것은 진보 단체의 촛불, 노조의 촛불이 아니라 우리 모두를 위한 보편타당한 상식을 회복하자는 외침이었다"고 했다.5

포스텍 교수 송호근은『중앙일보』에 기고한「부패의 척후」라는 칼럼에서 "촛불은 민주투사들의 상징이자 자부심"이지만, "그 촛불은 지대를 추구하는 힘센 조직들이 자신의 영토를 지키는 횃불이 되었다"고 했다. "파당 국가, 약탈 국가의 성문을 수호하는 조직들은 언제나 정의를 표방했다. 우리는 안다. 부패의 척후는 사람만 바

뿐 뿐 '정권', 권력에 민감한 '관官', 그리고 각종 '공신 단체'들의 삼
각동맹이라는 사실을. 현 정권이 외친 '정의'는 강 건너 등불, 아니
화폭 속 촛불일 뿐이다."[6]

과도한 비판일망정, 이런 문제 제기는 촛불집회에 대한 과도한
미화가 불러온 부메랑일 수 있다. 또한 강도는 약하고 성격은 좀 다
를망정 '지대추구'에 대한 비판은 보수 진영에서만 나오는 것도 아
니었다.[7] 서강대학교 사회학과 교수 이철승은 2019년 8월에 출간
한 『불평등의 세대: 누가 한국 사회를 불평등하게 만들었는가?』에
서 '세대 간 지대추구' 현상에 주목하면서 이른바 386세대를 그 주
범으로 지목했다.

386세대가 무슨 악의를 품고 그랬던 건 아니었다. 역사적 상황
과 한국형 위계구조(네트워크 위계)라는 한국의 문화적 특성이 그렇게
만들었다. 문제는 이조차 인정하지 않으면서 '계급론'을 앞세워 그
런 현실을 은폐하려고 드는 데에 있었다. 이철승은 "특정 지위와 신
분에 진입함으로써 그러한 기회를 불균등하게 부여받고, 심지어는
다른 사람의, 하급자의 노동을 편취할 수 있게끔 하는 구조를 고치
자"고 역설했다.[8]

이 책은 학술서라 비교적 차분하지만, 이철승은 『한겨레』 인터
뷰에서 직설적으로 쉽게 말한다. 그는 "지금 우리 사회는 정규직 노
조와 자본이 연대해서 하청과 비정규직을 착취하는 구조다. 1% 대
99%가 아니라 20%가 80%를, 또는 50%가 50%를 착취하는 사회
다"며 이렇게 주장했다. "스웨덴이나 독일과 같은 서구 국가 노조는

자발적으로 임금 인상을 자제한다. 인플레이션이 생기면 비정규직, 파트타임 노동자에게 부정적인 영향을 끼치기 때문이다. 우리나라 정규직 노조는 절대 그렇게 하지 않는다. 현대자동차 노조의 최우선 목표가 65살 정년 연장이다. 역삼각형 인구 시대가 연공급 및 세대 네트워크와 결합하면 정규직과 비정규직 차별은 신분제처럼 될 거다. 나는 정규직의 특권을 축소하는 것 외에는 다른 방도를 알 수 없다. 이 이야기를 한국의 진보 세력이 솔직하게 터놓고 해야 할 시점이 왔다."

이철승은 현 정부가 386세대의 장기 집권을 강화할 65세 정년 연장을 위해 군불을 지피고 있는 상황을 우려했다. 그는 "다른 세대의 조직력은 386세대의 조직력의 100분의 1도 안 될 거다. 그렇다면 이 문제는 해결할 힘을 가진 386세대가 주도적으로 풀어야 한다"며 이렇게 말했다. "386세대는 다 물러나라는 이야기를 하는 것이 아니다. 자제하자는 거다. 어차피 386세대를 몰아낼 조직력 있는 다른 세대는 없다. 권력을 가진 386세대가 자식 세대를 생각해서 스스로 풀어야 한다는 거다. 노동시장 개혁은 우파가 하면 노조가 찬성하기 어렵기 때문에 오히려 진보가 해야 한다."2

지긋지긋한 '이분법 구도'를 넘어서

나는 이철승에게 내심 박수를 쳤다. 기존 좌우 이분법 구도를 통쾌하게 깨버렸기 때문이다. 진보 언론에서 노조의 문제를 비판하는 기사를 본 적이 있는가? 보수 언론에서 노조 탄압을 비판하는 기사를 본 적이 있는가? 아마 거의 없을 게다. 진보는 '친노조', 보수는 '반노조'라는 이분법은 완강하다. 물론 정치권과 지식인들도 마찬가지다. 이철승은 불평등의 문제를 본격 거론하면서 노조 비판에 나서는 동시에 그간 '계급론'에 종속된 '세대론'을 역설함으로써 기존 이분법 구도에 균열을 냈으니, 이 어찌 칭찬할 일이 아니랴.

이분법은 불가피할 때도 있고 필요할 때도 있지만, 현재 한국 사회를 집어 삼킨 이분법은 그런 게 아니다. 온몸에 체화된 습관이요 신앙이다. '진영 논리'라고도 부르는 이분법은 자신이 속한 진영의 이해득실 차원에서 세상을 보고 판단한다. 이른바 '내로남불'이 정치권의 법칙일 뿐만 아니라, 많은 한국인이 준수하는 생활 문법이 된 건 당연한 일이라 하겠다.

이런 이분법도 그 나름의 명분은 있다. 개별 사건을 그 사건 자체로만 보지 않고 진영의 관점에서 재해석해 평가하는 사람들이 즐겨 쓰는 말들은 '대국적', '종합적', '총체적', '장기적', '미래지향적' 등과 같은 것이다. 그러면서 강조하는 것은 반대 진영이 얼마나 어리석고 흉악한 집단인가 하는 점이다. 따라서 진영 내부에서 아무리 옳은 지적을 하더라도 그것이 당장 반대 진영을 조금이라도 이롭게 하는 것이라면 용납해선 안 될 '내부의 적'이 되고 만다.

그 선의를 존중한다 하더라도, 문제는 이 선의가 진영 내부의 오류 교정 가능성을 원천 차단함으로써 스스로 무너지는 길로 나아가게 만든다는 점이다. 이런 구도하에선 자기 진영이 잘할 수 있는 길과 방법을 찾기보다는 반대 진영을 공격하는 데에 모든 역량을 집중하게 된다. 반대 진영 역시 같은 행태를 보임으로써 '적대적 공생 관계'가 형성되는 가운데, 국가와 사회는 엉망이 되고 만다.[10]

이런 이분법 전쟁에서 이긴 진영의 '승자독식' 체제는 한국 특유의 연고 네트워크와 결합하면서 전체 국민의 절반 이상을 이분법 소용돌이로 끌고 들어간다. 한국 사회의 최대 문제는 바로 이런 '밥그릇 전쟁'으로 인한 '분열 디폴트'에 있는 것이지, 그 어떤 진영이 승리하느냐는 부차적인 문제다. 어느 한 진영이 상대 진영을 완전히 압도해버린다면 '분열의 사회적 비용'은 무시해도 좋을 수준이겠지만, 그게 불가능한 이상 그 어떤 정치와 개혁도 분열 비용을 넘어서지 못하는 비극이 발생하고 만다. 이걸 직시하는 게 진정한 '애국'이다.

그런데 불행 중 다행히도 이런 망국적인 이분법에 비교적 오염되지 않은 사람들이 나타났다. 바로 20대다. 고성장 시대의 세대들은 '민주화'만 고민해도 무방했지만, 고성장 시대의 종언과 함께 닥친 '일자리 전쟁'은 공정의 문제를 부각시키면서 그걸 개인적 영역으로 끌어내렸다. 그래서 20대는 진영을 초월한 공정을 중시한다. 이 공정에 대해 구조를 보지 못한 '미시적 공정'이라거나 불평등을 심화시키는 '능력주의적 공정'이라는 비판이 적잖이 나왔지만, 이거야말로 적반하장賊反荷杖이다. 누가 세상을 그렇게 만들었는가?

나는 20대가 이전 세대보다 대학 서열에 미쳐 있는 현실을 강하게 비판해왔지만, 그런 서열 구조를 심화시켜온 386세대를 비롯한 기성세대에 더 큰 책임이 있다는 건 두말할 나위가 없다. 20대의 공정 개념에 그 어떤 한계가 있다 하더라도, 이는 구조 개혁의 강력한 동력이 될 수 있다. '밑에서 위로'는 '작은 것에서 큰 것으로'를 내포한 개념이다. 20대가 새로운 패러다임의 기수가 되리라는 희망을 키워가는 게 이 지긋지긋한 이분법 세상을 끝낼 수 있는 길이 아닐까?

"'박근혜 퇴진' 목표를 제외하면 모두 달랐다"

완강한 이분법 구도하에서 '지대추구'는 보수와 진보를 막론한 한국 사회의 법칙이 되었건만, 진보는 이 문제를 한사코 외면하면서 보수에 대한 적대감과 '도덕적 우월감'의 과시에 집중하는 경향을 보였다. 장발장은행장 홍세화는 『한겨레』에 기고한 「관제 민족주의의 함정」이라는 칼럼에서 "나는 개인적으로 학습을 게을리하여 실력이 부족하면서도 지적 우월감, 윤리적 우월감으로 무장한 '민주건달'이 되지 않을 것을 자경문의 하나로 삼고 있다"며 다음과 같이 말했다.

"길고 지난했던 민주화 운동 대열의 일원으로 자신을 자리매김하는 이른바 '86세대'의 대부분은 윤리적 우월감을 갖고 있다. 반민주적 독재 체제이며 매판적인 이승만-박정희-전두환 정권에 맞서 싸운 당사자로서 당연한 일이기도 하다. 그뿐만 아니라 이들 대부분은 선배의 권유로 몇 권의 이념 서적을 읽은 경험이 있는데, 이로써 지적 우월감도 갖기 쉽다. 그리고 민족주의자들이다. 지적 우월감과 윤리적 우월감으로 무장한 민족주의자에게서 자기성찰이나 '회의하는 자아'를 기대하는 것은 연목구어와 같다.······급기야 촛불에 힘입어 기적처럼 정치권력을 장악하게 되자, 이들 중 적잖은 현실정치 예비군에게 공공 부문의 괜찮은 일자리를 차지할 기회가 생겼다. 정서적으로 끈끈히 연결돼 있는 이들 사이에도 일종의 '우리가 남이가!'의 문화가 있다."[11]

다산인권센터 상임활동가 박진은 『한겨레』에 기고한 「그때 하지 못한 말」이라는 칼럼에서 "촛불광장은 오로지 한 가지 목표로 인내하고 있었다. 박근혜 퇴진이라는 분명하고 동일한 목표였다. 목표를 제외하면 모두 달랐다. 서로의 이질감에 대해 물을 법도 한데 묻지 않았다. 가치들은 경합할 준비가 되어 있지 못했고 논쟁은 자라지 않았다. 이상한 현상이라 생각했지만 거대한 물결을 거스를 용기도 힘도 없었다. 살아남기 위해서 그냥 물결을 탔다. 휩쓸려 죽지만 말자 매일 다짐했다. 그래서였을까, 촛불 이후 여러 현상이 이해되었다. 문재인 정부에 대한 전폭적 지지를 포함한, 직접민주주의 열기가 온데간데없는 부재조차 이해했다"며 다음과 같이 말했다.

"그러나 이제 2년이 되니 질문하고 싶어졌다. 앞이 아닌 옆을 보고 싶어졌다. 내 인생의 주인공은 박근혜도 아니고 이명박도 아니다. 물론 문재인 대통령도 아니다. 그들은 너무 벅차고 화려하다. 2주년 촛불 행사위는 문재인 정부 2년, 개혁 역주행을 비판했다. 반면 아직 기다려줄 때라고 말하는 이도 있다. 어느 쪽이든 여전히 없는 것은

'나'이고 있는 것은 그들이다. 새로운 정부의 국민들은 웬만한 모든 일을 청와대 게시판으로 가져갔다. 제왕적 대통령제를 비판했던 이들이 대통령에게 모든 책임을 넘긴다. 공도 그의 것이고 과도 그의 것이다. 이러면 우리가 이룬 촛불혁명의 성패는 문재인 정부에 달려 있는 것 아니겠나."

박진은 "불가능했던 일들을 이뤄낸 힘없는 사람들의 연대가 산을 옮겼다. 그러니 촛불의 주인공은 이제 나와 당신이다. 2주년 촛불을 맞는 다짐과 바람이기도 하다"는 말로 글을 끝맺었다.[12] 그렇다. 촛불을 과대평가하면서 정치적으로 이용하는 걸 경계해야 한다. 촛불집회 참여자들은 박근혜 퇴진이라는 공동의 목표 외엔 각자 생각이 다른 매우 이질적인 집단이었음을 인정할 때에 비로소 촛불에 대한 냉정한 평가가 가능해진다.

"신성한 촛불집회를 감히 소비자 운동으로 보다니!"

한동안 문재인 대통령의 인기는 치솟았을망정 정치 불신과 정치 혐오는 건재하며 시민 참여는 턱없이 부족하다. 도대체 그 많던 시민은 다 어디로 갔을까? 이런 의문은 '거시적 분석'과 '미시적 실천' 사이의 괴리에 대한 이해를 요구하며,[13] 그런 이해를 전제로 촛불집회에 참여한 시민들의 다수를 일단 정치적 소비자로 보면 쉽게 이해할 수 있다.

박근혜는 애초의 약속과는 달리 불량상품을 판매한 악덕 기업주

였고, 속았다고 느낀 소비자들은 환불과 더불어 응징을 요구하고 나선 셈이다. 일부 보수 진영이 '박근혜 퇴진'에 가세한 이유도 바로 여기에 있다. 서강대학교 연구팀의 '탄핵 광장의 안과 밖: 촛불 민심 경험 분석' 연구 결과를 보더라도, 대통령과 관련된 비리에 분노한 시민들이 촛불집회에 참가한 것이지, 일부 지식인들의 주장처럼 경제적 불평등이나 경제 계층 간의 갈등이 집회 참가를 촉발한 건 아니었다.[14] 기존의 이념적·정치적 성향이 약화되고 탈물질주의적 가치가 두드러졌다는 분석도 유념할 만하다.[15]

이 정치적 소비자들은 소기의 성과를 거두었지만 여전히 정치와 정치적 조직을 불신하며, 그 연장선상에서 시민단체와 언론개혁을 후원할 뜻도 없다. 오히려 정반대로 이젠 촛불정부가 들어섰으니 모든 걸 다 알아서 잘할 거라며 오히려 그간의 후원마저 끊어버린다. 정치적 소비자 운동은 정당이나 시민단체 등을 경유하는 제도적 차원의 참여가 아닌 이슈 중심의 개별적 참여이기 때문에 휘발성이 높다. 촛불집회도 참가자들이 자신의 라이프스타일 중심으로 '개인화된 정치personalized politics'를 구현한 것으로 볼 수 있다는 것이다.

이런 해석은 촛불집회의 의미를 폄하하는 것으로 오해되거나 정치 참여의 복잡성을 단순화하는 게 아니냐는 비판의 소지를 안고 있다. 실제로 나는 이런 주장을 이런저런 자리에서 몇 차례 발설했는데, 사람들의 첫 반응은 대부분 "아니 그 신성한 촛불집회를 감히 소비자 운동으로 보다니!"와 같은 식이었다. 어이가 없었지만 이해 못할 바는 아니었다. 내 반론의 주요 내용은 2가지다.

첫째, 앞서 지적했듯이, 촛불집회 참여자들은 박근혜 퇴진이라는 공동의 목표 외엔 각자 생각이 다른 매우 이질적인 집단이었다는 사실이다. 이 집단 속에 정치적 소비자가 많았다는 게 무어 그리 발칙한 생각이라고 펄펄 뛰는가? '위대한 혁명'으로서 의미와 가치를 모두 공유하는 동질적 집단이었다는 생각이야말로 진짜 위험한 발상이 아닐까?

그 연장선상에서 촛불혁명을 진보의 것으로 전유專有하려는 생각은 타당한가? 'TV조선'과 조중동을 비롯한 보수 언론은 조갑제닷컴 대표 조갑제에게서 "조중동은 보수의 배신자"라는 욕을 먹었을 정도로 탄핵의 공신이었다.[16] 국회의 탄핵 가결 시 새누리당 의원 중 최소한 62명이 찬성표를 던졌다. 헌법재판소의 '박근혜 탄핵소추안 인용'에 대해 우리 국민 86.0퍼센트가 "잘했다"고 응답했다.[17] 촛불혁명이 진보의 것이었다는 건 착각이거나 탐욕이며, 진보가 주도했거나 편승한 '분열과 증오의 정치'는 바로 이런 착각 또는 탐욕에서 비롯된 것이다.

둘째, 정치적 소비자 운동이 무엇인지 아직 모르는 사람이 너무 많다는 사실이다. 그냥 소비자 운동 정도로 알아듣고 기분 나쁘다는 반응을 보이는데, 여기엔 소비자를 시민에 비해 낮춰보는 편견이 자리 잡고 있다. 어리석기 짝이 없는 편견이다. 대한민국 시민이 소비자 노릇만 제대로 했더라도 정치가 지금 이 모양 이 꼴이 되진 않았을 것이다.

생각해보자. 소비자들은 자신의 권리는 악착같이 챙긴다. 자신이 손해 보는 건 절대 참지 않는다. 그 정도가 과해 '갑질'이나 '진상질'을 해대는 소비자도 적지 않다. 그런데 그렇게 호전적인 소비자들이 시민의 위치로 돌아가면 순한 양, 아니 아예 생각이 없는 양으로 돌변한다. 속된 말로 정치가 아무리 개판을 쳐도 무관심으로 대처하고, 선거 땐 그 개판 친 정당과 정치인들에게 기꺼이 표를 던진다. 우리는 시민들에게 제발 소비자의 자세를 가져달라고 요구해야 하는 게 아닐까?

'정치의 시장화'와 '시민의 소비자화'

이론적인 논의로 한 걸음 더 들어가보자. 호주 정치학자 존 킨John Keane은 한국 사회가 박근혜 탄핵을 통해 권력에 대한 견제와 감시가 일상화되는 '파수꾼 민주주의monitory democracy'로 진입했다고 주장한다.[18] 파수꾼 민주주의론은 '시민성의 개인화된 행위'를 전제로 하며 멀티미디어가 넘쳐나는 미디어 포화 사회media-saturated society의 산물인데,[19] 이는 정치적 소비자 운동론과 상통한다.

한국 민주주의가 단지 선거만 치르고 있을 뿐 그 외의 모든 하위 체제에서 심각한 결손을 갖고 있다는 '결손 민주주의defective democracy'론,[20] 시민들이 대통령 문제를 중심으로 한 국가권력의 공적 작동을 민주주의의 최종 방어선으로 설정한다는 '마지노선 민주주의maginot line democracy'론에 따른다면,[21] 심각한 결손의 교정과 권력의 공적 작동을 요구하는 저항 운동은 촛불집회를 '혁명'으로 부르는 해석과 결을 달리해 평가할 수도 있으며, 아니 그렇게 해야만 한다.

서울대학교 사회과학연구원 선임연구원 권영숙은 촛불시위를 '촛불혁명'이나 '촛불시민혁명'으로 규정하고 명명하는 시도를 '촛불의 자기 신성화와 촛불에 대한 낭만화'로 보면서, 촛불시위는 "국정 농단으로 망가진 헌정 질서를 바로잡고……체제를 수호 혹은 보수하자는 운동이었다"고 평가한다.[22] 유럽대학연구소 명예교수인 필립 슈미터Philippe C. Schmitter는 "광장의 시민이 권력을 쫓아냈는가? 권력을 잡은 건 또 다른 정치 세력 아닌가? 소수의 권력자가 통치하는 체제는 달라지지 않았다"며 촛불시위가 '참여민주주의 승리'라는 주장마저 인정하지 않는다.[23]

오히려 정반대로 '촛불혁명'의 신성화가 더 큰 위험을 가져올 수 있다. 이에 대해선 『한겨레』 논설위원 안영춘의 우려가 적절하다. 그는 "촛불광장은 '박근혜 퇴진'을 빼면 공통보다 차이가 훨씬 넓은 장소였다"며 '촛불 신성화'의 위험을 이렇게 경고한다. "문재인 정부에 촛불광장을 단일성의 공간으로 간주된다. 예배당처럼 신성화될 수밖에 없다. 차이는 배려될 수 있으나 주체화되면 안 된다. 신성 모독이 될 수 있다.……촛불의 신성에서 빠져나와야 한다."[24]

그간 많이 거론되어온 '정치의 시장화marketization of politics'와 '시민의 소비자화consumerization of citizen'는 바람직하건 바람직하지 않건 이미 우리가 직면해 있는 현실이다. 이른바 '정치와 마케팅의 결혼the marriage of politics and marketing'은 엄연한 현실이었음에도 정치학자들은 학문의 경로의존성에 따라 마케팅을 배제한 정치에만 몰두함으로써 달라진 현실을 제대로 포착하지 못했던 걸 상기할 필요가 있다.[25] 그런 문제를 넘어서기 위해선 경로의존성의 유혹을 뿌리치고 '사회운동의 시장화'와 그에 따른 정치적 소비자 운동에 좀더 진지한 관심을 기울일 필요가 있다는 뜻이다.[26]

'홀로 함께' 방식의 대규모 집단행동도 가능하다

앞서 지적했듯이, 정치적 소비자 운동은 정당이나 시민단체 등을 경유하는 제도적 차원의 참여가 아닌 이슈 중심의 개별적 참여이기 때문에 휘발성이 높다. 촛불집회도 참가자들이 그런 '개인화된 정치personalized politics'를 구현한 것으로 볼 수 있다. 그래서 촛불 시민들을 가리켜 나온 말이 바로 '자유롭지만 위태로운 개인'이다. 어떤 조직이나 규율에 얽매이지 않는다는 점에서 자유롭지만 언제든 공론장을 버리고 자신의 일상으로 돌아갈 것이라는 점에서 위태롭다는 것이다.[27]

하지만 그런 '개인화된 정치'를 부정적으로만 볼 이유는 없다. 촛불집회는 뚜렷한 구심점이 없어도 '홀로 함께together alone' 방식의 개인화된 대규모 집단행동이 가능하다는 것,[28] '분노가 유희로 승화되는' 저항이 가능하다는 것을 보여주었다.[29]

또 시위 중 촛불 시민들은 평화 시위를 외치며, 폴리스라인을 넘지 않게 노력하고 일부 참여자들의 과격 행위를 저지했다.[30] 이에 대해 박상훈은 "맹목적이다 싶을 정도로 과도한 평화주의가 조금 불편하게 생각되었다"며 "그게 어떤 피해 의식이나 패배주의적 정서와 관련된 것은 아닐까?"라는 의문을 제기했지만,31 이는 '개인화된 정치'의 합리성을 보여준 것으로 볼 수 있다.

물론 정치적 소비자 운동이 촛불집회의 전체 모습은 아니다. 촛불집회의 여러 성격 가운데 정치적 소비자 운동으로 볼 수 있는 일면도 있다는 것이다. 그 점을 이해할 때에 비로소 촛불집회 이후에 전개되었고 앞으로도 전개될 한국 사회의 여러 양상에 대한 이해도도 높아질 것이고 이른바 '열망과 환멸의 사이클'에서 벗어날 수 있게 될 것이다.

지금 우리는 기존 정치의 패러다임이 바뀌는 대격변의 시대에 살고 있으며, 그런 변화의 한복판에 정치적 소비자 운동이 자리 잡고 있다. 이런 가설은 한국 실정에 비추어 너무 앞서가는 것으로 볼 수도 있겠지만, 정치적 소비자 운동을 거시적인 정치·사회 분석에도 적용할 수 있다는 '연구 의제로서의 가능성'이라는 가치는 충분할 것이다.

한 걸음 더 나아가, 정치적 소비자 운동이 전통적 정치 참여를 위축시킨다고 우려하거나 비판하는 사람들은 전통적인 정치 참여의 현실은 어떤지에 대해서도 말해야 하는 게 아닐까? 유권자를 신성시하지 말고 유권자가 어떤 구조의 포로로 잡혀 있는가 하는 점을 파고들어야 하는 게 아닐까? 전통적 정치 참여 방식 중 가장 중요하다고 하는 투표를 보자.

연고주의 투표 행태는 지배적 흐름으로서 건재하며 완강하다. 교수들이 유권자가 되는 대학총장 선거마저 연고주의가 판을 치는 가운데 온갖 잡음이 끊이질 않는다. 성직자들이 유권자인 종교 단체의 선거도 다를 게 없다. 풀뿌리 민주주의라는 협동조합장 선거는 선거 때마다 '10당8락(10억 원을 쓰면 당선되고 8억 원을 쓰면 낙선)' 등과 같은 말이 공공연하게 나올 정도로 썩을 대로 썩었다.[32] 이런 선거 문화를 바꿀 그 어떤 비전과 대안도 제시하지 못한 채, 전통적 정치 참여의 중요성만 외쳐댄다고 무엇이 달라질 수 있을까?

문재인은 최소한의 '상도덕'이나마 지켰는가?

사실 우리가 정작 문제 삼아야 할 것은 촛불집회 덕분에 집권한 문재인 정부가 정치적 소비자 운동의 수준에나마 상응하는 '상도덕'을 지켰는가 하는 점이다. 나는 2019년 11월에 출간한 『강남 좌파 2: 왜 정치는 불평등을 악화시킬까?』의 결론에서 "문재인 정부는 성공할 수 있으며, 꼭 성공해야만 한다"고 했다. "성공하지 못한다면, 박근혜 퇴진 촛불집회에 나온 그 수많은 시민의 심정이 어떻겠는가? 그들의 배신당한 처참한 심정이 이후 어떤 결과를 낳겠는가? 두렵게 생각해야 할 일이다."

나는 "성공으로 가기 위해 반드시 넘어서야 할 벽이 하나 있다"고 했다. 그건 바로 소통을 거부하는 도덕적 우월감이다. 나는 이걸 극복하기 위해 문재인이 매일 아침 자신의 대통령 취임사에서 밝힌 다음 약속을 읽는 걸로 하루 일과를 시작하기를 간절히 바란다고 했다.

"저는 감히 약속드립니다. 2017년 5월 10일, 이날은 진정한 국민 통합이 시작되는 예로 역사에 기록될 것입니다.……국민과 수시로 소통하는 대통령이 되겠습니다.……퇴근길에는 시장에 들러 마주치는 시민들과 격의 없는 대화를 나누겠습니다. 때로는 광화문광장에서 대토론회를 열겠습니다.……분열과 갈등의 정치도 바꾸겠습니다. 보수와 진보의 갈등은 끝나야 합니다. 대통령이 나서서 직접 대화하겠습니다. 야당은 국정 운영의 동반자입니다. 대화를 정례화하고 수시로 만나겠습니다.……저에 대한 지지 여부와 상관없이 유능한 인재를 삼고초려해 일을 맡기겠습니다.……약속을 지키는 솔직한 대통령이 되겠습니다. 선거 과정에서 제가 했던 약속들을 꼼꼼하게 챙기겠습니다.……소통하는 대통령이 되겠습니다.……군림하고 통치하는 대통령이 아니라 대화하고 소통하는 대통령이 되겠습니다."

이 약속은 취임사에서 갑자기 툭 튀어나온 게 아니다. 선거 유세 내내 문재인이 강조했던 공약이다. 시민으로서의 유권자 이전에, 쓸 만한 정치 상품을 고르겠다는 소비자와의 약속이었다. 그러나 그는 그 약속을 지키지 않았다. '분열과 갈등의 정치', '분열과 증오의 정치'를 끝장내겠다고 했지만, 그는 오히려 정반대의 방향으로 나아갔다. '조국 사태'가 대표적인 증거다.

사태 초기에 조국 법무장관 임명 반대 의견이 찬성보다 2배 이상 많았다는 건 반대에 문재인 지지자들의 상당수도 가담했다는 걸 의미했다. 하지만 문재인이 생각을 바꾸지 않자 지지자들은 '조국 사태'를 '문재인 사태'로 인식하고 "문재인을 지켜야 한다"는 마음으로 이 희대의 '국론 분열 전쟁'에 참전한 것이다. 결국 여론의 뭇매를 견디지 못해 조국이 사퇴했지만, 문재인은 아무런 사과도 하지 않았으며 오히려 조국에 대한 애틋한 심정을 드러냄으로써 제2차 '국론 분열 전쟁'의 불씨를 던졌다.

이는 문재인이 취임사에서 약속한 내용과는 상반된 것이다. 어렵고 고상한 이야기할 필요 없다. 그는 최소한의 상도덕을 지키지 않은 것이다. 문재인을 비판하기 위한 뜻으로 하는 말이 아니다. "아니 그 신성한 촛불집회를 감히 소비자 운동으로 보다니!"와 같은 식의 반응에 대해 반박하기 위해 하는 말이다. 촛불혁명이 진보의 것이었다는 착각 또는 욕심만 내지 않았다면, 국민 절대다수가 반대하는 일은 애초에 하지 말았어야 했고, 나름의 소신을 갖고 밀어붙였다면, 그 실패에 대해 정직한 해명을 했어야 했다. 이게 내가 말하는 최소한의 상도덕이다.

우리는 정치에 대해 이야기할 때에 거창하게 말하는 최대주의를 좋아하지만, '분열과 증오의 정치'를 넘어서기 위해선 핵심에 집중하는 최소주의가 필요하다. 안재홍(1891~1965)이 좌우 합작을 시도한 신간회의 해소를 주장하는 급진사회주의자들을 겨냥해 "조선의 운동은 걸핏하면 최대형의 의도와 최전선적 논리에 집착해 과정적 기획 정책을 소홀히 한다"고 비판한 건 일제강점기 시절인 1931년이었는데,[33] 그로부터 90년이 지난 지금까지도 그 습속은 여전하다. 그런 허세를 버리고 실천적 관점에서 정치적 소비자 운동을 이해하고 이용하는 게 필요하다 하겠다.

제6장

왜 '슈퍼마켓에서의 정치'가
유행인가?

———★★★★☆———

서구의 정치적 소비자 운동

'폐병'이라는 낙인을 넘어선 '소비'의 진화 과정

돌이켜보건대, 인류 역사에서 '소비'가 큰 의미를 갖게 된 건 겨우 1920년대 말 이후였다. '소비consumption'는 14세기 초에 만들어진 단어로 consume이라는 동사의 뜻은 파괴하고, 약탈하고, 정복하고, 소진하다는 의미였다. 1900년대 초반까지만 해도 '소비consumption'라는 단어는 낭비, 약탈, 탕진, 고갈 등과 같은 부정적인 뜻으로 쓰였으며, 심지어 폐병을 뜻하는 말이기도 했다.

1929년의 대공황은 인류 문명사에도 큰 변화를 몰고왔으니, 그 건 바로 소비라는 개념의 재탄생이었다. '소비'에 대한 부정적인 이미지는 대공황 이후 대중 광고와 마케팅이 본격적으로 도입되면서 긍정적 이미지로 돌아서기 시작했다. '소비'라는 단어는 '선택'과 동일시되면서 '축복'으로 다시 태어난다.

소비에 대한 이미지와 더불어 영웅도 바뀌었다. 1929년 대공황 이전엔 대중잡지에서 대부분 '생산의 우상'이 다루어졌으나 이후엔 주로 '소비의 우상'이 다루어졌다. '어떻게 상품을 생산할 것인가'에서 '어떻게 상품을 소비할 것인가' 하는 문제가 제기되었기 때문이다. 이 시기에 '소비자 문화consumer culture'라는 말이 처음으로 등장한 것도 우연이 아니다.1

1970년 프랑스 철학자 장 보드리야르Jean Baudrillard, 1929~2007는 "자동차를 만드는 일보다 파는 일이 더 어렵게 되었을 때야 비로소 인간 자체가 인간에게 과학의 대상이 되었다"고 했지만,2 소비문화의 발상지인 미국에선 소비문화에 대한 긍정이 우세를 보였다. 미래학자 앨빈 토플러Alvin Toffler, 1928~2016는 1980년 '프로슈머prosumer'라는 개념을 제시함으로써 소비자의 진화를 역설했다. prosumer는 'producer+consumer'로 생산소비자(또는 생산적 소비자)란 뜻이다. 참여소비자라고 해도 좋겠다. 생산과 소비가 완벽하게 분리되는 것이 아니라 소비자가 제품 개발과 관련된 제안을 적극적으로 하는 등 둘 사이의 부분적인 결합이 나타나는 현상을 긍정하는 개념이었다.3

이후 프로슈머처럼 소비자의 능동성을 역설하는 수많은 신조어가 양산되었지만, 소비를 자본주의와 동일시했던 진보좌파는 "'참여'는 정치적 영역의 고매한 횃대에서 굴러 떨어져 상업적 영역에

서 소비자로서 마음껏 선택할 수 있는 기회로 격하되었다"고 개탄했다.[4]

하지만 그 '고매한 횃대'에 오르려는 사람의 수는 날로 줄어들어 급기야 '민주주의 위기론'을 넘어서 '민주주의 종언론'까지 나오게 만들었다. 이런 상황에서 '소비'의 거스를 수 없는 힘을 인정하는 가운데 탄생한 것이 바로 정치적 소비자 운동이다. 생산에서 소비로 권력 이동이 일어났으며, 이에 따라 정치 참여도 생산에서 소비로 이동하는 건 불가피하다고 보는 것이다.[5]

영국에서 1988년 『그린 컨슈머 리포트』가 발간되는 등 녹색 소비 운동이 일어나기 시작했을 때 경제학자들과 기업 비평가들은 그걸 일시적인 현상으로 간주하고 별로 주목하지 않았다. 하지만 2003년 윤리적 소비는 10억 파운드의 벽을 돌파하면서 대부분의 분야에서 연간 15퍼센트 증가 추세를 보였다. 이에 영국 저널리스트 데이비드 보일David Boyle은 "가격에 의해서만 시장이 움직인다고 가정한 전통 경제학은 시대의 흐름에 뒤처져 쓸모가 없어진 지 이미 오래이다"고 주장했다.[6] 보일의 주장은 다소 과장된 것일망정, 전통 경제학뿐만 아니라 전통 정치학이 그런 새로운 흐름을 외면했다간 쓸모의 위기를 맞을 가능성이 높다는 건 분명해 보인다. 이 운동의 역사를 잠시 추적해본 후에 본격적인 논의로 들어가보자.

"미국은 소비자 불매운동으로 태어난 나라"

영국의 육군 대위로 복무한 찰스 보이콧Charles Boycott, 1832~1897은 아일랜드에서 부재지주인 존 크리치튼 백작John Crichton, 3rd Earl Erne, 1802~1885의 경작지 관리인이 되었다. 1879년 아일랜드 전역에 흉년이 들면서 2차 감자 기근에 대한 공포가 확산하자 소작농들은 토지동맹을 결성하고 '공정한 소작료' 등의 조건을 내걸고 지주에 저항했다.

이때 보이콧의 임무는 그런 소작농들을 내쫓는 일이었는데, 토지동맹은 마을 주민들에게 보이콧을 배척하라는 지침을 내렸다. 상점들은 보이콧에게 물건을 판매하지 않았으며, 심지어 보이콧이 다니던 교회마저도 그를 철저히 배척했다. 이 사건은 1880년 11월 『타임스The Times』에 보도되었고, 이어 유럽 전역의 다른 신문들에도 보도되면서 '보이콧'이라는 단어가 탄생하게 되었다.7

아일랜드의 보이콧 운동은 해피엔딩이었다. 이 운동 덕분에 20세기 초 만들어진 영국 토지법으로 아일랜드에서 부재지주는 사라지고 소작농은 농토를 소유할 수 있게 되었으니 말이다.8 보이콧이란 단어가 탄생하기 전에도 불매운동이 역사를 바꾼 사건은 많다. 가장 대표적인 건 미국 독립운동의 결정적 계기였던 '보스턴 차 사건'이다.

1773년 아시아 지역과의 무역을 공식적으로 독점하고 있던 영국의 동인도회사는 영국에서는 팔 수 없는 많은 양의 차를 재고로 안고 있어서 파산 직전의 상태에 처하게 되었다. 이에 영국 정부는

1773년 차 세법Tea Act을 통과시켜 동인도회사에 아메리카 식민지 상인들은 내야 하는 정규 세금을 내지 않고도 식민지에 직접 수출할 수 있는 권리를 주었다. 그래서 동인도회사는 차를 식민지 상인보다 싸게 팔아서 식민지의 차 거래를 독점할 수 있었다.

이는 영향력 있는 식민지 상인들을 분노하게 만들었다. 대표 없는 과세 문제에 대한 그들의 예민한 감정을 되살아나게 했다. 식민지인들은 차 불매운동으로 대응했다. 식민지 지도자의 부인들이 중심이 된 식민지 여성들은 자유의 아들들처럼 자유의 딸들Daughters of Liberty이라는 애국 단체를 조직해 영국 정책에 반대하면서 "우리는 자유를 위해 차를 끊겠다"고 외쳤다. 그 대신 등장한 게 바로 커피였다.

대중의 지지를 얻은 식민지 지도자들은 동인도회사가 식민지 항구에 차를 내리는 것을 막을 계획을 세웠다. 필라델피아와 뉴욕에서는 성공했으나, 보스턴에서는 배 3척을 항구에서 돌려보내는 데 실패하자 다른 계획을 꾸몄다. 1773년 12월 16일 밤 50명씩 구성된 3개 조가 모호크Mohawk 인디언으로 가장해 보스턴 항에 정박 중이던 영국 상선 3척에 올라가 배에 실려 있던 판매용 차 300여 상자를 물속으로 던져버렸다. 다른 항구에서도 비슷한 저항이 잇달아 일어났다.2

이게 바로 그 유명한 '보스턴 차 사건Boston Tea Party'이다(여기서 Party는 '뜻을 같이하는 사람들끼리의 모임'을 뜻한다). 이 사건은 미국 독립운동의 시발점이 되었다. 영국 정부의 강경 대응에 영국 상품 불매운동이 식민지 전역으로 번져나가는 등 불매운동은 독립운동에 큰 자극을 주었고, 1776년 7월 4일 독립선언을 거쳐 7년간의 독립전쟁을 벌인 끝에 1783년 미국은 독립을 쟁취할 수 있었다. 미국은 '소비자 불매운동으로 태어난 나라'라고 해도 과언이 아니다.[10] 이 운동은 훗날 인도로 수출되어 영국에서 독립을 부르짖던 인도 지도자 마하트마 간디Mahatma Gandhi, 1869~1948가 1920년대와 1930년대에 걸쳐 치열하게 벌인 스와데시 운동Swadeshi Movement, 즉 국산품 애용 운동으로 재탄생했다.[11]

미국 민권법을 만든 '버스 보이콧 운동'

독립뿐인가. 미국사의 중요한 국면엔 어김없이 불매운동이 나타났다. 남북전쟁(1861~1865)의 이면엔 북부에 살던 노예 폐지론자들의 남부 상품 불매운동이 있었으며, 20세기에 들어와서도 흑인들의 조직적인 민권운동은 1955년 앨라배마주 몽고메리에서 좌석의 흑백 분리를 요구한 버스 회사에 대한 보이콧 운동에서 시작되었다.

1955년 12월 1일 앨라배마주 몽고메리 시내의 한 백화점 재봉사로 일하고 있던 42세의 로자 파크스Rosa Parks, 1913~2005는 퇴근길에 시내버스에 탄 흑인 구역인 뒷자리에 자리가 없는 것을 보고 중간 쪽의 자리에 가서 앉았다. 버스에 백인 승객들이 더 올라타자 운전기사는 "니그로는 뒤쪽으로 옮겨 가"라고 소리쳤다. 흑인은 서서 가더라도 백인 승객을 위해 자리를 양보해야 한다는 것이었다.

전미유색인지위향상협회NAACP의 몽고메리 지부 회원이었던 파크스는 운전기사의 명령을 거부했다. 그녀는 몽고메리시 교통법규 위반죄로 체포되어 다음 월요일에 법원에 출두하라는 명령을 받았다. 월요일이 오기 전 주말, 몽고메리시 흑인들은 이에 항거하기 위해 모임을 갖고 파크스가 다니던 덱스터애비뉴 침례교회의 27세 흑인 목사를 지도자로 선출했다. 그 목사의 이름은 마틴 루서 킹 주니어Martin Luther King Jr., 1929~1968였다.

12월 5일 흑인들에 의해 몽고메리시 버스 보이콧 운동이 시작되었다. 흑인은 시내버스 고객의 60퍼센트를 차지하고 있었다. 흑인 4만여 명이 버스 탑승을 거부하고 걸어서 출퇴근했다. 버스 요금만큼만 돈을 받는 흑인 택시도 등장했다. 킹은 수천 명의 군중 앞에서 "보이콧을 계속해달라"고 연설했고 버스 승차 거부 운동은 381일간 지속되었다.

물론 백인들의 보복도 있었다. 파크스는 법원에서 벌금형 10달러와 소송 비용 4달러를 선고받았는데, 벌금을 물지 않았다는 이유도 또다시 체포되었다. 킹은 처음에는 음주운전 혐의로, 그다음에는 불법 보이콧 운동을 공모한 혐의로 체포되었다. 보험회사들은 버스를 이용하지 않을 목적으로 사용되는 자동차의 보험을 취소했다. KKK단은 시가행진을 하는 등 흑인들을 압박했다. 이런 방법들이 먹혀들지 않자 흑인들의 집과 교회에 방화가 저질러졌으며, 킹을 포함해 보이콧 지도자들의 집에 폭탄이 날아들었다.

그런 보복과 압박에도 이 사건은 흑인들의 승리로 끝났다. 1956년

11월 3일 얼 워런Earl Warren, 1891~1974이 이끈 연방대법원은 버스 안 인종 분리 규정이 위헌이라며 파크스의 손을 들어주면서 버스의 흑백 분리 지정석 제도를 폐지할 것을 몽고메리시에 명령했다. 이에 따라 흑인들은 보이콧 운동을 시작한 지 381일 만인 1956년 12월 21일부터 버스 이용을 재개했다. 이후 버스 보이콧 운동은 앨라배마주와 플로리다주로도 들불처럼 번져나가면서 1964년 민권법Civil Rights Act 제정의 초석이 되었다.[12]

죽기 전 파크스는 다음과 같이 회고했다. "백인 운전기사가 우리에게 다가와 손짓으로 자리에서 일어나라고 명령했을 때, 나는 어떤 확고한 결단이 겨울밤의 이불처럼 내 몸을 덮어주는 것을 느꼈다. 나는 단 한 번만이라도 내가 인간으로서 그리고 시민으로서 어떤 권리를 지니고 있는지 알고 싶었다. 그때 내가 원했던 것은 자유였다. 나 자신뿐만 아니라 모든 인간이 평등하게 자유롭기를 원했던 것이다."[13]

나이키의 '착취 공장 사건'

1970년대부터는 국제적 불매운동이 활발하게 일어났으며, 1980년대에 이르기까지 오랜 기간 불매운동이 벌어진 대표적 사건은 '아파르트헤이트 불매운동'과 '네슬레 불매운동'을 들 수 있다. 인종차별정책Apartheid이 극심했던 남아프리카공화국에 투자하는 다국적 기업에 우회적인 압력을 가하기 위한 국제적 불매운동은 1991년

이 정책이 폐지될 때까지 지속되었다. 그리하여 1994년 흑인 대통령 넬슨 만델라Nelson R. Mandela, 1918~2013 정부가 탄생할 수 있었다.

스위스에 근거를 둔 다국적 기업 네슬레Nestlé가 위생 시설이 열악한 제3세계에서 공격적으로 분유 시장을 개척하다가 수많은 유아가 영양실조에 걸리거나 사망하는 일이 벌어지자 1970년대와 1980년대에 걸쳐 네슬레 제품에 대한 국제적 불매운동이 치열하게 전개되었다. 세계보건기구WHO와 유엔아동기금UNICEF이 중재 역할을 맡아 네슬레를 비롯한 분유 회사들이 분유의 광고와 판촉을 금지하는 '윤리 강령'에 동의하도록 함으로써 이 불매운동은 성공적이었다는 찬사를 받았지만, 기업들이 곧 빠져나갈 구멍을 찾아냄으로써 근본적인 변화를 가져오는 데엔 한계를 보였다는 평가를 받기도 했다.[14]

1995년 1월 1일 세계무역기구의 정식 출범과 함께 세계화의 시대가 열리면서 불매운동은 더욱 국제적 성격을 갖게 되었으며, 이를 잘 보여준 게 '나이키 사건'이다. 미국 역사학자 월터 레이퍼버 Walter Lafeber는 『마이클 조던, 나이키, 지구 자본주의』라는 책에서 "나이키는 냉전 이후 미국 문화, 미국의 지구화, 미국의 마케팅, 미국의 부, 미국에 본부를 둔 미디어, 미국에 근거한 초국적 기업의 상징(현상)이 되었다"고 했다.[15]

특히 전 세계에 퍼져 있는 나이키의 하청 공장에서 벌어지는 끔찍한 노동조건이 비판의 대상이 되면서 불매운동으로까지 번졌다. 나이키만 착취 공장을 둔 건 아니었건만, 왜 하필 나이키였을까?

누구나 부러워할 건강한 육체를 멋지게 표현한 나이키 광고의 부메랑 효과였다. 그런 나이키 운동화를 생산하는 노동자들의 비참한 현실은 나이키의 위선을 부각시키는 결과를 초래했으니, 나이키로선 자업자득自業自得인 셈이었다.[16]

1998년 나이키의 최고경영자인 필 나이트Phil Knight는 "나이키 제품은 노예 임금, 강제 초과 노동 그리고 노동 착취 등의 동의어가 되었다"고 시인했다.[17] 2005년 4월 나이키는 전 세계 703개 하청 공장 상황과 노동 환경을 상세히 담은 보고서를 처음으로 발간했다. 나이키는 전체 업체들의 25퍼센트에서 노동자에 대한 임금 착취와 신체·언어 학대 등이 일어나고 있었다고 밝히면서 향후 개선을 다짐했다. 필 나이트는 이날 기자회견에서 "나이키 노동 보고서의 발간은 노동 조건을 향상시키기 위한 노력의 일환"이라며 "나이키가 책임 경영의 세계적인 선두 기업이 되길 희망한다"고 말했다. 이는 나이키를 대상으로 한 정치적 소비자 운동이 지속적으로 벌어지고, 이런 활동이 미디어의 주목을 받으면서 얻어낸 성과였다.[18]

'월마트 민주주의' 딜레마

나이키에 이어 월마트도 그런 정치적 소비자 운동의 표적이 되었다. 월마트의 경영 철학은 "1조, 고객은 항상 옳다. 2조, 고객이 틀렸다고 생각되면 1조를 다시 보라"는 슬로건으로 대변되는 '소비자 지상주의'였는데, 여기엔 어두운 그림자가 있었다. 무엇보다도 생산자와 소비자 사이에서 극단적으로 소비자 편에 서기 때문에 영세 납품 업체들이 사실상 착취당하며, 사원 인건비도 매우 박하고, 노조는 절대 금기였다.

이에 월마트 불매운동의 연장선상에서 점포 확장을 저지하는 운동이 벌어지기도 했다. 2005년 4월 월마트는 뉴욕시 퀸스 지역에 대형 매장을 설립하려 했으나 주민과 시의회의 강력한 반발로 사업 추진을 보류하지 않을 수 없었다. 뉴욕시의 반대 이유는 월마트가 노조 설립 불가, 근로자 착취, 환경파괴 등 윤리적으로 문제가 많은 기업이라는 것이었다. 월마트는 종업원들에게 시간당 9.68달러의 임금을 지불하고 있었는데 이는 뉴욕 노조 가입 근로자의 시간당 평균 임금 수준 12~18달러에 훨씬 못 미쳤다. 이와 함께 월마트 근로자의 절반 정도만 의료보험 혜택을 받고 있다는 점도 문제로 지적되었다.[19]

소비자들에게 매력적으로 들릴 '상시 최저가'를 부르짖고 실천한 월마트는 '규모의 경제'를 앞세워 거대한 제국을 세웠다. 저널리스트 찰스 피시먼Charles Fishman은『월마트 이펙트: 시장경제를 파괴하는 거대 자본의 습격』에서 "월마트가 미국에 유익한가, 유해한가 하는 질문은 잘못된 것이다. 자동차처럼 월마트도 사라지지 않을 것이기 때문이다"며 다음과 같이 말한다.

"월마트는 소비자들이 자신들의 돈을 투자해서 만든 창조물이다.……어떤 관점에서 월마트는 민주주의의 궁극적인 형태다. 소비자들은 월마트에서 물건을 살 때마다 월마트에 찬성표를 던지는 것이다. 그렇게 소비자들이 던진 표는 월마트의 방대한 데이터베이스에 기록되고, 월마트는 자사의 데이터베이스를 끊임없이 분석해서 소비자의 구매를 증가시킬 방법을 찾는다. 하지만 소비자들은 불확실한 정보를 바탕으로 표를 던진다. 저가에 찬성표를 던지면서도 실제로는 자신이 무엇을 찬성하는지 모른다."[20]

월마트 모델은 '월마트 민주주의'라고 해도 좋을 정도로 우리 시대의 전 사회적 국면을 휩쓸고 있다는 걸 부인하기 어렵다. 한국의 대형 유통업체들도 기본적으론 월마트 모델을 그대로 따르고 있는데, 이는 한국 사회에 엄청난 갈등을 초래했다. 무엇보다도 영세 자영업자들의 생존권 문제 때문이었다. 이젠 대형마트마저 온라인 쇼핑과 모바일 쇼핑의 공세로 생존이 위협받고 있기는 하지만,[21] 소비자들은 아직까지는 대체적으로 대형마트의 편이다. 그래서 딜레마다. 현 방식의 소비자 지상주의가 과연 궁극적으로 소비자의 이익으로 귀결되는 것인지, 정치적 소비자 운동은 어떻게 대처해나갈 것인지 등 앞으로 답해야 할 질문이 많다.

소비자의 사랑을 받는 '맥도날드 포퓰리즘'

서민주의적 포퓰리즘도 문제다. 정치적 소비자 운동의 기수인 나오미 클라인Naomi Klein은 나이키 비판에도 앞장섰는데,[22] 독일의 상품미학자 볼프강 울리히Wolfgang Ullrich는 『모든 것은 소비다: 상품미학적 교육에 대한 비평』에서 "나오미 클라인과 그의 수많은 추종자와 후계자의 손가락질이 너무 거만하며 고상하다고 느끼는 사람들은 경향적으로 나이키에 연대감을 느낄 것이다"고 주장한다.[23]

맥도날드는 맥잡McJob이라는 불명예스러운 용어를 낳게 만들 정도로 종업원들에게 낮은 임금을 주는 걸로 악명을 얻어 불매운동의 대상이 되기도 했지만, 맥도날드를 보호하는 건 늘 서민주의적 포퓰리즘이다. 미국 정치인들이 선거 시즌에 맥도날드를 즐겨 찾는 이유도 바로 여기에 있다. 조 킨첼로Joe L. Kincheloe는 많은 미국인이 맥도날드의 반反엘리트주의적 포퓰리즘에 호감을 갖고 있다고 말한다. 그들은 맥도날드에 대한 비판을 자신들에 대한 비판, 즉 자신들의 정체성, 미학, 먹는 습관을 경멸하는 것으로 간주해 그에 대한 반발심으로 오히려 맥도날드를 옹호한다는 것이다.[24]

정치인들이 그런 포퓰리즘 효과를 놓칠 리 만무하다. 2005년 10월 19일 미국 하원은 "햄버거를 먹는 바람에 살이 쪘다는 이유로 햄버거 회사에 소송을 걸 수 없다"는 내용의 이른바 '치즈버거법'을 공화당 주도로 찬성 306표, 반대 120표로 통과시켰다. 하원 법사위원장 제임스 센센브레너James Sensenbrenner는 "식품 산업과 1,200만 종사자들이 소송 남발의 위협에서 벗어날 수 있게 됐고 소비자는 소송 비용 예비에 따른 가격 인상을 피할 수 있게 됐다"고 말했다. 빈곤, 학력 저하, 비만 등의 사회문제를 놓고 개인의 책임감을 강조하는 공화당 철학이 반영된 발언이었다. 반면 일부 민주당 의원들은 맥도날드, 코카콜라 등 거대 기업들이 의원들을 움직여 법안 통

과를 조정했다고 비판했다.25

포퓰리즘은 논란의 소지가 있는 개념이겠지만, 맥도날드를 떠받치고 있는 게 평등주의 정서egalitarian ethos라는 건 분명해 보인다. 고객이 음식을 자신이 직접 받아 치우는 것도 보기에 따라선 고객을 부려먹는다고 하겠지만 그것도 고객과 종업원 사이의 평등 관계를 보여주는 것으로 해석된다.26 포퓰리즘과 평등주의 정서 사이의 지점을 파고드는 게 바로 맥도날드의 이른바 '풀뿌리 마케팅grass-roots marketing'이다.27 이는 지역 기반을 가진 가맹점이 잘할 수 있는 것인바, 맥도날드 가맹점들의 경쟁력이기도 하다.

그뿐만 아니라 맥도날드는 많은 미국인에게 애국심의 상징이기도 하다. 외국산 제품들이 물밀 듯이 미국 시장을 파고들어 미국의 무역 적자가 심화되고 있는 상황에서 맥도날드는 미국이 여전히 세계 최고의 경쟁력을 갖고 있다고 믿고 싶어 하는 서비스 분야에서 전 세계를 제패하는 대표하는 미국 기업이 아닌가.28 맥도날드가 애국적 포퓰리즘의 상징으로 미국인들의 사랑을 받는 건 당연한 일인지 모른다. 정치적 소비자 운동이 별 힘을 쓸 수 없는 무풍지대라고 해도 과언이 아니다.

'시민 소비자'의 권리와 책임

이제 이론적 논의로 들어가보자. '정치적 소비자 운동'이라는 개념은 스웨덴 스톡홀름대학의 정치학자 미셸 미셸레티Michele Micheletti

가 2003년에 출간한 『정치적 덕과 쇼핑: 개인, 소비주의, 그리고 집단행동Political Virtue and Shopping: Individual, Consumerism, and Collective Action』을 통해 유행시킨 이후 미국과 유럽의 사회운동·정치 참여 분야의 연구에서도 큰 인기를 누리고 있다.[29] 그간 미국을 비롯한 서구에서 나온 연구는 대체적으로 이론적 논의, 정치적 소비자 운동의 참여자 분석, 인터넷과 소셜미디어의 영향, 기존 정치에 미치는 영향 등 4가지로 나눌 수 있다.('참고 논문' 참고)

미셸레티는 자신의 논지를 전개하는 데 가장 먼저 기존 상식으로 통용되고 있는 '정치·경제 분리주의'를 문제 삼는다. 일반 사람들에겐 그런 분리의 장벽이 존재하지 않음에도 지식인들은 둘이 따로 존재하기라도 하는 것처럼 생각하고 행동한다는 것이다.[30]

원래는 둘는 분리할 수 없다는 의미에서 '정치경제학'이었는데, 이걸 분리시킨 건 신고전경제학파였다. 영국 경제학자 윌리엄 제본스William S. Jevons, 1835~1882는 "정치에 관해서는 어리벙벙한 나 자신을 자백할 뿐이다"며 '정치경제학'을 가리켜 "우리 학문의 그 낡아빠진 두 단어짜리 골칫거리 명칭"이라고 하면서 '경제학'이라는 명칭으로 대체하자고 제안했다.

이 제안은 학문적 절제라고 하는 겸손에서 시작된 점도 있었지만, 학문을 하는 목적 자체에 문제가 있었다. 사회적 총체성을 이해하기 위한 학문적 관심은 포기하고 수리적인 것에만 집착하느라 정치가 끼어들 틈이 없었다. 정치경제학의 포기는 역사, 사회적 총체성, 도덕철학, 실천을 포기하는 희생을 초래했다. 그로 인한 사회적 비극이 만만치 않았기 때문에, 미국의 진보적 경제학자 로버트 하일브로너Robert L. Heilbroner, 1919~2005는 이를 "1급의 지적 비극"이라고 불렀다.[31]

그 비극은 '지적 비극' 이상의 것이었다. 심손 비클러Shimshon Bichler와 조너선 닛잔Jonathan Nitzan은 정치학과 경제학을 갈라놓는 바람에 맨 먼저 희생된 것은 자본에 대한 이론이라며 이렇게 말한다. "학문 세계에서의 분과 학문의 분리로 인해 자본 이론은 경제학자들의 손아귀에 완전히 장악되고, 정치학자·사회학자·인류학자들은 사실상 발언권을 빼앗기고 말았다. 그 결과 자본의 물질적 측면의 고찰만 너무 강조되고 권력의 측면은 거의 전적으로 무시되는 사태가 벌어지고 말았다."[32]

정치적 소비자 운동은 그런 분리주의에 이의를 제기하면서 '정치에서 시장의 역할'과 '시장에서 정치의 역할'을 다시 볼 걸 요구한다. 따라서 '시민'과 '소비자'도 분리할 게 아니라 시민의 공적 역할과 소비자의 사적 역할을 결합시킨 '시민 소비자citizen-consumer' 개념을 도입하자고 주장한다. '시민 소비자'는 '정치적 소비자political consumer'의 다른 이름이다. 미셸레티의 핵심적인 주장은 '소비자 책임 수용consumer responsibility-taking'인데, 이는 소비자가 권리 행사와 더불어 책임 수용도 해야 한다는 걸 의미한다.[33]

'소비자의 책임 수용'과 관련해, 미셸레티는 '정치적 책임으로서 정치적 소비자 운동'을 역설하면서 미국 정치학자 아이리스 매리언 영Iris Marion Young, 1949~2006의 '책임의 사회적 연결 모델social connection model of responsibility'을 수용한다.<u>34</u> 영이 국제적 노동 착취 공장을 분석하면서 제시한 이 개념은 "자신의 행위를 통해 일부 불공평한 결과를 가져온 구조적 과정에 영향을 미친 모든 사람들이 부정의에 책임이 있다"는 것이다. "사회적 연결 모델은 무엇보다도 죄나 잘못의 원인을 찾기 위해 과거를 회고하기보다는 앞을 내다본다. 구조적 부정의에 책임을 진다는 것은 책임을 공유하는 다른 사람들과 함께 행위 결과를 보다 정의롭게 만드는 방향으로 구조적 과정을 변형시킬 의무를 갖는다는 뜻이다."<u>35</u>

'자기이익 추구'를 부정하는 정치인들의 거짓말

정치적 소비자 운동은 정치를 어떻게 정의할 것인지의 문제이기도 하다. 전통적인 시각에서 정치를 좁게 보는 사람들은 정치적 소비자 운동에 반대할 가능성이 높고, 정치를 넓게 보는 사람들은 정치적 소비자 운동에 찬성할 가능성이 높다. 한 걸음 더 나아가 본질을 파고들자면, 정치적 소비자 운동은 '자기이익self-interest'을 추구하는 걸 어떻게 볼 것이냐의 문제이기도 하다.

영어사전에서 'self-interest'를 찾아보면 '자기이익'과 더불어 '사리사욕', '사리 추구'라는 번역이 꼭 따라붙는다. '자기이익'에 대해 부정적인 자세를 취한다는 걸 알 수 있다. 이런 자세는 동서를 막론하고 정치인을 비롯한 공직자들이 워낙 거짓말을 많이 했기 때문에 나타난 결과다. 공익公益을 추구하겠다고 해놓고 사익私益을 추구하는 사람들이 대부분이었다는 뜻이다. 그래서 "정치와 행정은 사익을 추구하는 비즈니스"에 불과하다고 주장하는 '공공선택 이론public choice theory 학파'가 나오기에 이르렀다.[36]

미셸레티는 '자기이익 추구'에 대한 편견을 넘어서기 위해 미국의 급진 사회운동가인 솔 알린스키Saul Alinsky, 1909~1972의 말을 인용한다. "사람들은 자신의 사적 목적에 부합할 때에 정의로운 도덕적 분노를 느낀다." 그게 바로 공익을 위한 집단행동의 출발점이라는 것이다. 오직 순수한 공적 목적을 위해서만 나서는 사람은 매우 적으며, 그건 비현실적인 이상이라는 게 미셸레티의 주장이다. '자기이익 추구'를 부정해선 안 되며, 그게 없인 정치가 성립될 수 없음에도 너무 이상화된 낭만만 강조하는 건 곤란하다는 것이다. 자기이익을 추구하는 행위가 공익에 기여할 수 있는 가능성을 부정하는 게 과연 말이 되느냐는 항변이다.[37]

알린스키는 어떤 인물이었던가? 그는 1960년대 미국 운동권 학생들의 영웅이었지만, 일부 학생 행동주의자들student activists, 특히 신좌파New Left 지도자들과는 불편한 관계였다. 신좌파가 혁명 의욕에 너무 충만한 나머지 '있는 그대로의 세상'이 아니라 자기들이 원하는 세상 중심으로 운동을 전개한다고 보았기 때문이다.

이들이 알린스키에 밀리지 않으려고, 알린스키의 운동 방식은 '퇴폐적이고, 타락하고, 물질주의적인 부르주아 가치'의 전복은 물론 '자본주의 타도'와 거리가 멀지 않느냐고 이의를 제기하자, 알린스키는 냉소적으로 이렇게 쏘아붙였다. "그 가난한 사람들이 원하는 게 '퇴폐적이고, 타락하고, 물질주의적인 부르주아 가치'의 향유에 동참하는 것이라는 걸 모르는가?"[38] 알린스키는 학생 행동주의자들의 진정성마저 의심했다. 물론 세상을 있는 그대로 보지 않는다는 이유 때문이었다. "그들은 사회를 바꾸는 데에 관심이 없다. 아직은 아니다. 그들은 그들 자신의 일, 자신을 발견하는 것에만 관심을 두고 있다. 그들이 원하는 것은 자기 존재 증명revelation일 뿐 혁명revolution이 아니다."[39]

위선을 자제하고 솔직하게 이야기해보자. '자기이익 추구'가 왜 나쁜가? 정치인들은 공익을 위해 모든 걸 헌신하고 희생하겠다는 식의 거짓말은 이제 그만두고 사익과 공익을 동시에 조화롭게 추구하겠다고 말해야 한다. 사실 진보 세력이 불신을 받는 이유도 바로 여기에 있다. 그들은 보수에 비해 헌신과 희생을 공격적으로 강조하면서도 자신의 삶은 보수와 전혀 다를 게 없는 행태를 보임으로써 스스로 불신과 혐오를 자초하는 경향이 있다. 좌우를 막론하고 정치인들이 더는 거짓말을 하지 않는 날이 오길 간절히 바라지만, 아직까진 사람들은 '자기이익 추구'를 부정적으로 보는 경향이 있다. 이게 바로 정치적 소비자 운동이 넘어야 할 벽이기도 하다.

'개인화된 정치'와 '라이프스타일 정치'의 등장

정치적 소비자 운동은 정치와 분리해 생각할 수 없다. 미국 제16대 대통령 에이브러햄 링컨Abraham Lincoln, 1809~1865은 "투표는 총알보다 강하다"고 했지만, 러시아 태생으로 미국에서 무정부주의자로 활동한 엠마 골드만Emma Goldman, 1869~1940은 "투표해서 바뀐다면 선거는 사라질 것이다"고 했다. 투표는 요식행위일 뿐 선거한다고 세상이 바뀌지는 않는다는 냉소다. 실제로 오늘날 많은 유권자는 "투표는 총알보다 강하다"는 말을 선거 기간 중의 선전 슬로건으로만 이해하며, 투표는 요식행위일 뿐 선거한다고 세상이 바뀌지는 않는다는 냉소로 무장하고 있다. 오히려 일상적 삶에선 유권자가 아닌 소비자로서 힘이 더 크다는 걸 절감하면서 살아가고 있다.

일반적으로 정치적 소비자 운동은 기존 정당 중심의 민주주의에 대한 회의와 '계급정치의 퇴조decline of class politics'가 뚜렷해진 상황에서 나타난 정치 참여의 한 유형으로 간주된다.40 '슈퍼마켓에서의 정치politics in the supermarket',41 '계산대 줄에서의 정치politics at the checkout line'42 등과 같은 말들이 시사하는 것처럼, 그간 정치와 무관한 것으로 간주되어온 쇼핑 행위가 정치적 행동주의의 유력한 수단으로 떠오른 것이다.43 즉, 유권자가 투표를 하듯 소비자가 시장에서 특정한 목적을 갖고 구매력으로 투표를 한다고 보는 것인데, 시장을 정치적 표현의 장場으로 간주해 정치인에게 투표를 하는 대신 기업에 투표를 한다는 차이만 있을 뿐이다.44

정치적 소비자 운동은 기존 정당 중심의 민주주의가 퇴조하는 가운데 유권자가 소비자화되면서 자신의 라이프스타일 중심으로 '개인화된 정치personalized politics'를 구현한다는 점에서 정치 참여의 지각변동이라 부를 만한 것이다.45 세계화로 인해 로컬 이슈와 글로벌 이슈가 충돌하는 일이 많아지면서, 적절한 판단 기준으로 개인적 라이프스타일의 중요성이 부각된 탓도 있다.[46]

W. 란스 베넷W. Lance Bennett이 정치적 소비자 운동을 '라이프스타일 정치lifestyle politics'라고 부른 것도 바로 그런 이유 때문이다. 라이프스타일 정치는 '개인적인 것의 정치화politicizing the personal'로, 소비, 여가, 엔터테인먼트, 패션 등 개인의 일상적 삶에서 정치적 의미를 찾는 정치라고 할 수 있다. 즉, 정치와 사적 생활의 조화를 추구하는 정치인 셈인데, 바로 여기서 소비자의 선택이 중요한 의미를 갖게 된다.[47]

정치적 소비자 운동은 유권자들이 믿을 수 없거나 의지할 수 없는 정부·정당 등의 공적 기구의 변화를 기다리느니 스스로 개인적 차원에서 자신의 소비의 힘을 통해 세상을 바꾸겠다고 나선 자구책의 성격을 갖고 있다. 정치적 소비자 운동은 일종의 반정치antipolitics 현상으로 기존의 공사公私 영역의 경계를 흐릿하게 만드는 효과를 내고 있지만, 정반대로 공사 영역의 경계가 흐릿해졌기 때문에 정치적 소비자 운동이 활성화되고 있다고 볼 수도 있다.[48]

'탈물질주의 가치'의 확산

정치적 소비자 운동을 다룬 책이나 논문에 어김없이 등장하는 한 인물이 있는데, 그는 바로 미국 미시간대학 정치학자 로널드 잉글하트Ronald F. Inglehart다. 잉글하트는 1970년대부터 이른바 '탈물질주의 가치post-material values'의 확산을 제시했다. 산업사회에선 물질적인 가치를 중시했지만, 후기산업사회에선 물질 외에 더 추상적이고 정신적인 가치를 중시하게 되었다는 것이다. 그는 이런 변화는 눈에 띄지 않게 사회 전반에 큰 혁명적 변화를 몰고 온다는 이유로 '조용한 혁명silent revolution'이라고 불렀다.⁴⁹

탈물질주의라고 하면 물질을 무시한단 말이냐는 반응을 보이는 사람이 많은데, 그런 이야기가 아니다. 어느 정도 먹고살 만한 사람들이 물질주의를 넘어선 가치에 눈을 돌린다는 것이지, 물질주의를 배격한다는 뜻은 아니다. 물질주의의 혜택을 누리면서도 절대적 사회규범과 권위의 부정, 관용, 대인對人 신뢰, 자기표현 등의 가치에 큰 의미를 부여한다는 것이다.⁵⁰

경제성장과 국가 안보가 주요 관심사였던 시절엔 기존 정치 시스템이 잘 작동했거나 작동하는 것처럼 보였지만, 적어도 1960년대 이후 소수 집단들이 자신들의 권리를 주장하는 이른바 '정체성 정치identity politics'⁵¹와 '단일 이슈 정치single-issue politics'⁵²가 대두되면서 '타협 불능'의 상태가 야기되었고, 그 와중에서 기존 정치 시스템의 무능이 여실히 드러났다. 따라서 다른 방식의 정치 참여가 필요하게 된 것이다. 그게 바로 집단 중심의 '정체성 정치'에서 개인 중심성을 고수하면서도 연대를 중히 여기는 '개인화된 집단행동individualized collective action'이다. 일견 모순처럼 보이는 '개인화된 집단행동'을 가능케 한 것은 인터넷과 소셜미디어다.

미셸레티가 제시한 '개인화된 집단행동'은 큰 주목을 받은 동시에 많은 오해와 비판을 낳았다. 그는 '개인화된 집단행동'은 '개인화된 정치 참여'나 '개인화된 정치 행동'을 말하는 게 아니라는 걸 강조하면서, 그건 밑에서부터 솟아오르는 하부 정치subpolitics로, 자기이익 추구와 공공선公共善의 결합을 가능케 해주는 개념이라는 점을 강조한다. '개인화된 집단행동'은 불확실성과 위험에 대처하지 못하는 정부의 무능으로 인해 나타난 것으로, 정치적 문제가 정치 시스템 안에서만 해결될 필요는 없다는 전제에 근거하고 있다.[53]

탈물질주의 가치를 갖고 있는 사람들은 정치적 관심은 큰 반면 기존 정치와 경제체제에 대한 불신이 매우 강하다. 그래서 이들은 중요한 정치적 의사결정에 더 적극적으로 참여하기 위해 기존 투표 중심의 정치적 행위를 넘어 개별적으로 새로운 능동적인 정치 행위에 참여하는 경향이 있는데, 그게 바로 정치적 소비자 운동으로 나타난다는 것이다.[54]

그렇다고 해서 정치적 소비자 운동이 꼭 기존 정치와 적대적 관계를 맺는 것은 아니다. 때론 기존 정치에 적극 참여하거나 기존 정치의 인프라를 키워주는 역할을 하기도 한다.[55] 다만 정당 등을 경유하는 제도적 차원의 참여가 아닌 이슈 중심의 참여이기 때문에 휘발성이 높다고 볼 수 있다. 정치적 소비자 운동은 소셜미디어를 중심으로 한 뉴미디어의 확산이 젊은 세대와 여성의 사회적 발언 기회를 혁명적으로 확대시키면서 활성화되고 있다. 정치적 소비자 운동에 관한 많은 연구가 소셜미디어가 미친 영향에 집중되고 있

는 것도 바로 그런 이유 때문이다.56

정치학자 제프리 베리Jeffrey M. Berry는 『새로운 자유주의: 시민단
체의 권력 증대The New Liberalism: The Rising Power of Citizen Groups』(1999)
에서 소비자 중심주의의 등장이 경제적 평등 문제에 대한 관심과
빈민에 대한 동정심의 쇠퇴와 동시에 일어난 점에 주목한다. 그는
소비자 중심주의 단체들이 소비자 문제, 환경주의, 좋은 정부 같은
'삶의 질 문제'를 지향하는 새로운 자유주의의 한 브랜드를 상징하
며, '탈물질적 가치'에 의해 추동되는 이 단체들은 미국 사회의 풍
요로움을 반영한다고 말한다. 그는 새로운 자유주의가 삶의 질 문
제를 강조하는 것은 "분명 엘리트주의라는 비난을 받을 여지가 있
다"는 점을 인정하면서도, '탈물질주의적' 정치가 미래의 물결을 대
변한다고 주장한다.57

'적이 사라진 민주주의' 시대의 '하부 정치'

정치적 소비자 운동을 또 다른 측면에서 보자면, 적이 분명했던 냉
전 시대엔 적에 대한 공포감으로 정치를 유지할 수 있었지만, 적이
사라진 탈냉전 시대엔 그게 가능하지 않다는 점에 주목할 필요가
있다. 독일 사회학자 울리히 벡Ulrich Beck, 1944~2015은 『적이 사라진
민주주의』에서 "냉전은 신이 내린 일종의 선물이었노라고 이제 우
리는 회고적으로 말할 수 있게 되었으며, 또 그렇게 말해야 한다"며
"확실히 그것은 공포에 입각한 질서로서 내적 위기를 계속 외적 원

인, 즉 적들에게로 전가할 수 있도록 해주었다"고 말한다.[58]

세계에 질서를 부여했던 적이 사라지거나 축소되면 해체의 위험이 등장한다. 국가의 약화는 필연적이며, 그 대신 앞서 말한 '하부 정치subpolitics(하위 정치)'가 성장하게 된다.[59] 물론 그 이전에 기존 정치에 대한 불신과 혐오가 심화되는 건 당연한 일이다. 벡은 "사람들의 눈에 비치는 현재의 정치는 즐거움과는 전혀 관계가 없다. 눈치코치 없이 흥이나 깨는 자로 낙인찍혀 있다"며 다음과 같이 말한다.

"요즈음의 젊은이들은 아주 비정치적으로 보이지만 이러한 현상 자체가 아주 정치적인 것이다.……즐기고자 하는 바람과 풀뿌리 저항은 뿌리에서는 서로 연결되어 있다. 물론 이러한 관계는 이제까지는 거의 제대로 간파되지 못했다. 하지만 바로 이것이 소위 '젊은이들의 반反정치의 정치'의 핵심을 구성하고 있는 것이다.……(그들의 반정치는) 거대 조직과 결별하고 자발적으로 타인들과 연대하려는 관심에 의해 보완되고 신뢰할 만한 것이 된다."[60]

하지만 세상이 바뀔 땐 늘 저항자와 방황자들이 나오기 마련이다. 자율적 조직으로 상향식 사회 형성을 하는 하부 정치의 가능성을 보지 못한 채 "사람들은 틀린 장소에서, 틀린 용어로, 틀린 사무실에도, 그리고 틀린 신문에서 정치를 찾고 있다".[61] 물질주의라고 하는 세상의 문법이 탈물질주의라는 새로운 문법으로 대체되고 있다는 걸 어렴풋이 알면서도 그것이 정치와 무슨 관련이 있는지를 제대로 깨닫지 못한다.

벡은 "더 많은 소득, 더 많은 소비, 지속적인 출세, 점점 더 과시적인 소비'라는 외견상 영원할 것 같던 오래된 삶의 방식은 이제 해체되고 있다"고 선언한다. "우선 '나만의 시간'을 확보하는 것이 더 많은 소득과 출세보다 더 높게 평가될 것이다. 시간이야말로 모든 것을 자기가 결정하는 삶의 시대가 약속하는 보고寶庫로서 대화, 우정, 자기책임성, 동참, 오락 등으로 통하는 문의 열쇠이기 때문이다."[62]

벡은 정치적 소비자 운동을 직접 언급하진 않았지만, 사실상 지지를 표명한 셈이다. 좌파적 관점에서 정치적 소비자 운동에 비판적인 프랭크 푸레디Frank Furedi는 다음과 같이 불편한 심정을 토로한다. "소비자 행동주의의 지적 옹호자들은 이 운동이 서구사회의 정치사회적 삶을 쇄신할 수 있는 역동적인 구성적 힘을 대변한다고 생각한다. 잘 알려진 독일 사회학자 울리히 벡은 풀뿌리 시민단체의 '하위 정치'는 기진맥진한 정치 체계를 진보적 방향으로 변형시킬 수 있는 능력을 지니고 있다고 설득력 있게 주장해왔다."[63]

물론 푸레디는 이어 정치적 소비자 운동에 대해 맹공을 가한다. 그는 결코 외롭지 않다. 각자 이유는 좀 다를망정 정치적 소비자 운동을 불편하게 생각하는 이론가의 수는 결코 적지 않기 때문이다. 이제 다음 제7장에서 이런 일련의 비판에 대해 살펴보면서 논의하기로 하자.

제7장

왜 '시민 소비자'를 불편하게
생각하는가?

———★★★★☆———

정치적 소비자 운동의 이론 논쟁

"탈물질주의는 가난을 비껴간 시민들의 신념"

정치적 소비자 운동과 탈물질주의에 대한 비판은 많다. 주로 기존 정치의 정상화를 바라거나 혁명적 정치를 원하는 사람들이 맹공을 퍼붓는다. 대표적인 비판을 제기된 순서대로 몇 개 살펴보기로 하자. 우선 미국 정치학자 매슈 크렌슨Matthew A. Crenson과 벤저민 긴스버그Benjamin Ginsberg의 『다운사이징 데모크라시: 왜 미국 민주주의는 나빠졌는가』에서부터 출발하는 게 좋겠다.

이들은 서문에서 나날이 축소되어가는downsizing 미국 민주주의의 음울한 모습을 묘사한다. 이들은 "오늘날의 정치 엘리트들은 유권자 대중을 주변화했고, 점차 법원과 관료들에 의존해 자신들이 원하는 것을 얻고 있다. 우리는 이런 경향을 대중민주주의popular democracy와 구분해 개인민주주의personal democracy라고 부른다"며 다음과 같이 말한다.

"대중민주주의는 엘리트들이 정치의 장을 장악하기 위해 비엘리트들을 동원해야 했던 방식이었다. 반면 현재의 경향이 '개인적'인 이유는 새로운 통치 기술들이 대중을 사적 시민들의 집합으로 해체시키고 있기 때문이다. 민주주의에 대한 대중의 경험은 집단적인 것이 아니라 점점 개인적인 것이 되어가고 있다. 최근 수십 년 동안 평범한 미국인들은 시민에서 '고객customers'이라고 불리는 존재로 변해왔다. 이 '고객들'은 집단으로 정치 과정이나 통치 과정에 참여하도록 권유받지 않는, 정부가 제공하는 서비스의 개별 수혜자들이다."[1]

이들은 '시민'과 '고객' 사이에는 결정적인 차이가 있다고 말한다. "시민은 정부를 소유한다는 인식에 기초를 두지만 고객은 정부의 서비스를 받을 뿐이다. 시민은 집단적 존재로서 공적 목표를 가지며 정치 공동체에 속한다. 하지만 고객은 시장에서 개인적 필요를 충족하려는 개별 구매자다. 고객은 집단적 이해를 달성하기 위한 집단동원에 참여하지 않는다.……대중은 섬겨야 하는 존재가 아니라, '관리되어야 하는 개인 고객들'의 단순한 집합으로 인식되고 있다.……시민은 고객으로 강등되었고, 공공 행정은 고객 관리로 격하된 것이다."[2]

왜 그렇게 되었을까? 이들은 미국 주류 자유주의의 최근 경향이 '탈물질주의'라는 점에 주목한다. "탈물질주의는 특수 이익의 지저분한 난투극을 초월한 양, 허공에 붕 뜬 채로 삶의 질을 강화하는 데 시선을 둔다. 이때 많은 경우 경제적인 사안은 고려되지 않는다.……탈물질주의는 가난을 비껴간 시민들의 신념이다. 그들이 경제적으로 어려운 사람들에게 무감각한 것은 아니다. 아마도 가난한 사람들과 노숙자들에게 먹을 것을 주고 봉사하는 자원봉사자 군단의 상당수는 이들일 것이다. 그러나 사회의 약자들을 정치적으로 동원하는 일은 그들의 관심사가 아니다."[3]

매우 타당하게 들리는 진단이지만, '시민'과 '고객' 사이에 존재한다는 결정적인 차이가 시사하는 의미엔 얼마든지 반론도 가능하다. 일반적으로 비판자들은 시민은 사회 지향성·공익 지향성을 보이지만, 소비자는 자기 지향성·사익 지향성을 보인다고 말한다. 시민은 협동적 커뮤니티 중심이지만, 소비자는 고립된 개인 중심이며, 시민은 평등하지만, 소비자는 평등하지 않다고 말한다. 이론적으론 맞는 말이지만, 현실은 그렇게 명쾌하진 않다.

이런 2가지 질문을 던져보자. 명문대에 들어가려고 애쓰는 학생과 학부모들의 정체성과 자세는 시민인가, 소비자인가? 상식처럼 통용되는, "유권자들은 자신의 계급 이익에 충실한 투표를 해야 한다"는 원칙이 말하는 건 사실상 '유권자의 소비자화'와 어떻게 다른가? 이 2가지 경우는 시민과 소비자의 구분이 다분히 허구적일 수도 있다는 걸 말해준다.[4]

'시민의 고객화'가 개탄할 만한 현상이라 하더라도 왜 그런 일이 일어났는가 하는 이유도 따져볼 필요가 있다. 『다운사이징 데모크라시』의 저자들은 "정부에 영향을 미치겠다는 자칫 좌절할 수도 있는 임무를 버리고, 개인민주주의가 가져다주는 좀더 즉각적인 만족감(직접 좋은 일을 한다는)을 얻는 쪽으로 방향을 돌린 것이다"고 말하는데,⁵ 바로 여기에 답이 있다.

언제 시민이 섬김을 받아본 적이 있었는가? 참여의 기회는 잘 보장되어 있는가? 이들이 높게 평가하는 시민은 유령 개념이다. 늘 부도만 내는 어음이었다. 그렇게 사기를 당하느니 차라리 고객으로서 대접받고 싶다는 생각과 실천이 왜 갈등이란 말인가? 존재한 적도 없었던 위치에서 내려오고 말 게 뭐가 있는가? 최선은 안개 속에 갇혀 있고, 차선은 당장 손에 잡힌다. 그렇다면 차선을 비판하는 것도 좋겠지만, 차선을 통해 최선으로 나아가는 길을 모색해보는 것도 필요하지 않을까?

"소비자 행동주의는 미디어 이벤트에 불과하다"
이번엔 영국 사회학자 프랭크 푸레디Frank Furedi의 『우리는 왜 공포에 빠지는가?: 공포 문화 벗어나기』라는 책을 살펴보기로 하자. 앞서 울리히 벡의 '하위 정치론'에 대해 불만을 표했던 푸레디는 이 책에서 소비자 행동주의는 영국 사회와 정치를 지배하는 심각한 원자화 과정을 보여준다고 주장한다. 그는 "소비자 운동가들이 사람들의 공포와 불신을 부정하게 이용하고자 한다고 말하는 것은 잘못일 것이다"고 전제하면서도 "소비자 행동주의가 불신을 먹고 자라기 때문에, 그것이 그 지적知的 지지자들이 주장하는 종류의 정치적 쇄신에 어떻게 기여하는지를 이해하기란 쉽지 않다"고 말한다. 소비자 행동주의의 권위는 그 자신의 성과보다는 경쟁하는 제도들의 신뢰가 무너지는 것에 의존한다는 것이다.6

이어 푸레디는 소비자 행동주의 정치를 과거에 전통적 사회운동이 추구하던 행동주의와 혼동해서는 안 된다고 경고한다. 전통적인 사회운동과는 달리 소비자 행동주의 로비단체는 대중의 지지 그 자체를 동원하는 데 관심을 기울이지 않으며, 소비자 운동가들이 조직한 캠페인은 주로 최대한 널리 알리기 위해 기획된 미디어 이벤트에 불과하다는 것이다.7

푸레디는 한 걸음 더 나아가 "대의 민주주의에 대한 소비자 중심주의적 비판은 근본적으로 반민주적 비판이다"고 주장한다. "그것은 고결한 도덕적 목적을 가진 선출되지 않은 개인이 불완전한 정치 과정을 통해 선출된 정치인들보다 일반 사람들을 대신하여 행동할 더 큰 권리를 가진다는 전제에 기초해 있다. 스스로 선택한 시민단체 네트워크로부터 위임된 권한을 끌어내는 환경운동가들은 선출된 정치인들보다 훨씬 더 협소한 유권자를 대변한다."8

푸레디는 이런 결론으로 책을 끝맺는다. "소비자 행동주의의 문제는 단지 반민주적 에토스만이 아니다. 소비자 행동주의는 영국인의 무관심 위에서 번성하고 있다. 그것은 전문 활동가의 역할을 끌어올리고, 정치를 로비와 과두제적 네트워킹의 체계로 변형시키고 있다. 비록 그것이 사회에 만연되어 있는 사회적 비참여의 원인은 아니지만, 정치적 삶을 더더욱 전문화시킴으로써 현 상태의 영속화에 일조한다. 그 결과가 바로 종래의 불완전한 의회민주주의보다 훨씬 더 제한적인 과두제적 형태의 정치이다."2

손가락으로 달을 가리키는데, 손가락에 시비를 걸 일은 아니다. 하지만 모든 경우에 늘 그렇게 해야 하는 건 아니다. 어떤 주장이 어떤 맥락에서 나온 것인지를 알기 위해 손가락을 살펴보는 것도 필요할 때가 있다. 푸레디는 1978년에 창설되었다가 1997년에 해산된 영국 혁명적 공산당Revolutionary Communist Party의 창당 발기인이었다.10 그런 경력이 문제가 된다는 뜻이 아니다. 그럴 리가 있겠는가! 정치적 소비자 운동에 대한 평가는 각자의 이념적 위치에 따라 크게 달라진다는 걸 말하고자 하는 것이다. 한 사회의 구조와 체제를 혁명적으로 바꾸고자 하는 사람들에게 정치적 소비자 운동은 가소롭기 짝이 없는 난센스일 뿐이라는 건 얼마든지 이해할 수 있는 일이 아닌가. 그런 관점에서 푸레디의 주장을 감상하는 게 좋겠다는 이야기다.

"소비자의 자유는 동물원의 하마와 같은 자유"

이번엔 독일로 건너가보자. 독일 사회심리학자 하랄트 벨처Harald Welzer는 『저항 안내서: 스스로 생각하라』에서 '시장의 윤리화', '소비의 윤리학', '전략적 소비' 등과 같은 개념이 유행하며, 정치적 '시민'과 구분되는 정치적 '소비시민consumer citizen'이라는 개념까지 등장했다고 밝힌다. 그는 일정 부분 그 가치를 인정하면서도 전략적 소비의 작용 범위가 과대평가되어 있다고 주장한다. "문제로 된 상황이 사라지면, 예컨대 기업들이 소비자들의 문제 제기를 받아들여 아동 노동을 일삼는 하청업체와의 계약을 파기하면, 소비자들은 가지고 싶은 물건에 대해 스스로 부과했던 구매 포기의 시간이 지나간 것을 기뻐하며 즐거운 마음으로 다시 갭을 사서 입고, 나이키를 사서 신고, 애플을 사러 간다."[11]

벨처가 하고 싶은 말은 "소비시민이 시장을 이끌어가는 것이 아니라 시장에 이끌려가고 있을 뿐"이라는 것이다. "그는 아무것도 스스로 만들어내지 못하고, 누군가가 이미 만들어놓은 것들 사이에서 이리저리 선택할 수 있을 뿐이다. 전략적이며 책임 있는, 그리고 정치적이며 윤리적인 소비는 하나의 이데올로기로 작용하기 어렵다. 비유하자면 그것은 이 사육사에서 저 사육사에게 자신을 맡기는 동물원의 하마와 같은 자유나 마찬가지다."[12]

이어 벨처는 "소비자 선택이라는 수단을 통해 시장에 영향력을 행사하고 있다는 믿음은 저마다의 국민이 모두 동등한 주권을 지니고 있다는 민주주의의 원리를 시장에서 실현하고 있다는 착각을 불러일으킨다"며 이렇게 말한다. "하지만 윤리적 소비든 전략적 소비든 시장의 불평등성에서는 결코 예외가 되지 못한다. 영향력을 행사할 수 있다 하더라도, 큰 구매력을 가진 자는 큰 영향력을 행사하고 작은 구매력을 가진 자는 작은 영향력을 행사할 수 있을 뿐이다. 이처럼 모든 소비시민이 결코 동등한 권리를 가질 수는 없다는 점에서, 정치적으로 동등한 주권을 가진 시민과 소비시민은 구별될 수밖에 없다."[13]

캐나다 정치학자 피터 도베르뉴Peter Dauvergne도 『저항주식회사: 진보는 어떻게 자본을 배불리는가』에서 "소비자 운동의 확산은 역설적인 효과를 가져온다"며 "기업에 판매량을 늘리고 브랜드 가치를 높이기 위해서는 사회적·환경적 대의명분을 찬탈해야 한다는 신호를 보내고 있는 것이다"고 개탄한다. 그는 "책임의 개인화와 소비자 운동은 사회운동을 공동체의 경험에서 또 하나의 시장 교환 활동으로 바꿔놓고 있다"며 "이는 결국 문제의 사회구조적 원인에 의문을 갖거나 이의를 제기하는 것을 막는다"고 주장한다.[14]

도베르뉴는 전반적인 소비자 운동의 전망에 대해 낙관적인 사람들을 향해 "시장에서 형성된 연대와 개인성은 자본주의의 헤게모니와 그 정치 및 사회적 삶에 맞서지 못한다"고 반박한다. "오히려 개인을 고립시키고 사회를 원자화하며 운동가의 요구와 운동의 급진적 형태를 제한한다. 이런 환경에서는 타협적인 의제를 가진 온건하고 엄청나게 관료화된 캠페인 조직은 번성하지만, 대립각을 세우는 직접행동 방식의 운동은 약화되는 경향을 보인다."[15]

벨처와 도베르뉴의 주장은 꽤 그럴듯하다. 지역사회와 작업장의 결사가 꾸준히 쇠퇴하는 가운데 그걸 정치적 소비자 운동으로 대체하는 게 과연 옳으냐는 문제 제기와 더불어 이른바 '저항의 상업화'에 대한 비판에 대해 이의를 제기하긴 어렵다. 아니 지금까지 제시한 모든 반론은 원론적으론 다 옳다고 볼 수도 있다. 나 역시 정치적 소비자 운동에 대한 낙관적인 전망에 대해선 동의하지 않을 뿐만 아니라 냉소적인 자세를 취한다. 문제는 "가만있을 순 없으니 뭐래도 해보자"고 나선 사람들에게 "그렇게 쉽고 편한 걸 하지 말고, 이렇게 어렵고 힘든 일을 해야 한다"고 말하는 것에 대한 문제 제기도 필요하지 않겠느냐는 게 나의 입장이다.

'구별 짓기'와 '과시적 환경보호'

정치적 소비자 운동에 동의하고 참여했다 하더라도 모두가 다 한마음 한뜻은 아니다. 참여의 동기와 활동 양상은 매우 다양하다. 그 유형을 분류하는 연구들도 나오고 있지만,[16] 아마도 가장 화제가 되고 논란이 되는 건 '구별 짓기'와 '자기과시적 목적'의 참여가 아닌가 싶다.

프랑스 사회학자 피에르 부르디외Pierre Bourdieu, 1930~2002가 말한 '구별 짓기distinction'는 사람들이 자신의 계급이나 지위에 따른 사회적인 구별을 확실히 하고 서로 구분되는 인지認知 양식을 확보하기 위해 사용하는 전략을 가리킨다. 좀 쉽게 말하자면, 사람들이 명품을 좋아하는 이유가 바로 자신의 계급이나 지위를 돋보이게 만드는 구별 짓기를 위한 것이다. 그런 구별 짓기를 위해 정치적 소비자 운동에 참여하는 사람들도 있다는 정도로 이해하면 되겠다.[17]

미국 행동경제학자 스티브 섹스턴Steve Sexton과 앨리슨 섹스턴

Alison Sexton은 경제학자 소스타인 베블런Thorstein Veblen, 1857~1929이 말한 '과시적 소비conspicuous consumption'에서 따온 '과시적 환경보호'라는 개념을 제시했다. 소비자들이 환경친화적 제품을 소비하는 이유 중 하나가 환경친화적 성향을 남들에게 드러내 보이기 위해서라는 것이다. 이는 구별 짓기의 한 유형으로 보면 되겠다.

이들은 이를 살펴보기 위해 도요타 자동차의 하이브리드 모델인 프리우스의 구매 행위에서 그런 과시적 효과를 찾아냈다. 이들의 연구에선 사회·문화적으로 환경친화적인 가치를 높게 인정하는 지역일수록 타 브랜드의 하이브리드 차량보다 독특한 디자인으로 하이브리드 차량으로 구별되기 쉬운 프리우스의 매출이 높다는 사실이 발견되었다. 이와 같이 타인에게서 윤리적이고 사회친화적인 사람이라는 인정을 받기 위한 과시적인 소비 행위가 나타나는 현상을 가리켜 '프리우스 효과Prius Effect'라는 말도 생겨났다.[18]

경북대학교 경제통상학부 교수 최정규는 "손바닥도 마주쳐야 소리가 나는 법"이라며 '프리우스 효과'의 의미를 이렇게 해석한다. "누군가의 구매나 소비 행위를 통해 자신이 어떤 사람인지, 자신의 성향이 어떤지를 드러내고자 할 때, 다른 사람도 그에 맞장구를 쳐줄 수 있어야, 사회친화적 행동은 퍼져나갈 수 있을 것이다. 그러한 점에서 올바른 행동을 칭찬하고 그릇된 행동에 비난의 눈초리를 보내는 것도 사회친화적 행동을 지지하는 힘일 수 있겠다."[19]

그렇게 볼 수도 있겠지만, '프리우스 효과'는 정치적 소비자 운동에 다소 복잡한 문제를 제기한다. 2007년 봄 한 조사에 따르면, 미국에서 프리우스 구입자의 절반 이상이 프리우스의 구입 동기로 "내가 어떤 사람인지를 말해준다it makes a statement about me"는 걸 들 었다.[20] 환경보호 그 자체보다는 "나, 이런 사람이야"라는 걸 많은 사람에게 보여주거나 남들에게 좋은 인상을 주기 위해 하는 환경 친화적 소비 행위는 그런 과시 효과가 없을 땐 나타나지 않았다.[21]

'과시적 환경보호'는 자신의 지위와 평판을 돋보이게 만들기 위 해 남들에게 보내는 신호인 셈인데, 그 신호의 비용이 크기 때문에 값비싼 신호라고 할 수 있다. 이런 설명 방식을 '값비싼 신호 이론 costly signaling theory'이라고 한다.[22] 값비싼 신호의 용도로 하는 환경 보호 행위를 어떻게 보아야 할지 헷갈리긴 하지만, 현실 세계에선 의외로 이런 유형의 정치적 소비자 운동에 참여하는 사람도 많다 는 걸 이해해둘 필요가 있겠다.

행동의 도덕적 가치는 결과가 아니라 동기에 있는가?

과시적 목적을 가진 정치적 소비자 운동은 이른바 '도덕적 면허 효 과moral licensing effect'라는 역효과를 낳을 수도 있다. 사람이 선행이 나 도덕적 행동을 하면, 도덕성에 대한 자기 이미지self-image가 강해 지는데, 이런 긍정적 자기 이미지는 자기 정당화의 방편으로 사용 될 수 있다. 즉, 이미 착한 일을 많이 했기 때문에, 이 정도 나쁜 일 은 괜찮다고 생각하는 심리를 갖게 된다는 이야기다. 이게 바로 도 덕적 면허 효과다. 예컨대, 영국과 미국 학자들이 '포천 500대 기업'을 대상으로 연구한 결과에 따르면, '기업의 사회적 책임Corporate Social Responsibility'을 위해 투자를 많이 했던 기업들이 나중에는 무책임한 행동을 하는 것으로 밝혀졌다.[23]

논란의 소지는 있지만, 나오미 클라인Naomi Klein과 같은 운동가들에 대한 비판자들도 '도덕적 면허'의 혐의를 제기한다. 그런 비판은 클라인이 위선자라고 꼬집는다. 그녀는 거대 미디어를 비판하고 브랜드에 반대하면서도 캐나다의 가장 큰 국제 미디어인『Globe and Mail』에 칼럼을 쓰고, 자신의 책을 거대 다국적 출판사에서 내고, 브랜드 딱지를 떼긴 하지만 브랜드 옷을 사 입는다는 이유 때문이다. 그러나 그녀는 그런 모순은 불가피하다며 자신은 개의치 않고 편안하게 여긴다고 밝혔다.[24]

이른바 '리무진 리버럴limousine liberal'이나 '강남 좌파'의 그런 이중성에 대한 비판은 많지만, 이건 별도의 논의가 필요한 복잡한 문제이니 다른 기회로 미루기로 하자.[25] 중요한 건 환경보호 등과 같은 사회적 가치에 아무런 관심이 없는 청년층일지라도 과시적 효과에 끌려 정치적 소비자 운동은 물론 기부, 자원봉사, 청원 서명 등과 같은 활동에 참여하기도 한다는 점이다.[26] 크게 보자면 이는 반겨야 할 일이지 비판할 일은 아닌 것 같다.

정치적 소비자 운동의 흐름을 간파한 기업들은 소비자들에게 매출액의 일정 부분을 사회 공헌을 위해 기부한다고 강조하는 마케팅을 발 빠르게 전개하고 있는데, 이건 어떻게 보아야 할까? 영국 사회학자 스탠리 코언Stanley Cohen은『잔인한 국가 외면하는 대중:

왜 국가와 사회는 인권 침해를 부인하는가』에서 "이런 방법은 이기적인 회피 전략에 불과하다. 기부자는 현실을 부인하면서 그와 동시에 자기가 자선을 베푼다는 식으로-문화적으로 승인된 자기기만-마음 편하게 행동할 수 있다. 기업은 죄의식을 덜 수 있는 돈을 기부하면서 손쉽게 대중의 평판을 얻을 수 있다"고 비판하면서도 이런 타협책을 제시한다.

"그런데, 나는 이러한 기금조성 방식을 나 스스로는 눈감아줄 만하다고 생각한다. 그런 단체들이 더러운 사업에 직접 연루되지 않은 이상, '마음의 경찰'을 불러내 사람들의 기부 동기를 꼬치꼬치 캐묻고 검열할 필요는 없다고 생각한다. 그들이 평화로운 마음으로 기부할 수 있도록 내버려두자."[27]

나는 내버려두는 정도를 넘어서 장려할 일이라고 생각한다. 나는 '순수'를 별로 믿지 않으며, 어떤 행동의 도덕적 가치는 그 결과가 아니라 동기에 있다고 주장한 이마누엘 칸트Immanuel Kant, 1724~1804의 주장에 동의하지 않을 뿐 아니라 황당하다고 생각하기 때문이다.[28] 물론 동기를 따지는 건 중요하지만, 우리 인간의 동기는 복합적인 것으로 무슨 수학 문제처럼 선명하게 판단할 수는 없다고 보기 때문이다. 이거야 인간관이나 인생관의 차이에 따라 달리 생각할 수 있는 문제이니, 각자 알아서 판단하도록 하자.

소비문화에 반대하는 '문화 방해'

미셸레티는 2008년 정치적 소비자 운동의 3가지 형식으로 보이콧 팅, 바이콧팅, 논변적 운동discursive political consumerism을 제시했는데, 논변적 운동의 대표적 사례로 말·글·퍼포먼스 등으로 반反소비주 의적 사회정의를 추구하는 '문화 방해culture jamming'를 꼽았다.[29] 그 는 2010년에 쓴 글에선 '비건vegan(엄격한 채식주의자)'으로 대표되는 '라이프스타일 운동lifestyle political consumerism'을 추가했다.[30]

미주와 유럽의 몇몇 나라에서 실행된 '소비 파업' 운동은 매번 일과성의 해프닝으로 끝나고 말아 정치적 소비자 운동의 범주에 넣긴 어렵지만, 정치적 소비자 운동이 범지구적 차원에서 고려될 수도 있다는 가능성을 제시해준 의미는 있다고 할 수 있겠다. 이 운 동은 기후 온난화, 해양 오염, 물자 낭비를 막기 위한 행동에 동참 하기 위해 최소한 1년 동안은 꼭 필요한 것 이외에는 아무것도 사 지 말자는 운동이니, 애초부터 실천 가능성을 염두에 두지 않은 '의 제설정용' 운동이었다고 할 수 있겠다.[31]

대부분의 정치적 소비자 운동은 보이콧팅과 바이콧팅 중심으로 이루어지고 있지만, '문화 방해'는 앞으로 주목할 만한 운동 양식이 다. 이 문화 방해를 소개하는 것으로 제7장은 마무리 짓기로 하고, 제8장에서 한국의 정치적 소비자 운동에 대한 개괄적 논의로 들어 가보도록 하자.

프랑스 사회학자 질 리포베츠키Gilles Lipovetsky는 소비사회를 비판 하는 이들은 위선자에 불과하다고 주장한다. 그는 "소비가 행복과 동일하다고는 할 수 없지만, 소비가 실질적 만족감을 주는 원천이 될 수 있는 건 분명하다"고 말한다.[32] 하지만 그런 '만족감'이 야기하는 사회적 차원의 문제에 주목해 소비사회 자체를 비판하는 사람들도 있다. 그들이 바로 '문화 방해' 운동을 하는 사람들이다.

'문화 방해'의 사상적 뿌리를 캐자면 제1차 세계대전 중 유럽과 미국에서 일어난 다다이즘Dadaism과 1960년대 프랑스에서 꽃을 피운 상황주의Situationalism로 거슬러 올라간다. 무정부주의 성향을 예술운동에 적극 수용한 다다이즘과 상황주의의 영향을 받은 문화 방해는 소비문화의 지배를 받는 인간 의식을 온전하게 회복하는 것을 목표로 삼는다.[33]

culture jamming은 미국 샌프란시스코의 오디오 콜라주 밴드인 네거티브랜드Negativland가 처음 사용한 용어인데, 이는 기존 캐릭터의 표절이나 패러디를 자랑으로 여긴 해적 라디오 방송의 '라디오 방해 전파'라는 아이디어에 근거하고 있다.[34] 이 밴드는 1984년 〈JamCon '84〉라는 앨범에서 "미디어가 우리가 사는 환경에 어떻게 영향을 미치고, 지배하는가에 대한 인식으로, 우리는 저항한다.…… 교묘하게 재생산된 광고판은 보는 이에게 원래의 기업 전략을 통찰할 수 있게 해준다. 문화 방해꾼에게 있어서 작품을 만드는 스튜디오는 세계 그 자체이다"고 주장했다.

이어 문화비평가 마크 데리Mark Dery는 1993년에 출간한 『문화 방해: 기호의 제국에서 찍기, 자르기, 저격하기Culture Jamming: Hacking, Slashing, Sniping in the Empire of Signs』라는 팸플릿에서 이 용어

를 좀더 구체화했다. 그에 따르면, 원래 '방해jamming'가 햄 라디오
의 소음을 통한 행위를 일컫는 것이었다면, 문화 방해는 기호의 조
작을 통해서 '동의consent'를 만들어내는 행위를 가리킨다.[35]

이후 culture jamming이라는 말을 널리 유행시킨 이는 에스토니
아 출신 캐나다 작가이자 운동가인 칼레 라슨Kalle Lasn이다. 반反세
계화 운동가인 나오미 클라인은 자신의 베스트셀러인『노 로고No
Logo』에서 문화 방해에 한 장章을 할애해 자세히 소개함으로써 이
운동을 널리 알리는 데에 기여했다.[36]

왜 비쩍 마른 모델 사진 위에 해골을 그려넣는가?

라슨은 슈퍼마켓 주차장에서 쇼핑 카트를 꺼내기 위해 동전을 넣
어야 하는 것에 화가 나 찌그러진 동전을 쑤셔 넣어jamming 작동하
지 못하게 했다. 이게 그가 벌인 최초의 문화 방해다. 그는 2000년
에 출간한『문화 방해Culture Jam』에서 소비주의consumerism를 현대사
회의 근본적 악으로 규정했으며, 2005년에 출간한『디자인 아나
키Design Anarchy』에선 그래픽 디자이너들에게 자본을 위해 일하지
말고 사회적·환경적 책임을 이행하는 데에 기여하는 새로운 미학
적 관점을 갖자고 요청했다. 그는 2011년 9월 '월가 점령Occupy Wall
Street' 운동의 최초 주창자들 중 한 명이다.[37]

이 정도면 라슨을 비롯한 문화 방해 운동가들은 좌파임이 분명
함에도 라슨은 자신들이 좌파가 아니라고 주장한다. 대다수의 문화

방해꾼은 좌파 사상의 세례를 듬뿍 받았지만, 무너진 공산주의 국가들의 환경파괴 등과 같은 참상을 보면서 좌파라는 신념을 내팽개쳤다는 것이다. 라슨은 다음과 같이 주장한다.

"현재 우리가 직면하고 있는 중대한 쟁점은 좌파적이거나 우파적인 것도 아니고, 남성적이거나 여성적인 것도 아니며, 흑인 또는 백인에 관한 것도 아니다. 새로운 밀레니엄의 운동가들이 극복해야 하는 것은 낡은 정통성과 온갖 '주의'와 신성불가침한 것들을 과감하게 버릴 수 있는 용기의 회복, 그리고 '존재하는 모든 것을 가차없이 비평'하겠다는 의지다."[38]

라슨은 캐나다 방송CBC에서 일하다 임산업을 비판하는 30초짜리 광고를 방영하려 했다는 이유로 해고당하자 1989년부터 애드버스트 미디어 협회란 단체를 만들어 활동하면서 반反소비주의 잡지 『애드버스터즈Adbusters』를 창간했다. 이 단체는 '아무것도 사지 않는 날Buy Nothing Day'이나 'TV 안 보는 주간TV Turn-Off Week' 등과 같은 캠페인을 벌이기도 했다.[39]

잘못된 광고가 얼마나 인간과 자연환경을 파괴하는지에 대해 관심을 갖고 그러한 광고를 찾아 방영 반대 운동을 하는 사람들을 가리켜 애드버스터즈adbusters라고 한다. 이들은 사회의 진보적 변화를 위해 기업 광고와 기존 미디어 문화의 전복을 시도하는데, 이들의 주요 활동을 advertising을 전복한다고 해서 subvertising(subvert + advertising)이라고도 한다. subvertising(광고 전복)이 culture jamming의 주요 수단인 셈이다.[40]

adbusters는 'ad-busting(광고 부수기)'과 'ad-bashing(광고 때리기)' 등을 통해 광고 메시지에 숨겨진 다양한 모순점을 폭로하고 광고주가 전하는 메시지를 뒤집어놓는다. 예컨대, 옥외광고판의 비쩍 마른 모델 사진 위에 '스컬링skulling', 즉 해골을 그리거나 '먹을 것 좀 주세요'라는 문구를 쓴다거나, 나이키의 옥외광고 슬로건 '저스트 두 잇Just Do It'을 '저스트 스크루 잇Just Screw It(쥐어짜라)'으로 바꾼다거나, 앱솔루트Absolut 보드카 광고 슬로건을 '앱솔루트 난센스 Absolute Nonsense'로 바꿔놓는 식이다.[41]

자주 성공 사례로 거론되는 문화 방해는 1997년 가을 뉴욕에서 일어났다. 담배회사에 반대하는 운동가들이 수백 개의 택시 지붕 광고판의 이용권을 사들여 거기에 유명 담배 이름을 빗대 '버지니아 암흑가Virginia Slime'와 '암의 나라Cancer Country'라는 문구를 내걸었다. 노란 택시들이 교통 정체 때문에 뉴욕 시내 곳곳에 멈춰서면서 성공적인 문화 방해 효과를 거둘 수 있었다.[42]

라슨은 문화 방해 행위를 일본 사무라이들의 격투 기술을 가리키는 유술柔術(주짓수)에 비유한다. "능숙한 단 하나의 동작으로 거인을 쓰러뜨릴 수 있다. 다름 아닌 적의 움직임을 이용하는 것이다." 상황주의에서 큰 영향을 받은 라슨은 상황주의자들이 애용하던 용어인 '우회 또는 전용détournement'에서 그런 방법론을 가져왔다. "문자 그대로 '돌아가기'를 뜻하는 '우회'는 스펙터클로 전락해버린 이미지, 환경, 분위기, 행사 등의 의미를 역전시키거나 전복시키기 위해 방향을 바꾸고, 그 결과 탈환해내는 활동과 관련이 있었다."[43]

"국가는 몰락했고 기업이 새로운 정부가 되었다"

나오미 클라인은 적의 움직임을 역이용하는 그런 전술을 '기호학적인 로빈후드주의semiological Robin Hoodism'라고 부르면서, 운동가들의 필독서라고 할 수 있는 솔 알린스키의『급진주의자를 위한 규칙 Rules for Radicals: A Pragmatic Primer for Realistic Radicals』(1971)에서 그 근거를 찾는다. 알린스키는 '대중적 정치 유술'에 대해 "권력구조의 한 부분의 힘을 다른 부분에 가하는 것이다.……즉 권력을 가진 자들의 폭력이 그들에게 되돌아오게 만든다"고 했다.44

예컨대, 반反노동 착취anti-sweatshop 운동은 바로 그런 문화 방해 전략의 이치를 적극 활용해 노동착취를 하는 기업의 브랜드 취약성brand vulnerability을 집중 공격한다. 기업으로선 브랜드를 소중한 자산으로 여겨 엄청난 투자를 했는데, 그걸 조롱조로 공격해대니 죽을 맛이다. 나오미 클라인은 이를 '브랜드 부메랑brand boomerang'이라고 불렀다.45

문화 방해는 기업이 가장 강력한 권력으로 등장한 시대의 몸부림일지도 모르겠다. 미국의 노동운동가인 트림 비셀Trim Bissel은 스타벅스의 무한 팽창과 나이키 등의 공격적인 마케팅이 반기업 운동이 성장할 수 있는 분위기를 조성했다며 다음과 같이 말한다.

"기업들은 극단적인 마케팅으로 모든 거리와 사람들에게 자신의 이미지를 새겨넣어, 오히려 사람들의 거부감을 불러일으키고 있다. 또한 사람들은 문화를 파괴하고, 대량생산되는 기업의 로고와 슬로건이 문화를 대체하는 현상을 불쾌하게 생각한다. 이는 일종의 문화적 파시즘과 같다."[46]

그런데 문제는 문화 방해 수준의 운동으로 그런 현실을 바꿀 수 있겠는가 하는 것이다. 운동 내부에서도 소비문화의 대안을 제시하지 못했다는 성찰이 나온다. 거의 모든 문화 방해 행위를 관통하는 한 가지 공통점은 유머, 웃음, 재미 요소를 갖고 있다는 점인데,[47] 그래서 일종의 유희가 아니냐는 지적도 나온다. "국가는 몰락했고 기업이 새로운 정부가 되었다"고 말하는 캐나다 몬트리올의 반反기업 운동가 재기 싱Jaggi Singh은 이렇게 토로한다. "문화 방해란 그들의 규칙으로 게임을 하는 것이다. 그리고 우리는 모든 광고판을 뒤덮을 수 있는 자원과 시간이 없다. 그들은 모든 것을 흡수하기 때문에 우리에게 절대적으로 불리한 게임이다. 결론은 뻔하다. 그런 광고를 만들고 배포할 돈이 어디 있는가?"[48]

그러나 큰 욕심 내지 않고 문화 방해를 기호학자 움베르토 에코 Umberto Eco, 1932~2016가 말한 '기호학적 게릴라전semiological guerrilla warfare'의 실천으로 이해한다면,[49] 그렇게 개탄만 할 일은 아니다. 문화 방해를 비판적 성인교육critical adult education의 한 형식으로 주목해야 한다는 목소리도 있다.[50] 커뮤니케이션을 공부하는 사람으로선 문화 방해를 미디어 교육에 적극 활용할 필요가 있다는 제안이 가장 가슴에 와닿는다. 문화 방해가 유머, 웃음, 재미 요소를 갖고 있으니, 이보다 더 좋은 교재가 어디에 있겠는가 말이다. 물론 웃으면서 재미만 찾지 말고 "기존 소비문화, 이대로 좋은가?"라는 성찰까지 치열하게 한다면 더욱 좋을 것이다.

제8장

왜 소비자의 이미지는
'윤리'보다는 '갑질'인가?

———★★★★☆———

한국의 정치적 소비자 운동

'내 살림 내 것으로', '조선 사람 조선 것'

최근 일본 제품 불매운동 와중에서 수원시는 일제 사용과 일본 여행을 거부하는 '신新물산장려운동'을 선언했다. 그만큼 각오를 단단히 하자는 좋은 뜻으로 일제강점기의 물산장려운동을 다시 소환한 것이겠지만, 그때나 지금이나 한국이 열세라는 점에선 씁쓸하다. 본격적인 정치적 소비자 운동으로선 한국 최초라고 할 수 있는 물산장려운동은 어떤 운동이었던가?

물산장려운동의 기원은 최진을 비롯한 몇몇 사람이 서울에서 물산장려주식회사를 설립한 1919년 가을로 거슬러 올라간다. 평양에서는 조만식, 김동원 등 기독교인이 중심이 된 50명이 1920년 7월

물산장려회를 설립했다. 조선 상품을 구입하자는 운동이었다. 이 운동이 소기의 성과를 거두지 못하자 『동아일보』는 1922년 11월 1일, 12일, 13일자 사설을 통해 운동의 불씨를 다시 지피고 본격적인 캠페인에 착수했다.[1]

1923년 1월 9일 지식인, 학생, 사업가, 언론인을 포함한 20개 조직의 연합체가 조선물산장려회 발기 준비회를 조직하고, 1월 20일 창립 총회를 개최했다. 조만식도 전 민족적인 물산 운동 조직에 합류했다. 조선물산장려회는 자급자족, 국산 장려, 소비 절약, 금주, 금연 등의 강령을 채택하고, 구정이었던 1923년 2월 16일을 물산장려일로 지정했다. 이 운동은 1923년 여름에 절정에 달했다.[2]

『동아일보』는 '내 살림 내 것으로', '조선 사람 조선 것' 등의 표어 현상 모집으로 대중들의 관심을 고취하는 조선청년연합회의 계몽 활동을 비롯해 조선물산장려회의 활동에 대해 적극 보도함으로써 사실상의 물산장려운동 주체로 활약했다.[3]

사회주의자들은 '중산계급의 이기적 운동'이라는 이유로 물산장려운동에 비판적 자세를 취했다.[4] 이에 『동아일보』는 사설을 통해 계급적 분열보다 민족적 단결을 촉구하고 나섰다. 이승렬은 이 신문이 1923년 1월에서 3월 사이에 여러 차례 내보낸 사설의 주장은 크게 보아 다섯 갈래로 분류될 수 있다고 했다.

그것은 ① 일본 사람의 자본주의하에서 조선 사람의 생산력이 발달하기 위해서는 조선 사람은 유산·무산을 막론하고 대동단결해 조선 사람이 제작하는 물품을 사용하자, ② 가격이 싼 외국산 상품 대신 당장은 값이 비싸더라도 '우리 형제'를 먹여 살린다는 의미로 조선 사람이 만든 상품을 구입하라, ③ 국가가 없는 조선 사람은 민족적·민중적으로 이 일에 대처해야 한다, ④ 세계는 민족 대 민족, 국가 대 국가의 대립과 투쟁이 제1의 문제이지, 계급 분열 투쟁이 급한 것은 아니다, ⑤ 물산장려운동의 결과 그 이윤의 대부분이 일부 유산 계급에 농단된다 가정하더라도 조선인의 부력富力이 집중되면 혁명 계단의 대세를 촉진할 수 있다 등이었다.5

실패로 돌아간 조선물산장려운동

그러나 물산장려운동에 앞장서는 신문이 일본 상품 광고로 먹고 살 수밖에 없는 현실은 이 운동이 갖는 근원적인 한계를 시사했다. 『동아일보』는 1923년부터 일본 상품의 광고가 조선 상품의 광고보다 많아졌고, 1924년에 전체 광고의 64.2퍼센트로 증가하면서 그 이후에는 약 70퍼센트를 차지했다.6 임옥희는 "물산장려운동을 시작한 해부터 『동아일보』에 일본 상품 광고가 더 많이 실렸다는 것은 아이러니가 아닐 수 없다"며 다음과 같이 말했다.

"물론 일본 자본가들이 위기의식으로 인해 더 많은 광고를 실었다고도 할 수 있지만 그보다는 『동아일보』가 더욱 적극적으로 일본 광고를 유치했다. 일본 독점자본은 판매 전략으로 조선 신문을 이용했고 『동아일보』는 광고 수입을 위해 일본 상품 광고를 게재했다. 그러면서도 『동아일보』는 조선인 고객이 종로 근처는 돌아다보지 않는다고 우려했다. 일본 상품을 사라는 광고로 조선인들을 실컷 유혹해놓고서는 그 조선인들이 종로에 등을 돌린다고 우려하는 『동아일보』의 태도 자체는 대단히 양가적이다. 그러니 물산장려운동은 시작부터 실패할 수밖에 없었다. 그렇다면 그것이 물건에 현혹된 일부 여성들의 탓이라고 돌릴 수 있을까?"[7]

조선물산장려운동은 1923년 1년간은 활동이 활발했지만, 일제의 탄압으로 1924년 이후 활동이 거의 없다가 1929년부터 다시 활성화되었다. 그러나 일제의 탄압으로 1934년부터 명맥만 유지하다가 1940년 8월엔 일제의 강압으로 완전 해산되고 말았다.[8]

중간에서 폭리를 취하는 중간 상인에 의한 시장질서의 왜곡도 물산장려운동의 열기를 식게 만든 이유 중의 하나였다. 물산장려운동 주도 세력은 민족적 명분만을 민중에게 강요하고 '우리 것'을 '사라'고 외쳐댈 뿐이었지 민중의 신뢰를 얻기 위한 노력을 하지 않았다.[9]

운동 지도부는 영국 상품의 불매운동을 편 인도의 스와데시 운동Swadeshi Movement을 물산장려운동으로 해석하면서 주목하기도 했다. 『조선일보』 1923년 2월 1일자 사설은 "본국 산물을 장려하고 영국의 상품을 배척하여 독립을 성취할 수 있을지 의문"이라면서도 "경제적 자립을 완전히 기망期望할 수 있으면 동시에 정치적 독립도 이를 토대로 이룰 수 있으리라"고 전망하면서 "그 목적을 관철하여 조속히 평화로운 낙원에서 춤추고 노래하라"고 했다.[10]

조선과 인도의 이런 유사성 때문에 일제는 그런 비교 자체를 못

마땅하게 여겼다. 『동아일보』 1927년 12월 4일자에 따르면, 한 공립보통학교의 학생이 지리 시간에 "인도는 조선과 같습니까?"라고 질문을 던졌다가 수업을 진행하던 일본인 교장에게서 무수한 구타를 당하는 일까지 벌어지기도 했다.[11]

민족주의 열기에 편승한 '애국 마케팅'

돌이켜보건대, 일제감정기의 조선물산장려운동은 식민지 조선의 처지를 말해주는 가슴 아픈 운동이었다. 해방 후에도 1960년대에 이르기까지 그야말로 먹고살기 바빴던 시절이 워낙 길어 이렇다 할 정치적 소비자 운동은 일어나지 않았으며, 애국주의적인 국산품 애용 운동과 그에 따른 외제상품 배격운동이 전부였다고 해도 과언이 아니다.

어느 정도 경제성장이 이루어지고 한국소비자연맹이 결성된 1970년대에 들어서 정치적 소비자 운동의 성격을 조금이나마 갖고 있는 운동이 산발적으로 전개되었다. 1970년 비소가 든 소다를 먹고 연쇄 참사를 당한 '소다 사건', 1971년 공업용 석회를 사용한 '횟가루 두부 사건', 1978년 '경산사료 사건', '번데기 식중독 사건', 1979년 '수입 고춧가루 타르 색소 검출 사건', '서울적십자병원 질소 사건' 등을 들 수 있다. 오늘날의 기준에 비추어 정치적 소비자 운동으로 부를 수 있는 최초의 본격적인 사건은 1991년 두산전자의 낙동강 페놀 유출 행위에 따른 두산 제품 불매운동이었다.[12]

정치적 소비자 운동은 민족주의·애국주의 문제를 제외하고 후진국이나 개발도상국가에선 일어나기 어려운 운동이다. 한국에서 정치적 소비자 운동은 21세기부터 활성화되지만, 그 이전이나 지금이나 변함없이 뜨거운 열기를 자랑하는 운동은 한일 관계가 악화될 때마다 일어나는 '반일 운동으로서의 정치적 소비자 운동'이다.

　　그런 상황에서 기업들은 이른바 '애국 마케팅'을 시도하는 경우가 많다. 예컨대, 1994년 TV에 방영된 한 광고는 번화가에서 치마저고리를 입고 서 있는 '정신대' 여성을 비추었다. 그러다 "역사는 되풀이될 수도 있습니다. 정복당할 것인가 정복할 것인가"라는 내레이션과 함께 브랜드의 로고가 등장하며 광고가 끝나는 형식이었다.[13] 1995년 27세 청년 이재웅은 토종 포털사이트 '다음'을 만들면서 이런 광고 슬로건을 내걸었다. "이순신 장군님, 야후는 다음이 물리치겠습니다."[14]

　　최근의 일본 제품 불매운동 상황에서도 '애국 마케팅'이 붐을 이루었는데, 이는 소비자의 바이콧을 유도하기 위한 마케팅이라고 할 수 있겠다. 『한겨레』의 「광복절 맞아…1년 만에 부활한 '애국 마케팅'」이란 기사에 따르면, 속옷 업체 '좋은사람들'의 브랜드 '예스'는 8월 14~15일 전국 70여 개 점포에 태극기를 걸었으며, 이랜드리테일은 자사 관련 해시태그를 담은 태극기 게양 인증 사진을 SNS에 올리면 건당 815원을 독립유공자유족회에 기부하는 행사를 진행했고, 디저트 업체 설빙은 자사 SNS 계정을 팔로우한 뒤 태극기 게양 사진을 올린 누리꾼 74명을 대상으로 1만 5,000원짜리 모바일

쿠폰을 제공했다.

이런 '태극기 마케팅'과 더불어 광복절 기념 의류·소품 등의 제품도 다양하게 출시되었다. 아디다스는 1988년 서울올림픽 30주년을 맞아 2018년 출시한 태극 문양 운동화('울트라 부스트 1988년 서울')를 다시 판매했고, 모나미는 광복절 패키지에 이어 11번가와 모나미몰을 통해 '153 무궁화'를 판매했다. 신성통상 '탑텐'도 '1945' 등 문구를 새긴 티셔츠 1만 장을 판매했다. 독립운동 역사를 재조명하거나 한국 업체를 지원하는 형식을 띤 상품도 나왔다. '일본 편의점' 딱지 떼기에 주력한 세븐일레븐은 자체 브랜드 커피 구매 소비자 7명을 대상으로 중국 하얼빈 역사 문화 탐방을 기획했으며, 위메프는 국내 중소 상공인 제품을 15퍼센트 할인 판매하는 '위아더코리아' 기획전을 진행하면서, 광복절 당일에는 30퍼센트까지 할인 폭을 확대했다.

일본 제품 등 불매운동을 펼치는 소비자들을 노골적으로 겨냥한 행사를 진행한 업체들도 나왔다. 안마의자 업체 바디프랜드는 일본 제품을 사용 중인 고객이 자사 제품을 대여·구매할 경우 일정 금액을 지원하기로 했으며, 치킨 프랜차이즈 또봉이통닭은 6~8월 일본 여행권, 숙소 등을 취소한 고객을 추첨해 자사 제품 이용권 등을 주기로 했다. 한 업계 관계자는 "일본 여행 취소 등으로 금전적 부담을 안게 된 소비자를 위로하는 차원이라곤 하지만, 기업이 전면에 나서서 불매운동을 부추기거나 편승하는 방식은 일본산 불매운동에 동참하지 않는 소비자를 배제하는 신호가 될 수 있고, 노골적인

마케팅으로 반감을 살 수도 있다"고 보았다.[15]

노무현, "권력은 시장으로 넘어갔다"

정치적 소비자 운동은 개발도상국가에선 소득 수준이 높은 사람들 사이에서만 일어난다. 실제로 독일과 브라질의 정치적 소비자 운동을 비교 분석한 연구에 따르면, 브라질에선 독일과는 달리 소득 수준의 영향을 많이 받는 것으로 나타났다.[16] 서구에서도 정치적 소비자 운동에 참여하는 사람들 중엔 고학력·고소득자가 비교적 많았다.[17]

국가별로 정치적 소비자 운동이 가장 활발한 곳은 스칸디나비아 국가들인데, 전체 인구의 절반 정도가 정치적 소비자들이다. 스웨덴은 60퍼센트나 된다. 같은 유럽이라도 남부 유럽은 10퍼센트대에 머무르며, 포르투갈은 8퍼센트로 가장 낮다. 미국은 북유럽 다음으로 전체 인구의 거의 절반이 정치적 소비자 운동에 참여한 적이 있는 걸로 나타났다.[18] 북유럽이나 미국보다는 덜할망정 한국에서도 21세기 들어 정치적 소비자 운동에 참여하는 사람이 크게 늘고 있다.

2005년 노무현 대통령은 대기업 총수들과 첫 만남을 가진 이후, "권력은 시장으로 넘어갔다"고 말해 진보 진영에서 많은 비판을 받았지만,[19] 그 말은 학술적 진술로는 더할 나위 없이 정확한 진술이었다. 정치적 소비자 운동은 후기 자본주의 사회에서 권력이 정치에서 시장으로, 생산에서 소비로 이동한 것에 따른 시민사회의 자구책으로 보아도 무리는 아니다.

한국에선 2001년 마이클 잭슨 내한 공연 반대 운동,[20] 2008년 언론소비자주권시민연대의 조중동 광고 기업 불매운동,[21] 2008년 미국 쇠고기 수입 반대를 위한 촛불집회, 2011년 가습기 살균제 참사를 야기한 옥시 제품에 대한 불매운동, 2011~2012년 조선·중앙·동아·매경의 종합편성채널(종편) 거부 운동,[22] 2012년 대형마트 영업 규제, 2013년 대리점주를 향한 욕설과 물량 밀어내기로 갑질 논란에 휩싸인 남양유업 제품에 대한 불매운동, 2014년에 다시 벌어진 언론소비자주권시민연대의 조중동 광고 기업 불매운동과 '나쁜 방송' 광고 불매운동 등 다양한 시도가 있었다. 특히 갑질 기업에 대한 불매운동은 상시적이라고 해도 좋을 정도로 자주 전개되고 있지만, 정치적 소비자 운동이 평범한 시민들의 일상적 관행으로 자리 잡았다고 말하긴 어려운 수준이다.

조정인의 2012년 연구에 따르면, 정치적 소비자 운동과 같은 비통상적 정치 참여 채널에 참여도가 높은 사람은 여성, 청년, 고학력자인 것으로 나타났다. 또 진보적이면서도 선호하는 정당이 없는 사람들의 참여도가 높았는데, 남성과 연령이 높은 시민들에 비해 상대적으로 여성과 젊은 연령층에서 정당 일체감의 결여와 진보적인 정치 이념을 공유하는 것으로 나타났다.[23]

미국과 유럽에 비해 좀 느슨한 기준이긴 하지만, 천혜정이 2014년에 발표한 「정치적 소비 행동 여부에 영향을 미치는 요인」이라는 논문에 따르면, 의도적 구매 행동과 의도적 불매행동에 참여한 적이 있는 소비자를 정치적 소비자로 간주했을 때, 정치적 소비자는 전체 1,067명의 응답자 중 296명(27.7퍼센트) 정도인 것으로 나타났으며, 또한 정치적 소비자 중 의도적으로 구매 행동을 한 소비자(19명, 1.8퍼센트)가 의도적으로 불매행동을 한 소비자(204명, 19.1퍼센트)에 비해 상대적으로 극히 적은 것으로 나타났다. 서구 소비자의 의도적 구매 행동이 상대적으로 더 높은 비중을 차지하고 있는 것과는 다른 양상이다.

이 논문은 한국 사회에 대한 관심도, 정치적 이념 성향, 탈물질주의 성향 등이 정치적 소비 행동과 관련을 가지고 있음을 확인했다. 천혜정은 "한국 사회에 대한 관심이 많고, 정치적으로 진보 성향이 강할수록 정치적 소비자 집단에 속할 가능성이 높다는 결과는 아무래도 진보적이라는 개념이 한국 사회에서 사회개혁이나 변화를 지향한다는 가치와 맞닿아 있기 때문인 것으로 생각된다"며 다음과 같이 말한다.

"정치적 소비주의는 경제성장, 국가 안보, 치안, 현상 중심 등에 중심을 두었던 물질주의적 가치관이 아니라 자기표현, 환경 보전, 공동체 의식 등에 관심을 갖는 탈물질주의적 가치관과 연계되어 있다고 볼 수 있다.……경제성장, 국가 안보, 치안과 같은 가치보다는 자기표현, 환경, 공동체와 같은 가치를 보다 지향하지만 제도나 사회가 이러한 변화를 야기할 수 있다고 믿지 못하는 소비자가 정치적 소비 행동에 더 적극적이라는 점이 나타났다."[24]

기회만 있으면 '갑질'하려는 사람들

그런 변화 추세가 불행 중 다행이긴 하지만, 한국 소비자의 대체적인 이미지는 '정의'나 '윤리'보다는 '갑질'이다. 시민들은 언론에 보도되는 갑질 사건에 대해 분노하지만, 갑질은 '평범'을 모욕하는 지독한 서열 문화로 인해 대부분의 한국인이 내면화한 삶의 가치라고 해도 과언이 아니다. 학생들이 더 나은 대학 서열을 갖도록 하는 데에 집중하는 교육은 사실상 갑질을 가르치고 있으며, 갑을 관계에서 갑이 되고자 하는 열망과 한恨이 한국 발전의 동력으로 작용해온 점도 있기 때문에 교정도 쉽지 않다.<u>25</u>

2010년 미국의 에드 디너Ed Diener 연구팀이 130개 국가를 대상으로 한 조사에 따르면, "하나의 인간으로서 존중받고 있다"고 느끼는 사람의 비율이 미국과 유럽 국가들에선 90퍼센트대에 이른 반면 한국에선 절반밖에 안 되었다.<u>26</u> "절반이나 돼?"라고 놀라움을 표해야 하는 걸까? 이는 우리 대부분이 '갑질'의 가해자일 수도 있다는 걸 말해주는 게 아닐까?

그렇지 않다면, 주유소와 편의점을 찾는 사람들 중엔 을이 훨씬 더 많을 텐데도, 이들 중 종업원들을 '야'라고 부르면서 반말을 하는 사람이 많은 건 어찌 이해해야 하겠는가? "야, 장사 안 해?" "야, 여기 계산 안 해줄 거야?" "야, 요구르트가 다르잖아. 월로 갖다 주란 말이야! 월로! 에이 씨발!" 이런 소리를 들으면서 주유소와 편의점에서 알바로 일했던 한승태는 『인간의 조건: 꽃게잡이 배에서 돼지농장까지, 대한민국 워킹푸어 잔혹사』에서 '갑질 공화국'의 이모

저모를 실감나게 증언하고 있다.

"이들이 단지 나이 때문에 반말을 하는 건 아니었다. 이런 사람들도 화장실 앞에서 (훨씬 어려 보이는) 다른 손님과 부딪치면 점잖은 목소리로 '죄송합니다' 하며 고개를 끄덕였다. 그러나 운전석에 앉기만 하면 주유원에게 육두문자를 날리는 쌍놈의 새끼로 변하는 것이었다. 이런 행태에 익숙해지면 직업엔 분명히 귀천이 존재하며 신분의 차이라는 것 역시 실재한다는 걸 깨닫게 된다."[27]

편의점도 다를 게 없다. 한승태는 "매주 한 번씩 들르는 슈퍼바이저는 접객 관련 불만 신고가 줄지 않는다며 언제나 투덜거렸다. 그는 어떤 손님이 알바와 다툰 일을 회사 홈페이지에 올렸는데 회장님이 그걸 읽으시곤 해당 편의점이랑 계약을 해지하라며 노발대발했다는 이야기를 빼먹지 않고 들려줬다"며 이런 문제에 대해 다음과 같은 해법을 제시한다.

"모든 서비스업 종사자에게 '눈에는 눈, 이에는 이'라고 적힌 어깨띠와 녹슨 못을 박은 각목을 하나씩 지급한다면 손님과 종업원 사이의 싸움이 획기적으로 감소하리라 생각하지만, 서비스업계가 이런 혁신적인 제안을 받아들일 만한 안목을 갖추고 있는 것 같지는 않다."[28]

택시는 어떤가? 그곳이야말로 서민이 서민에게 '갑질'을 하는 대표적인 공간이다. "늙어서 눈길 어두우면 집구석에나 있든가!" "이 영감탱이가 귓구멍이 썩었나? 한 번 이야기했으면 됐지!" "아 재수 없게. 신호 바뀌었어. 그냥 빨리 가! 돈 더 나오면 책임질 거야?"

"에이, 재수가 없으려니 별 지랄 같은 놈 다 보겠네." 이런 언어폭력에 대해 개인택시를 하는 박제호는 "고령화와 조기 퇴직으로 기사들의 나이가 예전보다 더 높아졌다지만 그저 우리는 투명인간일 뿐 참을 수밖에 없다"고 했다. 어떤 이유든 손님이 시청이나 경찰에 일단 신고하면 최소 몇 시간씩 조사를 받아야 하기 때문에 그럴 수밖에 없다는 것이다.[29]

대리기사가 당하는 갑질의 수난은 더 말할 것도 없다. 2014년 12월 운전기사 폭행 총 발생 건수는 354건으로, 하루 10명꼴로 각종 폭행에 시달리고 있었다.[30] 전세창은 '대리기사 수난시대'를 이렇게 풀이한다. "대: 대리운전 대리기사 힘들어서 못 살겠네|리: 이것저것 찾아보다 마지막이 이 길인데|기: 기사들도 인격 있다 함부로들 굴지 마라|사: 사람 위에 사람 없고 사람 밑에 사람 없다|수: 수틀리면 생떼 쓰고 막말에다 하대 하네|난: 난잡스런 주정뱅이 깍듯하게 모셨더니|시: 시덥잖은 주인 행세 네놈들이 상전이냐|대: 대로에서 얻어맞고 이게 무슨 경우더냐."[31]

갑질은 늘 서로 주고받는다. 그래서인지 일부 택시기사의 갑질도 대단하다. 한 30대 여성이 남자 친구와 함께 택시를 탔는데 기사가 "부모 좀 잘 만나지(동네가 후지다)", "할머니구만(나이 많다)", "남의 남자 왜 붙잡냐"는 등 막말을 했다는 사연이 트위터에 올라오자, 막말·성희롱·돌아가기 등 유사 피해 사례가 쏟아졌다.[32]

"커피 나오셨습니다"가 말해주는 감정노동의 극단화

한국이라는 나라는 갑과 을만으로 구성되고 모든 삶의 목표도 갑이 되기 위한 것으로 수렴되는 '갑과 을의 나라'인 것 같다. 갑이 되기 위해 잠시 을 노릇을 하는 정도의 투자는 해야 한다는 식이다. 이름 없는 을들도 을로서의 굴종을 갑이 되기 위한 '와신상담臥薪嘗膽' 전략으로 여길 뿐, 갑을 관계의 주종主從 관행 자체를 없앨 생각은 엄두도 내기 어려운 게 현실이다. 이런 양극화 문법은 우리의 일상적 삶 도처에 만연해 있는데, 이를 드라마틱하게 보여주는 것이 이른바 '감정노동emotion work'의 극단화와 이에 따른 '언어 왜곡 서비스'다.

"주문하신 커피 나오셨습니다. 뜨거우시니 조심하세요." "7,500원이시구요. 호출기 울리시면 건너편으로 오세요." "문의하신 상품은 품절이십니다." "고객 분께서 말씀하신 대로……", "부하 직원 분이 왔었는데……" "부인 분은 이해하시나요?" 커피숍이나 백화점 같은 각종 서비스 업소에서 자주 들을 수 있는 말이다. 물론 틀린 말이다.

이에 대해 김덕한은 "이 정도는 보통이다. 더 터무니없고 섬뜩하기까지 한 '시'의 오용誤用 사례는 넘쳐난다. 최근까지 케이블TV에서 여러 차례 반복 방송된 한 보험회사 광고는 '벌금이 나오셨다구요?'라는 말로 시작된다. 운전자가 과태료를 부과 받게 되면 그 과태료를 보험료로 물어주겠다는 걸 광고하기 위한 것이지만 벌금 부과를 받으'신' 고객이 아닌 벌금 자체에까지 무조건 존대를 하고 본다"며 다음과 같이 말한다.

"그래야 마음이 편한 모양이다. '시'는 행위하는 사람을 존대하는 '주체 존대'에 쓰는 것이기 때문에 돈이나 음료, 심지어 벌금을 높여 표현하는 데 써서는 안 된다는 문법 강의를 하려는 게 아니다. 헷갈릴 수도 있다. 그러나 정도가 좀 심하다. 왜 그렇게 심하게, 사회 전체가 헷갈리고 있을까. '시'에 못지않게 '분'도 전성시대다.……굳이 문법적으로 따지자면 의존명사인 '분'도 '어떤 분', '그분'처럼 꾸미는 말 다음에 쓰는 것이지 명사 다음에 갖다 붙여 쓰는 게 아니다. 이렇게 마구 '분'을 갖다 붙이고, 아무 데나 '시'를 붙여 존대하는 사회가 상대방을 진짜로 존중하는 사회일 수 없다."[33]

'시'와 '분'만 오남용되는 게 아니다. '실게요'라는 말도 전성시대다. 건강검진을 받으러 간 임철순은 남녀 가릴 것 없이 안내하는 직원마다 "이리 오실게요", "슬리퍼 벗고 올라서실게요", "웃옷 걷어 올리실게요", "좀더 내려 누우실게요"라고 말하는 것에 짜증이 나 도저히 더 참지 못하고 "도대체 말을 왜 그렇게 하느냐?" "그게 어느 나라 말이냐?"고 따졌다고 한다. 그랬더니 눈이 동그래진 여직원이 그게 잘못된 말이냐고 묻기에 "그냥 '이리 오세요' '슬리퍼 벗고 올라서세요'라고 하면 된다"고 알려주었다는 것이다.[34]

왜 '시', '분', '실게요' 등이 전성시대를 누리고 있는 걸까? 갑을 관계의 실행이 일상적 삶의 기본 문법이 되었기 때문이다. 언어 왜곡을 수반하는 이런 과잉 서비스는 이미 조직 내에서 을인 노동자에게 고객을 대상으로 또 다른 을의 실천을 강요하는 것이지만, 그 이면엔 을의 신분으로 세상을 살아가는 절대다수의 대중에게 소비자일 때만큼은 갑의 지위를 누림으로써 소비를 통해 스트레스를 해소해보라는 마케팅 전략이 자리 잡고 있다. 따라서 세상살이가 어렵고 팍팍할수록 소비 서비스의 과공過恭은 극단을 치닫는 기현상이 발생하는 것이다.

일상화된 '약자의 약자 괴롭히기'

2013년에 이루어진 노동환경건강연구소 조사에선 그런 감정노동에 시달리는 서비스직 노동자들의 38.6퍼센트가 상담이 필요한 수준의 우울 증상을 보였고 30.5퍼센트가 "자살 충동을 느낀 적 있다"고 답했다. 80.6퍼센트가 일하면서 고객에게서 무리한 요구를 받은 경험이 있다고 응답했는데 이들 중 41.45퍼센트가 상담이 필요한 수준의 우울 증상을 나타냈다. 욕설을 포함한 폭언을 들은 경험이 있는 81.1퍼센트의 노동자 중에서 41.06퍼센트가, 성희롱이나 신체접촉을 당한 경험이 있다는 29.5퍼센트 중에서는 63.49퍼센트가 상담이 필요한 우울 수준이었다.[35]

2014년 한국노동사회연구소가 은행·증권·생명·손해보험회사 등 금융권 직원 2,456명을 상대로 감정노동 실태 조사를 벌인 결과 직원의 3분의 2가 폭언을 듣고도 실적을 위해 친절함을 강요당하는 '감정노동'에 시달리고 있는 것으로 나타났다. 폭언의 주체는 고객이 90퍼센트 이상을 차지했으며, 응답자 직군별 평균 34.3퍼센트는 병원 방문이 필요한 중증 이상의 우울증을 겪고 있는 것으로

나타났다.[36]

청주대학교 교수 조선배의 「한국 사회의 갑질 문화와 불량 고객」이라는 논문에 따르면, 갑질은 소비자의 이미지가 아니라 실체가 아닌가 하는 생각마저 갖게 만든다. 2018년 아르바이트 경험이 있는 서울, 청주, 부산의 대학생 500명(남학생 59퍼센트, 여학생 41퍼센트)을 대상으로 한 설문조사에 따르면, 학생들이 불량 고객을 경험한 월 평균 빈도는 3회 이상이 62퍼센트, 2회 이하가 38퍼센트인 것으로 나타났다.

학생들이 일한 업소는 식당(35퍼센트), 카페·빵집(13퍼센트), 편의점(9퍼센트), 호프집(6퍼센트), 호텔·마트(4퍼센트), 이사·노동·대리기사 등 기타(29퍼센트) 등이었는데, 가장 빈번하게 경험하는 불량 고객의 특성은 반말, 억지, 개념 없는 행동, 무리한 요구, 짜증냄, 화냄, 무시, 욕, 소란, 잔소리, 술주정, 비하 순으로 나타났다. 불량 고객의 심각성은 성희롱, 폭행, 욕, 반말, 개념 없는 행동, 술주정, 억지, 비하, 무시, 무리한 요구, 짜증냄 순으로 나타났다. 심각성 정도를 1(가장 낮은 단계의 심각성)부터 10(가장 높은 단계의 심각성)까지를 묻는 질문에는 5 이하가 53퍼센트, 6 이상이 47퍼센트였다.[37]

특히 전국 3만여 개의 콜센터에서 일하는 50여 만 명의 노동자는 '욕받이'나 '총알받이' 역할을 하는 '전화 지옥'에서 살고 있다.[38] 피자 프랜차이즈 콜센터에서 상담사로 일했던 작가 김의경은 그곳에서 일하면서 관찰하고 직접 경험한 일을 생생하게 소설 『콜센터』에 담았다. 아주대학교 사회학과 교수 노명우는 「약자의 약자 괴롭히기, 익숙한 콜센터 풍경」이라는 칼럼에서 이 소설을 거론하면서 "(갑질을 하는) 진상이 콜센터 노동자에게 욕설을 하고 성희롱을 늘어 놓으면, 그 말을 들어야 하는 상담사는 '귓속으로 파고드는 온갖 배설물을 홀로 외롭게 처리'해야 한다"며 다음과 같이 말한다.

"진상이 상담사를 괴롭히는 특별한 이유는 없다. 진상은 평범하다. '80%가 대학생과 휴학생 그리고 얼마 안 되는 취업준비생'으로 이루어진 비정규직 상담 노동자를 전화로 괴롭히는 진상 역시 대개의 경우 약자다. 누군가 그 사람을 화나게 했고, 화나게 한 사람에게 갚아줄 수 없는 처지가 아닌 그 약자는 자신보다 더 약자를 찾아내 진상으로 변신한다.……(콜센터 노동자들을) 대신하여 말해주고 싶다. 소비자는 왕이 아니다. 손님은 그냥 손님이다. 대한민국은 민주공화국이다. 왕이 없다는 뜻이다. 프랑스는 대혁명 때 왕의 목을 내리쳤다."[39]

한국 소비자 운동의 현실과 한계

앞서 지적했듯이, 소비자는 왕이 아니거니와, 왕 대접을 제대로 받거나 왕 노릇을 제대로 하는 것도 아니다. 강자에 약하고 약자에 강하다. 약자를 대상으로 한 소비자들의 갑질이 난무하는 한국적 상황에서 정치적 소비자 운동에 대한 비판은 사치스럽게 여겨진다. 아무리 역사와 구조 탓이라지만, 갑질에 물든 사람들의 인성 교육을 위해서라도 정치적 소비자 운동은 활성화되어야 하는 게 아닐까?

한국은 정치적 소비자 운동의 기반이라고 할 수 있는 일반적인 소비자 운동조차 활성화되어 있다고 보기 어려운 나라다. 소비자 운동에선 소비자 단체의 역할이 중요한데, 소비자 단체는 중앙 집중성을 보이며 시민들의 소비자 단체에 대한 관심과 참여도는 매우 낮은 편이다.[40] 소비자들이 개별적으로 문제가 있는 기업에 대해 온라인에서 충동적 감정 표현은 잘하지만, 어느 정도의 노력이 요구되는 조직적 운동은 기피하는 경향이 강하다.[41] 기업 선호도가 높을수록 불매운동 참여 의도가 낮아지며, 문제 행위를 일으킨 기업에 대해서도 심각성을 상대적으로 낮게 지각한다.[42]

사법부가 불매운동의 합법성을 좁게 인정하는 소극적 태도를 보이는 것도 소비자 운동의 장애 요인이다. 불매운동은 1차 소비자 불매운동과 2차 소비자 불매운동으로 나뉘는데, 1차 불매운동은 생산자의 상품을 거부하는 것이고, 2차 불매운동은 생산자와 거래하는 제3자의 상품 구매를 거부함으로써 궁극적으로 생산자에게 부정적인 영향을 미치려는 것이다. 그런데 사법부는 소비자 불매운동을 소비자의 사회권적 기본권(헌법 제124조)의 관점에서 파악하면서도, 2차 불매운동은 제3자의 '자유로운 판단의 제약에 따른 계약의 파기', 즉 계약의 자유 또는 재산권을 침해한다는 점을 근거로 위법하다고 보고 있다.[43]

소비자 운동의 인프라가 제대로 갖춰져 있지 않은 가운데 정치적 소비자 운동이 인터넷과 소셜미디어 중심으로 이루어지다 보니, 사실 확인 과정을 거치지 않거나 아직 사건의 전모가 드러나지 않은 상황에서도 네티즌들이 가해자로 지목된 기업이나 개인에게 맹폭격을 가하는 '현대판 마녀사냥'이 가끔 일어난다.

예컨대, 2012년 2월 회원 수가 170만 명에 육박하는 한 임신·육아 카페에 "종업원에게 배를 발로 차이는 등 폭행을 당했다"는 임신부의 글이 올라왔다. 이 글 하나로 인해 전국에 270개 가맹점을 보유한 유명 샤부샤부 전문점 '채선당'이 휘청거린 이른바 '채선당 사건'이다. 온라인이 발칵 뒤집힌 가운데 전국적인 불매운동의 시발점이 되었고, 사건 발생지로 지목된 충남 천안의 해당 지점에는 "5초마다 욕설 전화가 왔다". 경찰 조사 결과, 종업원의 폭행 의혹은 실체가 없는 것으로 드러났지만 때는 늦었다. 숱한 욕설에 시달린 가맹점주는 급하게 가게를 정리하느라 2억 8,000만 원에 인수한 가게를 1억 1,000만 원에 넘기고 시골로 농사를 지으러 내려가야만 했다.[44]

보이콧의 반대인 바이콧도 해당 기업을 당황스럽게 만드는 경우도 있다. 2017년 7월 27일 청와대 상춘재 앞에서 열린 대통령과 주요 기업인의 호프 미팅에서 부각된 오뚜기가 바로 그런 경우다. 이 자리에 오뚜기는 유일한 중견 기업으로 참석했다. 재계 100위 밖의 오뚜기가 15대 그룹과 어깨를 나란히 할 수 있었던 데는 별명 '갓뚜기'의 힘이 컸다. 문재인은 간담회 자리에서 오뚜기 회장 함영준에게 "요즘 젊은 사람들이 오뚜기를 '갓뚜기'로 부른다면서요"라고 말을 건네면서 "고용도 그렇고, 상속을 통한 경영 승계도 그렇고, 사회적 공헌도 그렇고, 아마도 아주 착한 기업 이미지가 '갓뚜기'라는 말을 만들어낸 것"이라며 칭찬을 아끼지 않았다. 이에 대해 『머니투데이』는 다음과 같이 말했다.

"'갓뚜기' 별명 덕에 예상치 못한 호사를 누렸지만 오뚜기는 이 상황이 썩 달갑지는 않다. 사회적 기업이 아닌, 영리법인이 '착한 기업' 프레임에 갇힌 후 나타날 부작용 때문이다. 함 회장이 갓뚜기 칭찬에 고맙다면서도 '굉장히 부담스럽다'를 연발한 까닭이다. 당장 경제개혁연대는 오뚜기가 대통령과 재계의 만남에 참석한다는 소식에 오뚜기의 내부 거래, 순환 출자 구조 등을 지적하는 자료를 냈다.……'갓뚜기'로 인한 '착한 기업' 이미지 때문에 가격을 쉽게 못 올리는 것도 애로점이다."[45]

아니나 다를까, 4개월 후 오뚜기가 참치캔 가격을 평균 5퍼센트 올리자 「'갓뚜기' 맞아?」라는 비판적인 기사가 나왔다. 오뚜기가 참치캔에 이어 즉석밥 가격도 인상하자 「또 은근슬쩍 값 올린 '갓뚜기'」라는 기사가 나왔다. 식품업계 관계자는 "원료 값이 오르면 제품 값이 오르는 게 당연한데 그동안 오뚜기는 '갓뚜기' 이미지를 지키려고 무리하게 가격 인상을 제한하다가 결국 손을 들었다"고 해석했다.[46]

'정치적 소비자 운동' 지평의 확대를 위하여

여러모로 취약한 기반 위에서 이루어지는 정치적 소비자 운동은 체계적인 '소비자 운동'이라기보다는 '정치성'이 두드러지는 사회 운동의 성격을 많이 갖고 있다. 그래서 전반적인 사회적 상황의 영향을 많이 받고 여론의 주목을 받을 만한 요소들이 약하면 사회적 의제로 부상하기 어려운 한계를 안고 있다.

국내에선 정치적 소비자 운동을 다룬 연구는 정치적 소비자 운동에 영향을 미치는 요인을 탐구한 연구 외엔 찾아보기 어렵지만, 미셸레티의 개념이나 연구 모델과 무관하게 정치적·윤리적 성격을 띤 소비자 운동에 관한 연구는 많이 이루어졌기 때문에 정치적 소비자 운동의 연구에 큰 도움을 줄 수 있다. 특히 윤리적 소비에 대한 연구가 많이 이루어졌으며, 언론 소비자 운동에 관한 연구도 적지 않다. 일반적인 소비자 운동 연구는 대체적으로 참여 의도에 관한 소비자학·심리학적 연구, 소비자 운동에 관한 법률적 연구, 기업 중심의 사회적 책임과 위기 커뮤니케이션 연구 등 4가지로 나눌 수 있다.('참고논문' 참고)

정치적 소비자 운동의 한 유형으로 빼놓을 수 없는 게 '지역 상품 구매 운동Buy Local'이다. 이는 '서울공화국'이란 말이 시사하는 것처럼 지방이 사실상 서울 식민지로 전락한 한국에서 매우 중요한 의미를 갖는다. 지방민들은 '지역 상품 구매 운동'에 대해선 입으로는 동의한다고 말하지만, 실제 행동은 전혀 다르다.[47]

2018년 11월 산업연구원이 내놓은 「전국 16개 시·도 지역소득 역외 유출의 결정 요인」 보고서를 보면, 2016년 기준 지방소득이 서울과 수도권으로 유출된 규모는 62조 원에 이르는 것으로 나타났다. 소득 유입액 서울(40조 3,807억 원)과 경기(21조 9,464억 원)가 압도적으로 많았고, 유출액은 충남(24조 9,711억 원), 경북(16조 1,003억 원), 울산(13조 6,305억 원), 경남(12조 205억 원), 전남(11조 5,236억 원), 충북(9조 7,698억 원), 강원(6조 1,842억 원), 전북(4조 8,921억 원), 제주(727억 원) 등의 차례였다.

산업연구원은 "역외 유출은 지역경제 선순환을 저해하는 요인"이라며 이렇게 말했다. "소득이 역외로 유출되는 지역은 성장에 따른 과실은 제대로 향유하지 못한 채 지역 내 총생산을 위한 역내 혼잡 비용이나 환경 문제 같은 비용을 지불하는 반면, 수도권 등 소득 유입 지역은 이런 비용을 지불하지 않은 채 경제적 혜택을 받는 것이므로 지역 간 분배 형평성 문제를 낳고 있다."[48] 지역소득뿐만 아니라 지역 자금의 역외 유출도 심각한 수준이었다. 전북은 생명보험과 자산 운용, 신탁 계정, 상호 금융, 우체국 예금 등 비은행 기관의 자금 유출액은 연간 15조 원에 달했다.[49]

물론 이런 지역소득 역외 유출은 '서울공화국' 체제에 근본 이유가 있으며, 정치적 소비자 운동으로 막아낼 수 있는 건 아니다. 중요한 건 문제의식이 확산되어야 이걸 정치적 의제로 삼을 수 있다는 것인데, 바로 정치적 소비자 운동이 그런 역할을 할 수 있다는 점에 주목할 필요가 있다.

'지방 소멸'은 임박한 현실임에도 4·15 총선을 앞두고 전혀 거론되지 않고 있다. 지방민들은 민생과 무관한 정치적·당파적 이슈엔 '상경 시위' 투쟁을 하는 데에 열심이지만, 지방 자체의 문제엔 별

관심이 없다. 이건 너무도 중요한 주제여서 다음 기회에 본격적으로 다루어보기로 하자. 다음의 '맺는말'을 통해 이 책에서 다룬 문제들에 대한 종합적 논의에 임하고자 한다.

"끈적이는 관계는 싫어요!"

'약한 연결'은 주어진 조건이다

'자본주의 진화론'과 '정치적 소비자 운동'

2019년 8월 19일 미국 대기업 경영자 모임인 '비즈니스라운드테이블' 멤버들은 '기업의 목적에 대한 성명'을 통해 "종래의 기업 목적에 대한 문구를 변경했다"며 "기업이 투자 등을 결정하고 행동할 때 단지 주주들을 위한 눈앞의 이윤 창출만 추구하지 않고 종업원과 고객, 사회 등 모든 이해관계자들을 고려하기로 했다"고 밝혔다. 이들은 성명에서 "우리는 모든 이해관계자들을 위한 근본적 책무 이행을 공유한다"며 "납품업체와의 거래에서 공정하고 윤리적으로 대하고 지역공동체를 존중하며, 지속가능한 비즈니스를 통해 환경을 보호하겠다"고 말했다.[1]

이 발표를 두고 '주주자본주의 시대의 종언'이 아니냐는 희망적인 관측도 나왔지만, 믿기 어려운 홍보 이벤트라거나 기업들이 세금과 규제 개혁을 저지하려는 전략에 불과하다는 지적도 나왔다.[2] 이 후자의 평가가 설득력이 더 높긴 하지만, 기업들이 그간 해온 방식은 지속가능하지 않으며, 따라서 기업에도 도움이 되지 않기에 변화가 필요하다는 '자본주의 진화론'의 관점에서 볼 수도 있다. 미국 경제학자 로버트 하일브로너Robert Heilbroners, 1919~2005는 "사회주의가 실패한다면 그것은 경제적 이유가 아니라 정치적 이유 때문이다. 자본주의가 성공한다면 그것은 자본주의가 자신의 경제적 질주를 길들일 수 있는 정치적 의지와 수단을 알고 있기 때문일 것이다"고 했다.[3]

많은 자본을 가진 사람들이 자신들의 존재를 가능케 한 자본주의가 파국으로 치닫는 걸 내버려둘 리 없으니, 자본주의의 진화는 계속될 게 분명하다. 러시아 출신의 영국 경제학자 아나톨 칼레츠키Anatole Kaletsky는 『자본주의 4.0: 신자유주의를 대체할 새로운 경제 패러다임』에서 "'자본주의 4.0'의 시대가 도래했다"고 주장했다.

자본주의 1.0이 자유방임의 시기(1815~1914년 제1차 세계대전 전까지: 미국·프랑스의 정치혁명, 영국의 산업혁명 등으로 현대 자본주의 시작), 자본주의 2.0이 정부가 주도한 수정자본주의 시대(1914년 이후~1960년대 말: 미국의 위대한 사회, 영국의 복지국가 등), 자본주의 3.0이 시장이 주도한 신자유주의 시대(1960년대 말~1970년대 초 발생한 세계적 인플레이션, 영국의 마거릿 대처와 미국의 로널드 레이건이 주창한 자유 시장경제)라면, 자본주의 4.0은

2008년 세계적인 금융위기를 기점으로 해서 생겨난 개념이다. 자본주의 4.0은 정부와 시장은 모두 불완전하며, 오류를 저지르기 쉽고, 세계는 예측하기 어려운 복잡성과 불확실성을 본질로 한다는 전제하에 유능하고 적극적인 정부가 있어야만 시장경제가 존속할 수 있다는 인식에 기초한다.4

자본주의가 어떻게 진화하건, 한 가지 분명한 사실은 자본주의의 횡포와 타락은 스스로 교정되진 않으며, 정치적 소비자 운동 등과 같은 압박이 있을 때에 비로소 자본주의의 대행자인 기업들이 변화하거나 변화의 필요성을 좀더 실감하게 된다는 점이다. 자본주의의 붕괴를 바라는 사람들로선 정치적 소비자 운동이 오히려 자본주의의 진화를 돕는 '동맹'이 아니냐는 불만을 갖는 건 당연하겠지만, 이건 좀더 큰 맥락에서 논의해야 할 주제로 남겨두는 게 좋겠다.

왜 연구자들은 '선거'에만 집중하는가?

이 책은 대중서의 형식을 취하긴 했지만, 실은 동료 연구자들에게 하고 싶은 이야기였다. 영국 언론학자 제임스 커런James Curran이 잘 지적했듯이, "언론학의 최대 약점은 미디어를 중시해 여기에 국한해서 초점을 맞추고 나머지 사회는 짙은 어둠 속에 놔둔다는 것이다".5 학문의 분업과 그에 따른 전문화를 위해 언론학자들이 미디어에 초점을 맞추는 건 불가피하거니와 당연한 면이 있기는 하지만, 문제는 미디어의 관점에서 세상을 보려고 한다는 점이다. 그래서 사회적 소통과 관련된 중요한 사건일지라도 미디어의 주목을 받지 못하거나 미디어 관련성이 약하면 아예 연구 의제로 채택되지 못하는 일이 벌어지고 있다.

언론학과 정치학에서 이루어지는 정치 커뮤니케이션 연구는 투표를 중심으로 한 정치 참여와 선거, 그리고 이를 다루는 매스미디어에 집중되고 있는데,6 이는 투표가 그만큼 중요해서이기도 하지만 동시에 매스미디어 주목도와 관련도가 매우 높기 때문일 것이다. 최근 들어 소셜미디어에 대한 관심이 늘고 있긴 하지만, 이마저 매스미디어와의 연계성(즉, 매스미디어가 주목하는 소셜미디어 현상에 대한 관심)이라는 굴레에서 자유롭지 못하다.

매스미디어와 무관하거나 매스미디어 주목도·관련도가 낮은 사건들은 연구 의제에서 누락되고 있기 때문에 기존 연구 프레임으론 정치 현실이 운동에 미치는 영향도 동시에 살펴보는 쌍방향의 연구는 기대하기 어렵다. 기존 미디어 중심의 관점에서 벗어나 정치의 정태성과 동태성을 동시에 살피면서 정치 커뮤니케이션의 범위를 넓혀나가려는 시도도 필요한 게 아닐까?

나는 그런 의문에서 출발해 "쇼핑은 투표보다 중요하다"는 슬로건으로 대변되는 정치적 소비자 운동을 중요한 정치 커뮤니케이션 연구 의제로 삼을 것을 제안하고 싶다. 정치적 소비자 운동은 소셜미디어를 중심으로 이루어지고 있으며, '개인화된 정치'이면서도 연대와 단합을 통해 소기의 성과를 얻고자 하기 때문에 정치 커뮤니케이션 연구가 결코 외면할 수 없는 주제다. 이 연구는 전형적이지 않은 정치적 소비자 운동의 연구 의제 사례들을 제시함으로써 과도한 '매스미디어 편향성'을 넘어서 정치적 소비자 운동의 심층적 인식과 연구 지평의 확대에 기여하고자 했다.

'정치의 시장화'와 '시민의 소비자화'는 이미 오래전에 이루어졌지만,7 우리는 여전히 시민과 소비자는 전혀 다르며 정치는 소비 영역과는 전혀 다른 논리로 작동한다는 '시민 신화'에 대한 미련을 버리지 못한 채 소비와 소비자의 중요성에 상응하는 관심을 보이지 않고 있는 건 아닐까? 쇼핑을 주로 비판적인 문화 비평의 대상으로만 삼아온 그간의 관행에 대한 성찰과 더불어 본격적인 정치 비평과 정치 커뮤니케이션의 연구 의제로 삼으면 좋겠다.

서구 사회와는 다른 한국의 정치적 소비자 운동이 갖는 특성에 대한 연구를 통해 한국 언론·여론 시장의 구조와 메커니즘에 대한 이해를 높일 수도 있다. 예컨대, 하루가 멀다 하고 터져 나와 여론의 분노를 촉발하는 기업들의 '갑질'에 대한 대응은 정치적 소비자 운동의 성격이 있음에도 그 어떤 성과나 결말을 보지 못한 채 일과성의 사건으로 끝나는 경우가 대부분이다. 정치적 소비자 운동이 원래 휘발성이 높다지만, 한국에선 그 정도가 너무 심하다.

"최선은 차선의 적이 될 수 있다"

그런 특성은 정치적 사건에도 마찬가지인바, 이 문제를 한국 언론·여론 시장의 구조와 메커니즘과 연결 지어 탐구해보는 것도 필요하다. 또한 날로 쇠퇴해가는 시민운동은 개인주의적인 정치적 소비자 운동에서 활로를 찾을 수도 있다. '강한 연결'을 추구했던 이전의 방식을 탈피해 개인주의적이면서도 연대를 배척하지는 않는 이른바 '포용적 개인주의inclusive individualism'와 '약한 연결의 힘the strength of weak ties'을 수용할 필요가 있다는 것이다.[8]

정치적 소비자 운동은 결국 참여의 문제로 귀결된다. 비판자들은 정치적 소비자 운동이 정치적 참여를 약화시키는 '참여의 구축 효과crowding-out effect'를 낳는다고 주장하지만, 옹호자들은 오히려 '참여의 유인 효과crowding-in effect'를 가져온다며 논쟁을 벌이고 있다.[9]

참여의 '위축decline'이 아니라 '변형transformation'이라는 관점에서 보아야 한다는 주장도 있다. 사람들은 제도화된, 위계적 조직과 고정된 멤버십 구조에 참여하길 원치 않을 뿐 다른 형식으로 느슨하게 구조화되어 있고 탈중심적 네트워크 체제, 가입과 탈퇴가 자유로운 형식엔 참여한다는 것이다.[10] 물론 정치적 소비자 운동은 참여의 변형으로 보아야 한다는 주장이다.

'약한 연결의 힘'에 대한 반론은 무성하다. 그런 힘으로는 세상을 바꾸기 어렵다는 비판이 가장 많은 것 같다. 일리 있는 지적이지만, 이런 반론이 가능하다. "당신은 강한 연결을 만들어낼 수 있는가?" '강한 연결'은 과거 운동권 문화를 떠올리면 된다. 자신의 사사로운 이익을 버리고 대의를 위해 헌신하면서 뜻을 같이한 동지들과 강하게 결속하는 연결 말이다. 그게 오늘날에도 가능하겠느냐는 것이다.

우리는 여기서 "최선은 차선의 적이 될 수 있다"는 리처드 로티
Richard Rorty, 1931~2007의 경고를 되새길 필요가 있다.11 물론 그의
신新실용주의 철학에 동의할 필요는 없다. 실현 가망성이 거의 없
는데도 최선만을 고집하다가 차선마저 놓치고 최악의 상황으로 떨
어질 수 있는 비극에 대한 경고로 이해하면 된다.

최선에 대한 집착은 진보좌파만의 고질병은 아니다. 의외로 널
리 퍼져 있는 미신이다. 차선은 엄청난 노력을 요구하지만, 최선은
그저 도덕적 우월감을 갖고 떠들기만 해도 자신이 빛나 보이는 효
과를 발휘하기 때문이다. 이젠 그런 게으름 또는 무책임과 결별할
때가 되었다. 시장을 이용해 시장 실패를 교정하겠다는 발상에 대
한 우려는 타당한 면이 있지만, '시장' 자체에 대한 반감 때문에 필
요 이상의 우려와 반감을 갖는 건 아닌지 성찰해볼 필요가 있다.

기존 공동체를 대체하는 '소비 공동체'

주변을 돌아보자. 그리고 잘 생각해보자. 우리는 공동체 문화에 치
이는 것을 싫어하면서도 공동체적 가치와 의미 없이는 세상을 살
아갈 수 없는 묘한 동물이다. 이른바 '소비 공동체'와 '브랜드 공동
체brand community'도 그런 관점에서 이해할 수 있다. 이는 기존 공동
체가 무너지면서 나타난 새롭고도 강력한 공동체다. 경제학자 로버
트 라이시Robert Reich는 "이제 미국인들에게서는 공동사회를 잘 찾
아볼 수 없다. 우리는 더이상 이웃과 같이하지 않는다. 옆집에 누가

사는지도 모른다"면서 다음과 같이 말한다.

"그러나 더이상 이웃과 같이하지 않는다는 것은 완전히 맞는 말은 아니다. 그것은 현재 상황의 가장 중요한 면을 제대로 설명하지 못하는 것이다. 우리는 여전히 서로 같이하고 있다. 아동 보호, 노인 보호, 학교, 의료 서비스, 보험, 헬스클럽, 투자 클럽, 구매 클럽, 오락 시설, 사설 경호원 그리고 이외에 혼자서 사기에는 너무 비싼 다른 모든 것들이 있다. 그러나 우리는 참가자로서 같이하지는 않는다. 소비자로서 함께할 뿐이다. 우리의 경제적 자원을 함께 모아서 가장 좋은 조건의 거래를 얻어내고 있다."[12]

물론 브랜드 공동체는 라이시가 말한 수준을 뛰어넘어 특정 브랜드에 대한 충성도가 '팬'의 수준에 이른 공동체를 말한다.[13] 공동체 문화의 이런 변화는 새로운 업종을 낳게 했는데, 그 대표적 사례가 바로 커피 전문점 스타벅스Starbucks의 성공이다. 1985년에 스타벅스를 인수해 키운 스타벅스 회장 하워드 슐츠Howard Schultz는 이렇게 말한다. "미국인은 공동체 생활에 너무나 굶주렸고, 그래서 어떤 손님들은 우리 점포를 모임 장소로 활용하기 시작했다. 친구와의 약속 장소, 가벼운 회의 장소, 다른 단골손님과의 대화 장소가 된 것이다. 제3의 장소에 대한 강렬한 수요가 있다는 사실을 이해했기 때문에, 우리는 보다 넓은 매장에 보다 많은 테이블을 갖추고 준비할 수 있었다."[14]

한국에 커피 전문점이 과잉일 정도로 많이 늘어난 것은 여러 경제적 이유가 있겠지만, 그런 공동체적 소통의 필요성과 맞아 떨어졌다는 점도 무시할 수는 없을 것이다. 이유는 좀 다르겠지만, 한국에서도 스타벅스의 인기는 압도적이다. 스타벅스의 2018년 매출액은 1조 5,224억 원(영업이익 1,428억 원)으로 업계 2위인 투썸플레이스(2,743억 원), 업계 3위인 이디야(2,004억 원)와 비교하면 '독주'라고 할 만하다.15

스타벅스 PR을 해주려는 게 아니다. '브랜드 공동체'로 대변되는 소비 공동체의 힘은 이미 현실임에도, 우리는 이런 현실을 외면한 채 '소비'를 '진보'의 적으로만 간주해온 과거에만 머물러 있는 게 아니냐는 문제 제기를 하려는 것이다. 그건 10대 팬덤에 대해 눈을 흘기면서, 그런 팬덤의 사회적 잠재력을 완전히 무시하는 '꼰대 마인드'가 아니고 무엇이랴.16

'따로 그러나 같이' 가자

세상이 달라졌다. 우리는 '디지털 혁명'은 흔쾌히 수긍하면서도 그 혁명이 인간관계에 미치는 영향에 대해선 비교적 무심하다. 기성세대가 '관계'를 소중히 해왔다지만, 원해서 그랬던 건 아니다. 그건 어렵고 힘든 일이었지만 피해갈 수 없는 생존술이었다. 반면 '디지털 혁명'의 세례를 받고 자라난 젊은 세대는 그런 생존술에 의문을 품는다. 디지털 혁명이 생존술의 조건까지 바꾼 마당에 굳이 기성세대처럼 살아가야 할 이유를 모른다. 그들은 '쿨'이라는 DNA를 갖고 태어난 세대다.

서울대학교병원 강남센터 교수(정신건강) 윤대현은 "누군가와 관계를 맺고 정을 맺는 것에도 에너지가 많이 든다"며 "집단주의가 중요한 사람도 에너지가 떨어지면 개인주의적으로 바뀔 수밖에 없다"고 말한다. 아주대학교 사회학과 교수 노명우는 "인간관계에는 두 가지 측면이 있는데 바로 끈끈한 점성과 지속성"이라며 "요즘은 인간관계 패턴이 쉽게 바뀌고 인구 이동도 빨라지면서 점성이 약해지고 있다"고 했다. 그는 "점성이 약해지면 관계의 휘발성이 높아지고, 끈적이는 관계는 싫어한다"면서 "다른 사람이 내게 끈적이는 것을 싫어하고, 나도 상대방에게 끈적이고 싶어 하지 않는다"고 말했다.[17]

그렇다. 이제 사람들은 끈적이는 관계를 맺기를 싫어한다. 입 밖으로 꺼내진 않을망정 모두 다 눈으로 "끈적이는 관계는 싫어요!"라고 외치고 있다. 그들은 부담 없는 약한 연결을 원한다. '약한 연결'은 선택의 문제가 아니라 주어진 조건이다. 디폴트다. '강한 연결'로 헌신했던 사람들도 '지대추구'라고 해도 좋을 정도로 자기 몫을 챙기는 데 정신이 없다. '약한 연결'엔 그런 '지대추구'가 가능하지 않거나 매우 어렵다는 장점도 있다.

'약한 연결'에 의한 정치적 소비자 운동의 성패는 상당 부분 사람들 사이의 신뢰·관심·유대를 뜻하는 '사회적 자본social capital'의 축적 정도에 달려 있다. 다른 사람들도 자신처럼 참여할 것이라는 사회적 신뢰가 있을 때에 참여자의 수가 늘어나기 때문이다. 하지만 동시에 정치적 소비자 운동은 역으로 사회적 자본 생성의 수단이 되기도 한다. 바람직한 시민상을 정립할 수 있게 돕는 계몽 효과나 의식화 교육의 효과가 있다는 것이다.[18]

물론 정치적 소비자 운동에도 많은 문제와 한계가 있을 것이다. 사례 연구를 통해 보았듯이, 정치적 소비자 운동은 강자가 약자를 탄압하는 수단으로 이용될 수도 있다. 정치적 소비자 운동 자체에 대한 비판자들의 주장에도 타당한 일면이 있음을 부인하기 어렵다. 우리는 늘 그런 문제와 한계들을 유념해야 하겠지만, "이상주의는 진보, 현실주의는 보수"라는 통념을 넘어서 근본적으로 달라진 미디어 환경과 그것이 우리의 일상적 삶에 미치는 절대적 영향력에 대한 현실주의적 해법을 찾는 걸 두려워해야 할 필요는 없을 것이다.[19]

소셜미디어 혁명과 참여의 문제는 따로 존재하는 게 아니다. 소셜미디어가 여론을 지배하는 세상에서 소셜미디어의 속성과 부합되는 '따로 그러나 같이'라는 슬로건의 정신이야말로 '쇼핑'과 '투표'를 화해시키는 길이 아닐까? '정치 정상화'의 길이 도무지 보이지 않는 현실에서 당분간 이거 하나는 분명하다. "쇼핑은 투표보다 중요하다!" 적어도 '갑질' 소비자에서 '세상을 바꾸는' 소비자로 거듭날 때까지는 말이다. "소비자는 왕이다"는 근거 없는 미신에서 벗어나 시민 소비자로서 권리와 책임에 투철함으로써 '갑질'과 '착취'를 없애는 길로 나아가자.

'코로나19 사태'와 '재난의 축복'

이 책을 마무리 짓는 현재, 우리는 '코로나19 사태'로 고통 받고 있다. 역설적 표현이지만, '재난의 축복'이라는 말이 있다. 재난은 지옥이지만, 그 지옥 속에서 낙원의 한 줄기 희망을 발견할 수 있다는 의미로 쓰이는 말이다. 미국 사회학자 찰스 프리츠Charles Fritz, 1921~2000는 자신의 제2차 세계대전 참전 경험을 바탕으로 재난 연구에 몰두한 끝에 재난이 가져오는 '공동체적 일체감'에 대해 말한다. 많은 사람이 위험과 상실, 박탈을 함께 겪음으로써 집단적인 연대감이 생기고, 친밀한 소통과 표현의 통로가 나타나며, 든든한 마음과 서로를 물심양면으로 도우려는 의지가 샘솟는다는 것이다.[20]

미국 작가 레베카 솔닛Rebecca Solnit은 『이 폐허를 응시하라』에서 프리츠의 그런 관점을 이어받아 5건의 대재난을 탐사한 후 비슷한 결론을 내린다. 그는 오해의 소지를 염려해 "재난을 환영하자는 게 아니다"는 점을 강조하면서, 재난에서 나타난 '희망과 관용과 연대의 힘'이 평소에도 작동하는 세상을 꿈꾼다. "세상은 그런 기반 위에 세워질 수 있으며, 그렇게 된다면 일상적인 고통과 외로움, 위기의 순간에 살인적인 두려움과 기회주의를 낳는 오랜 분열을 일소할 수 있을 것이다."[21]

전염병은 다른 사람들과의 접촉을 차단하게 만드는 재난이기에 다르지 않느냐고 볼 수도 있겠지만, 마음속의 연대까지 끊지는 못한다. 우리는 이미 '코로나19 사태'로 인해 공포감을 갖는 동시에 강한 '공동체적 일체감'도 느끼고 있지 않은가. 그간 우리 사회는 정치적 분열과 증오의 소용돌이에 휘말려 있었지만, 이 사태가 심각해지면서 그런 분열과 증오는 비교적 하찮은 것임을 깨닫게 되지 않았는가?

잠시 이 사태 이전으로 돌아가보자. 사람들을 만나면 정치 이야기는 피하려고 애를 쓴다는 사람이 많았다. 생각해보면 참 이상한 일이다. 대부분의 사회적 문제에 대해 생각이 같은 사람들이라도 정치 이야기만 나오면 달라져서 서로 얼굴을 붉혀가면서 말싸움을 하기도 한다니 말이다.

"정직한 꿈을 꾸며 살았던 우리가 나쁜 사람들을 더욱 나쁜 사람들과 비교하여 옹호하는 것은 우리 시대의 논리다."[22] 시詩로 파시즘에 맞서 싸웠던 영국 시인 세실 데이루이스Cecil Day-Lewis, 1904~1972의 말이다. 비장한 말인데도 이 말을 음미하면서 픽 웃음이 나왔다. 시간과 공간을 초월해 사람 사는 게 참 비슷하다는 생각에서 말이다.

우리 사회의 주요 문제들을 열거해보자. 전체가 10이라면 우리는 9개에 대해선 거의 같은 의견을 갖고 있으면서도 단 하나의 차이 때문에 싸운다. 그 하나의 차이가 사회체제의 근본을 바꾸는 문제에 관한 것이라면 나머지 9개를 합한 것보다 훨씬 큰 무게를 갖는 것이라고 볼 수 있겠지만, 그게 결코 그렇지 않다는 걸 우리 모두 잘 알고 있지 않은가.

그럼에도 우리는 정치적 견해가 다른 사람들에 대해 적대적이다. 온갖 비난과 욕설마저 불사하는 사람도 많다. 도대체 정치가 무엇이기에 이렇게 사람들 사이를 갈라놓는 걸까? 정치는 사회적 문제 해결의 수단일 뿐이다. 비슷한 목표를 갖고 있는 사람들이 수단의 차이를 놓고 그렇게까지 싸워야 하는 걸까? 그 수단에 자신의 밥그릇 문제가 걸려 있는 사람들이 싸우는 거야 이해한다 치더라도 그런 직접적 이해관계가 없는 시민들마저 반대편에 대해 혐오의 감정마저 느껴야 하는 이유가 무엇일까?

'분열과 증오의 정치'를 넘어서

우리는 모든 국민의 삶에 정치가 가장 중요하다는 이유로 정치에 큰 관심을 기울인다. 그런데 그 관심을 자세히 뜯어보면 대부분 싸움에 집중되어 있다. 누가 유리하고 불리하냐, 어떤 전략과 전술로 맞받아치느냐, 누가 이기고 지느냐 등과 같은 드라마 요소들이 조명을 받는다. 여기에 정치적 이슈의 개인화가 이루어지면서 희로애락이 흘러넘치는 '휴먼 드라마'의 세계가 전개된다.

싸움 구경만큼 재미있고 신나는 건 없다는 속설은 패싸움의 경우에 더욱 빛을 발한다. 그런데 패싸움은 그 속성상 논리와 이성의 영역이 아니다. 무조건 자기편이 이기는 것만이 정의와 공정의 기준이 된다. 자기편의 장기적 이익까지 염두에 둔 '전략적 사고'를 하기 때문에 개별 사안에 대한 대화와 토론이 불가능해진다. 그래서 내가 하면 로맨스지만 남이 하면 불륜이 되는 '내로남불'이 양산되는 것이다.

지금 우리가 하고 있는 정치는 해결의 수단이기는커녕 '공멸을 위한 자해'에 지나지 않는다. 서로 협력해 사회적 문제를 해결할 수 있는 사람들을 갈가리 찢어놓는 분열과 증오의 굿판으로 내몰고 있지 않은가? 그렇다면, 지금 우리에게 필요한 건 오히려 "정치는 중요하지 않다"는 역발상이 아닐까? 4·15 총선을 앞두고 제기된 의제들을 살펴보라. '휴먼 드라마' 이외에 중요한 의제들이 제대로 다루어지고 있는가? 예컨대, 이른바 '지방 소멸'은 임박한 현실임에도 전혀 거론되지 않고 있다.

서울의 정치적 싸움판에서 나온 주요 이슈가 곧 전국의 주요 선거 이슈가 되는 우리의 '소용돌이 체제'하에선 분권 없인 그 어떤 민생 개혁도 기대하기 어렵다. 정치를 쪼개주어야 비로소 삶의 현장에서 나온 생생한 이슈들이 부각된다. 여의도 정치와 청와대의 권능을 축소해야 시민의 자율성이 살아난다.

언론부터 변해야 한다. 디지털 혁명으로 인해 사망 일보 직전에 있는 절박한 처지에서 무엇이 두려워 사실상 국민적 패싸움만 부추기는 일에 몰두해야 한단 말인가? 기자들의 출입처를 민생 현장으로도 돌려 좀 다른 이야기를 해보자. 지금과 같은 정치, 전혀 중요하지 않다.

나는 정치적 소비자 운동이 그런 '분열과 증오의 정치'를 넘어설 수 있는 대안이라고 생각하진 않는다. 그럴 리가 있는가. 하지만 나는 정치적 소비자 운동이 거짓 정치 슬로건으로 전락한 '민생 개혁'의 내실을 기하는 계기는 될 수 있다고 생각한다. 기존 정치가 답습하고 있는 최대주의는 "생각을 같이하는 사람들 간의 이론적 결속력을 공고히 해주는 반면, 이성적 비판에 열려 있지 않은 폐쇄적 사고 체계를 낳는" 원흉이다.²³ 10개 중에 1개만 생각을 달리 해도 타도해야 할 적이 되는 정치, 그게 바로 최대주의가 생산해낸 '분열과 증오의 정치'다.

왜 사립유치원 문제가 심각했음에도 정부와 정치권은 그걸 완전히 무시한 채 정쟁政爭에만 몰두했는가? 왜 가습기 살균제로 인해 1,528명이 죽어나가는 동안 우리는 아무 일도 없다는 듯이 그 참사를 방관했는가? 왜 우리는 일반 소비자의 갑질에 분노하면서도 약자를 상대로 한 정치적 소비자의 갑질엔 침묵하는가? 왜 우리는 정치적 소비자 운동의 정치적 이용에 경계심을 보내기보다는 영합하는가? 왜 진보주의자들은 촛불혁명의 성공에 일부 보수주의자들의 참여가 결정적인 역할을 했음에도 그걸 자신들만의 승리로 전유하는가?

왜 우리는 지방이 소멸해가고 있는 이 순간에도 모든 관심을 서울에만 집중시킨 채 분열과 증오의 굿판을 벌이고 있는가? 왜 우리는 민생의 절박한 문제 해결을 위해 써야 할 힘을 엉뚱한 정치적 투쟁에만 탕진하고 있는가? 왜 우리는 민생이야말로 소비의 영역임에도 소비를 자본주의의 죄악과 연결시켜 백안시하는 위선과 오만의 수렁에 빠져 있는가? 나는 이 책을 통해 그런 문제 제기를 하고 싶었을 뿐이다.

영어로 뜻풀이를 해보자면, '재난disaster'은 '별astro'이 '없는dis' 상태를 가리킨다고 한다. "수렁 속에서도 별은 보인다"는 말이 있다. 우리가 빠진 재난의 수렁 속에서 '희망과 관용과 연대의 힘'이라는 별을 보면서 극복의 의지를 다져나가는 동시에 새로운 정치와 삶의 방식도 찾아나서야 하지 않을까?

머리말

1) 김봉규, 「정용진, '이마트 피자' 비판에 "소비를 이념적으로 하나?"」, 『프레시안』, 2010년 9월 14일. 이에 대해 경제평론가 우석훈은 "'이마트 피자 사건'은, 대기업 특히 최근 문제를 일으키는 유통 자본들이 한국의 국민들과 어떠한 관계를 가질 것인가에 대한 철학적 질문이다"며 이렇게 주장했다. "'너희들은 싸고 맛있는 피자만 주면 되는 소비자들 아니냐?' 신세계가 이렇게 사회에 답을 한다면, 피자 매출은 약간 늘지도 모르지만, 신세계라는 기업은 '반사회적 집단'이라고 근본적으로 등을 돌리는 국민들이 더 많아지게 된다. 어차피 마시는 커피라면 얼마를 더 지불하더라도 공정 무역을 통한 커피를 마시겠다는 국민들이 이미 10%는 넘는 것으로 알고 있다. 그런 사람들이, 동네 피자 가게가 망하든 말든, 나만 살겠다고 하는 집단을 좋게 이해할 리가 없지 않은가?" 우석훈, 「"'이념적 소비'?…정용진 부회장에게 답한다"」, 『프레시안』, 2010년 9월 21일.

2) 전경련은 2002년 국내 기업들이 사회 공헌 활동으로 지출한 액수가 1조 원을 넘어선 이래 매년 두 자릿수로 꾸준히 증가하고 있다고 발표했으며, 2017년 매출 500대

기업의 사회 공헌 지출액은 2조 7,243억 원으로 2016년 2조 947억 8,528만 원 대비 30.1퍼센트 증가한 것으로 집계되었다고 밝혔다. 김덕진, 「소비자 정치와 기업의 사회적 책임(CSR): 국가의 관여를 중심으로」, 『사회과학연구』, 24권 1호(2013년), 160~161쪽; 임동욱, 「전경련 "대기업 사회 공헌 지출 2.7조…1년 새 30%↑"」, 『머니투데이』, 2018년 11월 19일.

3) Michele Micheletti, 『Political Virtue and Shopping: Individual, Consumerism, and Collective Action』(New York: Palgrave Macmillan, 2003|2010), pp.174~175.

4) Editor, 「Ethics is in the eye of the spender」, 『Sustainability at LSE』, June 19, 2013.

제1장

1) 오세진, 「'정치하는 엄마들' 장하나 공동대표 "사립유치원 비리, 교육 당국도 책임 있다"」, 『서울신문』, 2018년 10월 16일.

2) 임지선, 「비리 유치원 공개 뒤엔 '엄마들'의 추적 있었다」, 『한겨레』, 2018년 10월 20일.

3) 임지선, 「비리 유치원 공개 뒤엔 '엄마들'의 추적 있었다」, 『한겨레』, 2018년 10월 20일.

4) 구혜영, 「박용진, 과감한 전환」, 『경향신문』, 2018년 10월 31일.

5) 강찬호, 「박용진 대박, 유치원·김일성 겁 안 낸 '똘끼'가 비결」, 『중앙일보』, 2018년 10월 25일.

6) 양선아, 「"비리 유치원 보고 있나" 엄마들은 여기서 멈추지 않는다」, 『한겨레』, 2018년 10월 25일.

7) 송진식·심진용, 「'유치원 3법'의 유랑」, 『경향신문』, 2019년 6월 24일.

8) 「[사설] 이번엔 한유총 전 이사장 영장, 철퇴 맞는 '정권에 덤빈 죄'」, 『조선일보』, 2019년 4월 1일.

9) 이유진, 「유치원 비리 분노한 '엄빠의 힘'이 국회를 움직였다」, 『한겨레』, 2020년 1월 14일; 유성애·류승연, 「'유치원 3법' 통과에 걸린 466일…울먹인 박용진 "국민들 덕에 버텼다"」, 『오마이뉴스』, 2020년 1월 13일.

10) 「[사설] 사유재산 논란 '유치원 3법' 대책 뒤따라야」, 『중앙일보』, 2020년 1월 15일, 34면.

11) 김원배, 「어쩌다 공공기관…사립유치원의 두 얼굴」, 『중앙일보』, 2018년 10월 29일.

12) 김정호, 「사립유치원 비리 문제에 대한 새로운 시각」, 『규제연구』, 26권 2호(2017년 12월), 115쪽.

13) 김이현, 「"엄마들 시작 안 했으면 이번 유치원 사건 없었다"」, 『UPI뉴스』, 2018년 10월 24일.

14) 김영일, 「권력 현상에서 생활 현상으로: '정치'에 대한 란다우어(G. Landauer)와 아렌트(H. Arendt)의 이해와 현대적 의미」, 『한국정치학회보』, 41권 1호(2007년), 195~210쪽; 하승우, 「한국의 시민운동과 생활 정치의 발전 과정」, 『시민사회와 NGO』, 7권 2호(2009년), 39~72쪽; 홍성민, 「생활 양식과 한국 정치: 문화정치학의 소론」, 『한국정치연구』, 22권 2호(2013년), 125~152쪽; 조대엽, 「생활 정치 패러다임과 공공성의 재구성」, 『현상과인식』, 38권 4호(2014년), 131~155쪽.

15) Omri Shamir, 「Israel is too expensive for us? Political consumerism, public policy and entrepreneurship: the case of the cottage cheese boycott」, 『Israel Affairs』, 23:2(April 2017), pp.324~341.

16) 강버들, 「가습기 살균제 피해 성인 49.46%…"극단적 선택 생각했다"」, 『jtbc 뉴스』, 2020년 2월 19일.

17) 「가습기 살균제, 1,300명 사망의 비밀」, 『MBC 스트레이트』, 2018년 10월 28일; 선명수, 「가습기 살균제 '마음도 파괴'…피해자 10명 중 7명 '만성 울분'」, 『경향신문』, 2019년 3월 15일; 신지민·임재우, 「가습기 살균제 참사 8년…SK케미칼·애경 전 대표 등 34명 기소」, 『한겨레』, 2019년 7월 24일, 12면; 김기범, 「가습기 살균제 피해 구제, 이대로면 일 '미나마타병' 전철 밟는다」, 『경향신문』, 2019년 8월 26일, 16면.

18) 신지민·임재우, 「가습기 살균제 참사 8년…SK케미칼·애경 전 대표 등 34명 기소」, 『한겨레』, 2019년 7월 24일, 12면.

19) 정민승, 「장하나 "가습기 살균제 사건 정부가 책임 있는 행동 보여야"」, 『한국일보』, 2016년 5월 3일.

20) 조윤호, 「"언론이 안 다루면, 4년 내내 하는 의원이 없더라"」, 『미디어오늘』, 2016년 5월 12일.

21) 손가영, 「가습기 살균제 피해 사망 신고 1,300명 육박…피해자 일동 "빙산의 일각"」, 『미디어오늘』, 2018년 1월 15일.

22) 정일관, 「가습기 살균제가 죽인 딸…저는 '4등급' 아버지입니다」, 『오마이뉴스』,

2016년 8월 8일.

23) 김예리, 「가습기 살균제 피해자 또 숨져…정부는 늦었다」, 『미디어오늘』, 2019년 1월 18일.

24) 선명수, 「가습기 살균제 '마음도 파괴'…피해자 10명 중 7명 '만성 울분'」, 『경향신문』, 2019년 3월 15일.

25) 강재구, 「가습기 살균제 피해자 절반 "극단적 선택 생각"」, 『한겨레』, 2020년 2월 18일.

26) 구연상, 「가습기 살균제 사건, 재난(참사)인가 악행인가」, 『동서철학연구』, 89호 (2018년), 495~516쪽.

27) 장영, 「스트레이트: 가습기 세균제 참사, SK케미칼은 왜 책임지지 않나?」, 『미디어스』, 2018년 10월 29일. '악의 평범성(the banality of evil)'은 미국 정치학자 해나 아렌트(Hannah Arendt, 1906~1975)가 유대인 학살범 아돌프 아이히만(Adolf Eichmann, 1906~1962)의 재판 과정을 취재한 후 출간한 『예루살렘의 아이히만 (Eichmann in Jerusalem: A Report on the Banality of Evil)』(1963)이라는 책에서 제시한 개념이다. 아렌트는 아이히만이 유대인 말살이라는 반인륜적 범죄를 저지른 것은 그의 타고난 악마적 성격 때문이 아니라 아무런 생각 없이 자신의 직무를 수행하는 '사고력의 결여' 때문이라고 주장했다. 아이히만이 평범한 가장이었으며 자신의 직무에 충실한 모범적 시민이었다고 하는 사실이 많은 사람을 곤혹스럽게 만들었다. 아이히만은 학살을 저지를 당시 법적 효력을 가지고 있었던 히틀러의 명령을 성실히 수행한 사람에 불과했다. 그는 평소엔 매우 '착한' 사람이었으며, 개인적인 인간관계에서도 매우 '도덕적'인 사람이었다. 그는 자신이 저지른 일의 수행 과정에서 어떤 잘못도 느끼지 못했고, 자신이 받은 명령을 수행하지 않았다면 아마 양심의 가책을 느꼈을 것이라고 대답했다. 악의 화신으로 여겨졌던 인물의 '악마성'을 부정하고 악의 근원이 평범한 곳에 있다는 아렌트의 주장은 뜨거운 논쟁을 불러일으켰지만, 착한 사람이 저지른 악독한 범죄라고 하는 사실에서 연유되는 곤혹스러움은 인간의 사유(thinking)란 무엇이고, 그것이 지능과는 어떻게 다르며, 나아가 사유가 어떠한 정치적 함의를 갖는가 하는 문제를 근본적으로 제기하게 만들었다. Hannah Arendt, 『Eichmann in Jerusalem: A Report on the Banality of Evil』 (New York: Penguin Books, 1963|1985); 강준만, 「왜 모범적 시민이 희대의 살인마가 될 수 있는가?: 악(惡)의 평범성」, 『우리는 왜 이렇게 사는 걸까?: 세상을 꿰뚫는

50가지 이론 2』(인물과사상사, 2014), 254~258쪽 참고.

28) 강원대학교 법대 교수 박태현은 '더 신속·정확한' 가습기 살균제 피해 구제를 위한 4가지 제언을 했다. "첫째, '정부 급여(구제급여)'와 '사업자 분담금에 의한 지원(구제계정)'의 구분을 폐지하자. 대신 '가습기 살균제 건강 피해'라는 단일 범주 안에 가습기 살균제 사용과 '관련성'이 인정되는 질환을 구제 대상으로 폭넓게 인정하자. 둘째, 가습기 살균제 사용 사실과 피해 사실이 인정되는 경우, 피해가 다른 원인으로 인하여 발생 또는 악화된 것이라는 분명한 증거가 없는 한, 가습기 살균제로 인한 피해로 인정하자. 이는 과학적 불확실성에 따른 불이익을 피해자에게 전가하지 않기 위해서다. 피해자가 사업자를 상대로 건 민사소송에서 증거 자료의 부족으로 불리하게 되지 않도록 인과관계 추정 조항을 보다 합리적으로 완화하자. 셋째, 사망한 피해자의 경우 특별심사 트랙을 만들어 신속하게 구제 여부를 결정하자. 마지막으로, 정부는 필요한 관련 연구를 연차적이 아닌 동시다발적으로 추진함으로써 과학적 불확실성의 조기 해소에 전력을 다하자." 박태현, 「'더 신속·정확한' 가습기 살균제 피해 구제를 위한 4가지 제언」, 『경향신문』, 2019년 8월 26일, 16면.

29) 권석천, 「나는 왜 '가습기 살인'을 놓쳤나」, 『중앙일보』, 2016년 5월 17일.

30) 이하늬, 「가습기 살균제 보도, '이슈'만 좇을 뿐 '과학'이 없었다」, 『미디어오늘』, 2016년 11월 14일. '발표 저널리즘'은 1970년대 말 일본에서 처음 사용되기 시작한 것으로 언론이 기자단을 중심으로 정부 발표에 따라 기사를 만드는 관행을 말한다. 이는 신문 획일화의 주범인 동시에 언론이 정부에 놀아나는 결과를 초래하고 있다. 우리나라 신문의 1면과 사회면 머리기사 가운데 80퍼센트가 이른바 '관급기사'로 나타나 '발표 저널리즘'에 편중된 정도가 극심하다는 비판의 목소리가 높다. 공보처는 '정부기관의 효율적인 정책 수립과 국정 홍보에 활용키 위해'『경향신문』·『국민일보』·『동아일보』·『서울신문』·『세계일보』·『조선일보』·『중앙일보』·『한겨레』·『한국일보』 등 9개 신문이 1995년 1년간 게재한 43개 정부기관 관련 기사 건수를 조사해 통계를 냈다. 집계 결과 1면과 사회면의 톱기사 6,026건 중 정부 관련 기사가 80퍼센트(4,803건)에 달했으며, 중톱 기사는 5,951건 중 67퍼센트(3,971건)나 차지했다. 톱기사는 청와대(대통령) 기사가 25퍼센트(1,204건)로 가장 많았고 다음이 국무총리(12퍼센트), 재경원(6퍼센트), 교육부(5퍼센트), 경찰청(4퍼센트) 순이었다. 2015년 2월『미디어오늘』은 발표 저널리즘의 온상으로 '출입처'를 지목했

다. "기자들은 출입처의 보도자료에 의존해 쉽게 취재하고 기사를 쓴다. 출입처가 제공하는 정보와 논리에 순응하며 '출입처 편의주의'에 매몰되면 '발표 저널리즘'이 등장하게 된다. 출입처에 안주하며 취재원과 결탁하는 관행으로 똑같은 기사가 수십 개씩 쏟아진다. 출입처가 만든 프레임을 베낀 결과다.……'디지털 퍼스트'를 외치기 전에 낡은 취재 관행을 고민하고 돌아볼 시점이다." 강준만, 「왜 신문 1면과 사회면 머리기사의 80퍼센트가 '관급기사'인가?: 발표 저널리즘」, 『미디어 법과 윤리』(인물과사상사, 2016), 314~318쪽.

31) 김기범, 「수백 명 사상자 나온 참사에 언론은 어디 있었나」, 『관훈저널』, 통권140호 (2016년 가을), 72~73쪽.

32) 권석천, 「나는 왜 '가습기 살인'을 놓쳤나」, 『중앙일보』, 2016년 5월 17일.

33) 진경호, 「가습기 살균제의 공범은 누구입니까」, 『서울신문』, 2016년 5월 21일, 23면.

34) 조윤호, 「"언론이 안 다루면, 4년 내내 하는 의원이 없더라"」, 『미디어오늘』, 2016년 5월 12일.

35) 손가영, 「가습기 살균제 피해 사망 신고 1,300명 육박…피해자 일동 "빙산의 일각"」, 『미디어오늘』, 2018년 1월 15일.

36) 홍성욱, 「가습기 살균제 참사와 관료적 조직 문화」, 『과학기술학연구』, 18권 1호 (2018년 3월), 64쪽.

37) 김관욱, 『아프지 않았으면 좋겠습니다: 무감각한 사회의 공감 인류학』(인물과사상사, 2018), 101쪽.

38) Michele Micheletti & Dietlind Stolle, 「Mobilizing Consumers to Take Responsibility for Global Social Justice」, 『The ANNALS of the American Academy of Political and Social Science』, 611:1(May 2007), pp.168~169.

39) 제러미 리프킨(Jeremy Rifkin), 이경남 옮김, 『공감의 시대』(민음사, 2009|2010), 155~156쪽.

40) 이철희, 「'1명의 비극' 100명의 참극: 미 심리학자 "희생자 적을수록 동정심…많으면 무덤덤"」, 『동아일보』, 2007년 2월 21일, A17면; 강준만, 「왜 "한 명의 죽음은 비극, 백만 명의 죽음은 통계"인가?: 사소한 것에 대한 관심의 법칙」, 『감정 독재: 세상을 꿰뚫는 50가지 이론 1』(인물과사상사, 2013), 301~307쪽 참고.

41) 마거릿 헤퍼넌(Margaret Heffernan)은 『의도적 눈감기: 비겁한 뇌와 어떻게 함께

살 것인가(Willful Blindness: Why We Ignore the Obvious at Our Peril)』(2011)에서 우리 인간은 '마주하기에는 너무나 고통스럽고 두려운 진실'을 회피하는 성향이 있다고 말한다. "인정하고 논쟁하며 행동으로 변화시켜야 할 불편한 진실을 거부하면서 우리는 문제를 키운다. 수많은 사람들, 아니 어쩌면 대부분의 사람들이 저지르는 오류는 아무도 볼 수 없게 진실을 감추고 덮어두는 것이 아니라, 너무나 빤히 보이는데도 불구하고 어느 누구도 들여다보거나 캐묻지 않는 것이다.…복종하고 순응하려는 무의식적인 충동은 우리의 방패가 되고 군중은 우리의 타성에 친절한 알리바이가 되어준다. 돈은 심지어 우리의 양심까지도 눈멀게 한다." 마거릿 헤퍼넌(Margaret Heffernan), 김학영 옮김, 『의도적 눈감기: 비겁한 뇌와 어떻게 함께 살 것인가』(푸른숲, 2011|2013), 5~8쪽; 강준만, 「왜 한국은 '불감사회(不感社會)'가 되었는가?: 의도적 눈감기」, 『생각과 착각: 세상을 꿰뚫는 50가지 이론 5』(인물과사상사, 2016), 187~192쪽 참고.

42) 김수미, 「포스트-진실(post-truth)시대 무지 생산의 문화정치: 가습기 살균제 피해 사건에 대한 언론 보도 분석을 중심으로」, 『언론과사회』, 26권 3호(2018년 8월), 5~59쪽.

43) '사일로(silo)'는 원래 "큰 탑 모양의 곡식 저장고, 가축 사료(silage) 지하 저장고, 핵무기 등 위험 물질의 지하 저장고"를 뜻하는데, 비유적인 의미로 쓰이면서 "다른 곳과 고립된 채로 운영되는 집단, 과정, 부서" 등을 묘사하는 개념으로 사용된다. '사일로 효과(silo effect)'는 한 조직 내부에서 다른 곳과 고립된 채로 운영되는 집단이 자기 집단의 이익만 추구하다가 전체 조직에 위험을 초래하는 '칸막이 현상'을 말한다. 한국 행정부의 칸막이 현상은 매우 심각한 수준이라는 비판의 목소리가 높다. 각 부처 간, 또는 한 부처 내의 부서 간 영역 다툼을 하거나 책임을 떠넘기는 일이 잦아 그로 인한 피해가 고스란히 국민에게 돌아간다. 이런 칸막이 현상은 국민의 일상적 삶의 영역에까지 만연해 있다. 연고 중심의 패거리 만들기를 '칸막이 현상'이라고 부르는 최재현은 "칸막이 현상이 보편화되다 보니 사람들이 제각기 자기 칸을 넓히려고 혈안이 되게 마련이다. 조그만 하나의 칸막이로는 신분이 위태로우니까 동시에 여러 가지 칸을 만들어가려고 애쓴다"며 다음과 같이 말한다. "그러다 보니까 온갖 종류의 단체, 또 무슨 회들이 생겨나고, 그런 모임을 유지하느라고 비합리적인 지출이 늘어난다. 우리 사회에 요식업이 지나칠 정도로 발달해서 전반적

인 근로 의욕 감퇴로 연결되는 일도 잦은데 이 또한 칸막이를 구축하고 칸을 키우려는 사회 심리와 무관한 것이 아니다. 칸 안에 든 사람끼리 함께 먹고 마시는 일이 잦으니까 요식업도 쓸데없이 팽창하는 것이다." 강준만, 「왜 페이스북은 '사일로 소탕 작전'에 매달리는가?: 사일로 효과」, 『감정 동물: 세상을 꿰뚫는 이론 6』(인물과 사상사, 2017), 192~200쪽 참고.

제2장

1) 오보람, 「한국 남성 혐오 현상의 두 얼굴」, 『데일리한국』, 2016년 1월 30일.

2) 게르드 브란튼베르그(Gerd Brantenberg), 히스테리아 옮김, 『이갈리아의 딸들』(황금가지, 1977|2016), 8쪽.

3) 노정태, 「페미니즘을 위하여」, 『경향신문』, 2015년 6월 15일; 곽아람, 「우리가 김치녀? 그럼 너네 남자들은 '한남충'」, 『조선일보』, 2015년 10월 24일; 김서영, 「여성들의 반격 미러링, 오프라인으로 나오다」, 『경향신문』, 2015년 12월 12일; 김서영, 「페미니즘 전위 '메갈리아' 1년…'혐오'를 '혐오'로 지우려 한 그녀들은 유죄인가」, 『경향신문』, 2016년 7월 9일; 유민석, 『메갈리아의 반란』(봄알람, 2016), 7, 64~70, 104쪽.

4) 이선옥, 「메갈리안 해고 논란? 이건 여성 혐오의 문제가 아닙니다」, 『미디어오늘』, 2016년 7월 25일.

5) 박은하, 「'파시즘 차단'의 이름으로 집단 괴롭힘?」, 『주간경향』, 제1188호(2016년 8월 9일).

6) 이재덕, 「게임업계, 만연한 '페미니즘 사상 검증'」, 『경향신문』, 2018년 3월 28일; 김동운, 「'신의 한 수' 온라인 게임 소울워커, 유저 유입 '700%' 상승의 이유는」, 『국민일보』, 2018년 4월 1일.

7) 이재덕, 「"페미니스트라는 이유로…게임계에서 일감도 안 줘"」, 『경향신문』, 2018년 5월 8일.

8) 양성희, 「단지 페미니스트라는 이유로…」, 『중앙선데이』, 2018년 5월 12일.

9) 이유진·박다해, 「"메갈 잘라라" 한마디에…게임업계 밥줄이 끊어졌다」, 『한겨레』, 2018년 6월 25일.

10) 박다해·이유진, 「'소비자 운동'에 숨은 여성 혐오…'메갈 사냥꾼'은 누구?」, 『한겨

레』, 2018년 6월 27일.

11) 이유진·박다해, 「'남초 시장'이라 어쩔 수 없다고? 게임회사가 '메갈 사냥' 키웠다」, 『한겨레』, 2018년 6월 27일.

12) 이유진·박다해, 「'남초 시장'이라 어쩔 수 없다고? 게임회사가 '메갈 사냥' 키웠다」, 『한겨레』, 2018년 6월 27일.

13) 선담은, 「왕년의 '게임 아이돌'은 왜 민주노총 홍보부장이 됐나」, 『한겨레』, 2019년 7월 18일.

14) 김민제, 「사전 색출까지…또 터진 게임업계 '페미니즘 사상 검증'」, 『한겨레』, 2020년 1월 7일, 10면.

15) 박가분, 「서브컬쳐계의 '메갈 보이콧' 운동이 나아가야 할 방향」, 『리얼뉴스』, 2018년 3월 28일.

16) 도우리, 「'반(反)메갈'은 돈이 된다고? 페미니즘 사상 검증, 보이콧인가 갑질인가」, 『미디어스』, 2018년 3월 30일.

17) 조아라, 「한국 내 게임 연구와 페미니즘의 교차점들」, 『여성연구논총』, 32권(2017년), 161쪽.

18) 김미영, 「"페미니즘 대중화…소비자로서 여성 문제도 고민해야"」, 『한겨레』, 2017년 2월 10일.

19) 범유경·이병호·이예슬, 「〈오버워치〉, 그리고 다른 목소리: 게임 〈오버워치〉 내 여성 게이머에 대한 폭력적 발화 분석」, 『공익과인권』, 17권(2017년 10월), 283, 330쪽.

20) 박다해·이유진, 「5년 전 미국에서도 게임업계 '메갈 사냥'이 있었다」, 『한겨레』, 2018년 6월 29일.

21) 강푸름, 「'미투'가 영화판 바꾼다…관객 82% "가해자 영화 '보이콧'"」, 『여성신문』, 2018년 3월 12일.

22) 최연수, 「가지도 못할 걸, 심야 영화표 다섯 장 왜 샀냐고?」, 『중앙일보』, 2019년 5월 23일.

23) 김민아, 「[여적] 영혼 보내기」, 『경향신문』, 2019년 5월 27일; 현소은, 「"내 영혼 것까지 2개 구매"…페미니즘 등 '가치소비' 뜬다」, 『한겨레』, 2019년 7월 25일, 17면; 유주현, 「★자리 오른 지민, 귀족이 된 첸…팬덤이 아이돌 세상 바꾼다」, 『중앙선데이』, 2019년 8월 10일, 8면.

24) 최연수, 「가지도 못할 걸, 심야 영화표 다섯 장 왜 샀냐고?」, 『중앙일보』, 2019년 5월 23일; 현소은, 「"내 영혼 것까지 2개 구매"…페미니즘 등 '가치소비' 뜬다」, 『한겨레』, 2019년 7월 25일, 17면.

25) 이정연, 「광고는 페미니즘을 싣고 달린다」, 『한겨레』, 2016년 8월 20일.

26) 이정연, 「생각 없이 '성차별 광고', 제작비도 못 건진다」, 『한겨레』, 2017년 4월 14일.

27) 이정연, 「중년 여성은 없다, 광고 속 세상에는!」, 『한겨레』, 2017년 9월 29일.

28) 이정연, 「생각 없이 '성차별 광고', 제작비도 못 건진다」, 『한겨레』, 2017년 4월 14일.

29) 이정연, 「광고는 페미니즘을 싣고 달린다」, 『한겨레』, 2016년 8월 20일.

30) 이정연, 「광고는 페미니즘을 싣고 달린다」, 『한겨레』, 2016년 8월 20일.

31) 이정연, 「생각 없이 '성차별 광고', 제작비도 못 건진다」, 『한겨레』, 2017년 4월 14일.

32) 이주빈, 「아이스크림 광고에 왜 아이 입술을 클로즈업 하나」, 『한겨레』, 2019년 7월 2일, 10면. 2019년 6월 28일 공개된 '배스킨라빈스 핑크스타' 광고에는 화장을 진하게 한 아동 모델이 등장했다. 광고는 아동 모델이 아이스크림을 먹는 입술을 클로즈업한 장면이나 아이스크림을 먹는 순간 머리카락이 휘날리며 목덜미가 드러난 모습을 보여주었다. 배스킨라빈스는 핑크스타 광고가 아동을 성 상품화한다는 비판이 제기되자 하루 만인 6월 29일 해당 영상을 삭제하고 TV 광고도 중단했지만, 방송통신심의위원회는 8월 26일 이 광고를 송출한 Mnet, OtvN, OnStyle, XtvN, OCN, 올리브네트워크, tvN 등 CJ ENM 계열 7개 채널에 법정 제재인 '경고'를 결정했다. 박채영, 「배스킨라빈스 광고 방송한 7개 채널 '경고'…방심위 "어린이 이용해 성적 환상 일으켜"」, 『경향신문』, 2019년 8월 27일, 10면.

33) 최민지, 「성차별 광고, 영국서 사라진다」, 『경향신문』, 2018년 5월 18일.

34) 박원익·조윤호, 『공정하지 않다: 90년대생들이 정말 원하는 것』(지와인, 2019), 91쪽.

35) 박원익·조윤호, 『공정하지 않다: 90년대생들이 정말 원하는 것』(지와인, 2019), 149~151쪽.

36) 박원익·조윤호, 『공정하지 않다: 90년대생들이 정말 원하는 것』(지와인, 2019), 97, 100~102쪽.

37) 박원익·조윤호, 『공정하지 않다: 90년대생들이 정말 원하는 것』(지와인, 2019), 129쪽.

제3장

1) Kyle Endres & Costas Panagopoulos, 「Boycotts, buycotts, and political consumerism in America」, 『Research & Politics』, 4:4(November 2017), p.1. 트럼프 시대에선 이와 유사한 일이 많이 일어나고 있다. 트럼프 지지자들은 트럼프 행정부에 비판적인 언론 매체 기자들의 과거 발언과 소셜미디어에 올린 글을 뒤지는 '신상 털기' 공격에 나서고 있다. 이들은 『뉴욕타임스』, 『워싱턴포스트』, CNN 등 트럼프 행정부에 비판적인 보도를 한 언론사 직원 수백 명의 과거 소셜미디어 게시물을 캡처해 데이터베이스로 만들어놓고 있으며, 트럼프 재선에 불리한 보도가 나오면 이 자료를 끄집어내 '물타기'용으로 사용하고 있다. 이건창, 「트럼프 지지자들, 비판 언론인 '신상 털기'」, 『조선일보』, 2019년 8월 27일, A18면.

2) 정철운, 「조중동 신문 독자 절반, "나는 보수 아니다"」, 『미디어오늘』, 2016년 1월 29일.

3) 홍세화, 「진보의 경박성에 관해」, 『한겨레』, 2010년 10월 11일.

4) 정철운, 「'메갈리아=여자 일베' 인정 안 하면 시사IN처럼 된다?」, 『미디어오늘』, 2016년 8월 30일.

5) 박세회, 「시사IN의 '분노한 남자들' 기사에 분노한 사람들이 절독하겠다고 일어섰다」, 『허핑턴포스트코리아』, 2016년 8월 28일; 정철운, 「'메갈리아=여자 일베' 인정 안 하면 시사IN처럼 된다?」, 『미디어오늘』, 2016년 8월 30일; 최승영, 「'메갈 언론' 낙인찍고…기자 신상 털이에 인신공격도」, 『한국기자협회보』, 2016년 9월 7일.

6) 정철운, 「한겨레는 '문재인의 조선일보'가 되어야 한다?」, 『미디어오늘』, 2017년 4월 22일.

7) 강성원, 「유시민 "야권의 집권, 정치권력만 잡은 것일 뿐"」, 『미디어오늘』, 2017년 5월 6일.

8) 손희정, 『페미니즘 리부트: 혐오의 시대를 뚫고 나온 목소리들』(나무연필, 2017), 156~157쪽.

9) 2018년 3월 당시 더불어민주당 의원 민병두의 성추행 의혹 보도, 2019년 7월 검찰총장 후보 윤석열의 위증 논란 보도 때도 마찬가지였다. 옳고 그름에 관계없이 정부 여당에 불리한 보도만 했다 하면 항의 전화와 후원 중단 사태가 일어났다. 권태호, 『공짜 뉴스는 없다: 디지털 뉴스 유료화, 어디까지 왔나?』(페이퍼로드, 2019), 98, 101쪽.

10) 오창민, 「'진보 어용 언론'은 없다」, 『경향신문』, 2017년 5월 11일.

11) 김도연, 「"덤벼라. 문빠들" 한겨레 간부, 댓글 폭탄에 사과」, 『미디어오늘』, 2017년 5월 16일; 한승곤, 「한겨레 "안수찬 기자 경위 파악 후 엄중 경고"(공식)」, 『아시아경제』, 2017년 5월 17일.

12) 정지용, 「"덤벼라. 문빠들" 한겨레 기자, '증오와 거짓 사과' 논란」, 『국민일보』, 2017년 5월 16일; 김소정, 「문 대통령 지지자는 '개떼'…미디어오늘 기자 '정직 1개월'」, 『동아닷컴』, 2017년 5월 23일.

13) 「[사설] 독자 행동주의와 언론 개혁」, 『미디어오늘』, 2017년 5월 17일.

14) 이준상, 「"한경오-문빠 대립은 진보 언론과 새 미디어 진영의 갈등"」, 『미디어스』, 2017년 6월 22일.

15) 길윤형, 「소심한 21」, 『한겨레 21』, 제1185호(2017년 10월 30일).

16) 박권일, 「나쁜 신호」, 『한겨레』, 2018년 3월 16일.

17) 김지훈, 「정봉주, 김어준, 사과하라」, 『한겨레』, 2018년 4월 2일.

18) 김도연, 「"나는 신문기자가 아닌 디지털 라이터"」, 『미디어오늘』, 2018년 7월 10일. 전남대학교 철학과 교수 박구용의 『문파, 새로운 주권자의 이상한 출현: 의회와 언론이 시민을 대변하지 않는 시대』라는 책은 '문파'를 적극 옹호했다. 이 책을 긍정적으로 소개한 『경향신문』 기사에 달린 일부 댓글 역시 엉터리다. 아예 기사를 읽지 않고 쓴 게 아닌가 싶다. "좌적폐 한경오가 또 문빠나 문팬이나 문재인 갈라치기 작업하네. 왜 노무현 시즌2냐??? 기레기야." 홍진수, 「같은 듯 다른 '문빠'와 '문파'」, 『경향신문』, 2018년 11월 10일. 어떤 주장을 내세우건 가장 중요한 건 어떤 사안에 대해 제대로 알아보려는 최소한의 성실성이 아닌가 하는 생각을 갖게 만든다. 이런 엉터리 비난이 지극히 예외적인 게 아니라 자주 발견된다는 데에 문제가 있다.

19) 김도연, 「윤석열 검증 『뉴스타파』 보도 달라진 평가 왜?」, 『미디어오늘』, 2019년 9월 10일.

20) 정철운·금준경, 「"조중동 종편, 폐지보다 민주 노조 세워야"」, 『미디어오늘』, 2017년 5월 17일.

21) 최성호, 「노무현의 죽음과 비판적 지지의 신화」, 『교수신문』, 2017년 9월 19일.

22) 최성호, 「민주주의의 미래, 에피스테메, 문빠」, 『교수신문』, 2018년 2월 23일.

23) 최문선, 「박권일 "문빠 현상은 정치 체제 불안정성이 만든 증상"」, 『한국일보』, 2018

년 9월 1일.

24) 김현, 「'문빠'의 정의(正義)와 여성주의적 장소성」, 『한국여성철학』, 29권(2018년 5월), 221~222쪽.

25) 이재성, 「도덕성 백신 활용법」, 『한겨레』, 2019년 2월 7일.

26) 박영흠·이정훈, 「'한경오' 담론의 구조와 새로운 시민 주체의 출현」, 『커뮤니케이션 이론』, 15권 2호(2019년), 37쪽.

27) 뉴스 수용자는 시민인가, 소비자인가? 이런 이분법을 넘어서 수용자를 '시민(citizen)', '구경꾼(spectator)', '고객(client)'으로 3분하는 모델도 제시되고 있는데, 이는 앞으로 진지하게 검토해볼 문제라고 하겠다. Claudia Mellado & Arjen van Dalen, 「Challenging the Citizen–Consumer Journalistic Dichotomy: A News Content Analysis of Audience Approaches in Chile」, 『Journalism & Mass Communication Quarterly』, 94:1(2017), pp.213~237.

28) 최성호는 "그들은(문빠는) 홀리건임에 분명하지만, 그들이 열광적으로 응원하는 것은 다름 아닌 대한민국의 민주주의와 정의이고, 그런 한에서 성숙한 민주 시민이라 불리기에 손색이 없다는 것이 나의 확신이다"고 주장한다. 최성호, 「인간의 얼굴을 한 과학, 인간의 얼굴을 한 정치」, 『교수신문』, 2017년 11월 4일.

29) '정치적 보복'과 관련된 '피의사실 공표'에 대해 당시 고려대학교 법대 교수 박경신(참여연대 공익법센터 소장)은 『미디어오늘』에 기고한 칼럼에서 이렇게 말했다. "노 전 대통령은 우리의 슬픔의 크기만큼이나 공적인 인물이었고 그의 임기 중 비리 혐의에 대한 정보는 국민들에게 중요한 것이었고 검찰이 이 정보들을 공개하는 한 언론은 이를 보도할 의무가 있었다. 노 전 대통령이 임기 중에 아무리 적은 액수의 돈이라도 이를 임기 중에 '잘나가는' 기업인으로부터 받았는지를 확인하는 것은 매우 공적인 일이었고 편파적이거나 추측성일지라도 일부 부정확한 점이 있더라도 보도는 이루어지는 것이 마땅했다. 특히 일부 진보 매체들의 경우 '친한 사람일수록 엄정한 것이 언론의 정도'라는 굳은 결의를 가지고 아픈 속을 다스리며 노 전 대통령에 대해 공격적인 글들을 쓴 것으로 알고 있다. 노 전 대통령이 서거하였다고 해서 이제 와서 이런 자세를 포기한다는 것은 당시 아픔을 견뎌내었던 데스크와 기자들의 영혼을 파는 일이다. 이러한 원칙적인 입장이야말로 노 전 대통령이 한국 사회에 보여주려고 했었던 모습이며 언론이 앞으로 나아가야 할 길이다.……혹자

는 노 전 대통령의 사인으로 치욕적인 검찰 출두보다도 검찰의 피의사실 공표를 꼽는다. 하지만 검찰의 피의사실 공표가 금기시되어야 하는 이유는 추후에 그 사건을 맡을 판사나 배심원에게 편견을 가지도록 하거나 여론을 통해 압력을 넣어 공정한 비판을 받을 권리를 해하기 때문이다. 그러므로 피의사실 공표가 피의자가 공인인 경우 등의 최소한으로 한정되어야 함은 불문가지이다. 사실 지금 '참회'하는 상당수 언론사들이 검찰의 피의사실을 전달하는 나팔수 역할을 한 것에 대해 집중적으로 참회하고 있다. 하지만 언론사의 참회도 '피의자가 공정히 재판받을 권리를 침해하지 않도록 주의해야 한다'는 선에서 그쳐야지 '유죄 확정 전까지는 범죄 수사에 대해 드러난 단서들의 보도는 공인이라 할지라도 자제해야 한다'는 범위까지 확대되는 것은 곤란하다." 박경신, 「언론 책임론 방향 잘못됐다」, 『미디어오늘』, 2009년 6월 10일, 2면.

30) http://egloos.zum.com/iandyou/v/3067303?utm_source=dable

31) 윤석만, 「악플 두려워 비판 않는 497세대 지식인」, 『중앙일보』, 2019년 8월 5일, 28면.

32) 곽정수, 「'진영 논리'서 독립한 새 언론을 갈망하며」, 『한국기자협회보』, 2019년 12월 4일.

33) 2017년 5월 『한겨레』 신임 사장 양상우는 『미디어오늘』 인터뷰에서 "『뉴스타파』 4만 명, 『오마이뉴스』 1만 6,000명, 『민중의소리』 6,000명 등 독자들의 자발적인 후원이 늘어나는 건 고무적인 현상이지만 여전히 미디어 시장은 상품의 소비자와 돈을 지불하는 광고 구매자가 다른 '양면시장' 성격을 지닌다"는 질문에 대해 다음과 같이 답했다. "독자 후원이 늘어나는 것에 긍정적인 면도 있지만 우려스러운 대목도 있다. 독자로부터의 압력에서 자유로울 수 없게 되지 않을까? 매출의 포트폴리오가 넓어야 특정 사안에 대한 독자의 부정적 반응에 휘청대지 않을 수 있다. 포트폴리오가 분산돼 있지 않으면 계속 독자 요구에만 부응하는 보도를 해야 한다. 『한겨레』만 해도 '문재인을 위한 신문'이라며 절독하고 한편에서는 '안철수 키우기'라고 절독하는 현상이 나타났다. 수요 측면에서 급격하게 세분화(segmentation)한 것이다." 김도연, 「친안·친문 절독? 저널리스트와 독자는 길항 관계」, 『미디어오늘』, 2017년 5월 10일.

34) 강준만, 「왜 한국의 하드웨어는 1류, 소프트웨어는 3류인가?: 문화 지체」, 『우리는 왜 이렇게 사는 걸까?: 세상을 꿰뚫는 50가지 이론 2』(인물과사상사, 2014), 24~33

쪽 참고.

35) '서울대학교 프락치 사건'은 이미 역사적으로 굳어진 듯한 느낌을 주는 사건 명이긴 하지만, 이 사건의 피해자인 전기동은 '서울대학교 프락치 사건'은 잘못된 표현이며, 이를 '서울대학교 민간인 감금 폭행 고문 조작' 사건으로 명명해야 한다고 주장해왔다. 전기동은 수차례 언론중재위원회에 중재 요청을 했으며, 일부 언론에서는 정정보도문과 반론이 나갔다. 「알립니다」, 『월간 인물과사상』, 2003년 4월, 217쪽.

36) 전희경, 「가해자 중심 사회에서 성폭력 사건의 '해결'은 가능한가: KBS 노조 간부 성폭력 사건의 여성 인권 쟁점들」, 한국여성의전화연합 기획, 정희진 엮음, 『성폭력을 다시 쓴다: 객관성, 여성운동, 인권』(한울아카데미, 2003), 59쪽.

37) 김채현, 「유시민 "보수 정당에서 세종대왕 나와도 안 찍어"」, 『서울신문』, 2020년 2월 22일.

38) 박구용, 『문파, 새로운 주권자의 이상한 출현: 의회와 언론이 시민을 대변하지 않는 시대』(메디치, 2018), 258~259쪽.

39) 박구용, 『문파, 새로운 주권자의 이상한 출현: 의회와 언론이 시민을 대변하지 않는 시대』(메디치, 2018), 250쪽.

40) 최보식, 「괴물이 된 '문빠'」, 『조선일보』, 2020년 2월 21일, A34면.

41) 김윤덕, 「진중권은 왜 페이스북을 닫았나」, 『조선일보』, 2019년 11월 23일, A31면.

42) 박해리, 「진중권, 유시민 맹공 "알릴레오 안 본다, 판타지 싫어해서"」, 『중앙일보』, 2020년 1월 2일.

43) 박구용, 『문파, 새로운 주권자의 이상한 출현: 의회와 언론이 시민을 대변하지 않는 시대』(메디치, 2018), 72~73쪽.

44) 박상준, 「문빠, 힘인가 독인가」, 『한국일보』, 2017년 2월 18일.

제4장

1) 프란츠 파농(Frantz Fanon), 이석호 옮김, 『검은 피부, 하얀 가면』(인간사랑, 1952|1998), 289~290쪽.

2) 아이리스 매리언 영(Iris Marion Young), 허라금·김양희·천수정 옮김, 『정의를 위한 정치적 책임』(이화여자대학교출판문화원, 2011|2018), 291~293쪽.

3) 권김현영, 「그것은 선의가 아니다」, 『한겨레』, 2019년 8월 28일, 27면.

4) 김민제·김일우, 「대체 상품 소개하는 '노노재팬' 인기···확산하는 일본 불매운동」, 『한겨레』, 2019년 7월 19일, 5면.

5) 최선영, 「"보이콧 재팬" SNS 항일 운동의 힘」, 『한겨레』, 2019년 7월 24일, 21면.

6) 안관옥, 「광주 광덕고 학생들 "일본 제품 사지도 쓰지도 않겠다"」, 『한겨레』, 2019년 7월 19일, 19면.

7) 김민제·김일우, 「대체 상품 소개하는 '노노재팬' 인기···확산하는 일본 불매운동」, 『한겨레』, 2019년 7월 19일, 5면.

8) 김민제, 「조선일보 불매로 옮겨간 일본 불매운동···10년 전 '업무방해' 판결 어땠나」, 『한겨레』, 2019년 7월 23일, 8면; 문현숙, 「언소주 "일본 편만 드는 조선일보는 토착왜구"」, 『한겨레』, 2019년 7월 26일; 장슬기, 「조선일보 앞 시민들 "국론 분열 조선일보 폐간하라"」, 『미디어오늘』, 2019년 8월 3일; 「[사설] 여야의 '친일파' 몰기, 코미디가 따로 있나」, 『조선일보』, 2019년 8월 5일, A31면; 정민경, 「거센 친일 비난에 조선일보 "21세기에 '친일파'라니"」, 『미디어오늘』, 2019년 8월 5일; 이정하, 「인천지역 '노 재팬' 운동 '조선일보' 절독으로 확산」, 『한겨레』, 2019년 8월 7일, 12면; 문현숙, 「"'친일 보도' 조선일보에 광고 1위 기업 아모레퍼시픽"」, 『한겨레』, 2019년 8월 19일 참고.

9) 이영섭, 「[한국갤럽] 80% "일본 제품 사기 꺼려진다"」, 『뷰스앤뉴스』, 2019년 7월 26일.

10) 윤형준, 「일본차 판매 뚝···도요타 38%↓ 혼다 42%↓」, 『조선일보』, 2019년 8월 6일, B1면; 김도년, 「日 맥주 10년 만에 3위 추락, 車 32% 급감···불매 효과 컸다」, 『중앙일보』, 2019년 8월 15일.

11) 성서호, 「카드사 유니클로 매출 70% 뚝···日 관광지에서는 20% 감소」, 『연합뉴스』, 2019년 8월 15일.

12) 안병수·곽은산, 「"한·일 갈등 총선에 긍정적"···與 싱크탱크 민주硏 보고서 파문」, 『세계일보』, 2019년 7월 31일.

13) 예컨대, '『조선일보』 독자권익보호위원회 8월 정례회의'에선 이런 지적이 나왔다. "한·일 갈등과 관련해 『조선일보』 보도가 일관된 자세를 유지하지 못하고 일부 흔들린 것 같다. 사설과 칼럼 등은 그 나름대로 일관성이 있는데 이런 기조가 일반 기사에까지 스며들지 않았다. 다른 신문의 무작정 일본 때리기 같은 것에 『조선일보』

는 편승하지 않았으면 했는데, 그런 측면을 보일 때가 있었다." "『조선일보』 기사가 왔다 갔다 하는 것처럼 보인 것은 정부의 반일(反日) 구도에 일관적으로 대응하지 못했기 때문이다. 청와대는 우리가 일본과 싸울 힘이 있다고 주장하고 여권은 반일 분위기를 조성해 이 구도를 내년 총선까지 이어가려고 하고 있다. 그러면 『조선일보』 기사에서 보고 싶은 것은 정부의 프레임이 맞는지 철저한 팩트 체크를 하는 것이다. 과연 우리가 싸울 힘이 있는지, 산업 경쟁력에서 일본과 견줘볼 만한 역량은 어느 정도인지 사실 확인을 해야 한다. 한·일 양국 모두 이 문제를 국내 정치에 이용하고, 야당마저 반일·친일 문제에 대해 부화뇌동했다. 이런 사태를 보도하는 과정에서 일관된 방향을 견지하지 못한 측면이 있다." 김정형, 「[조선일보 독자권익보호위원회 8월 정례회의] '反日 프레임' 비판 논조 흔들려…중심 지켜달라」, 『조선일보』, 2019년 8월 16일, A29면.

14) 「[사설] 여야의 '친일파' 몰기, 코미디가 따로 있나」, 『조선일보』, 2019년 8월 5일, A31면.

15) 정지섭·최아리·최원국, 「뉴스하다 "이건 국산 볼펜"…사케 공방 이어 '日製 색출' 바람」, 『조선일보』, 2019년 8월 6일, A12면.

16) 정지섭·최아리·최원국, 「뉴스하다 "이건 국산 볼펜"…사케 공방 이어 '日製 색출' 바람」, 『조선일보』, 2019년 8월 6일, A12면.

17) 「[사설] 도쿄 여행 금지·올림픽 불참, '무작정 반일' 자제해야」, 『경향신문』, 2019년 8월 7일, 27면; 김윤나영·최미랑, 「정치권·지자체, 여론 편승 과도한 '반일'…엇나간 애국주의」, 『경향신문』, 2019년 8월 7일, 5면.

18) 이정규, 「서울 명동에 '노 재팬' 깃발 설치…"손님에게 불안감 줘선 안 돼"」, 『한겨레』, 2019년 8월 6일, 13면.

19) 정지섭·최아리·최원국, 「뉴스하다 "이건 국산 볼펜"…사케 공방 이어 '日製 색출' 바람」, 『조선일보』, 2019년 8월 6일, A12면.

20) 이명희, 「이제 냉정해질 때」, 『경향신문』, 2019년 8월 6일, 26면.

21) 박사라, 「똑똑한 불매운동, 정치는 끼지 마라」, 『중앙일보』, 2019년 8월 8일, 19면.

22) 김준영, 「중구청 '노 재팬' 깃발 소동…"혐한 유발" 비판 일자 구청장 "죄송합니다"」, 『중앙일보』, 2019년 8월 7일, 8면.

23) 강다은, 「중구청장 'NO 재팬' 내걸다…상인 반발로 4시간 만에 철거」, 『조선일보』,

2019년 8월 7일, A12면.

24) 「[사설] 도쿄 여행 금지·올림픽 불참, '무작정 반일' 자제해야」, 『경향신문』, 2019년 8월 7일, 27면.

25) 박정훈, 「전쟁은 입으로 하지 않는다」, 『조선일보』, 2019년 8월 9일, A30면.

26) 남정민, 「[여론조사 ①] 日 경제 보복 대응…"잘한다 56.2% vs 못한다 38.3%"」, 『SBS 뉴스』, 2019년 8월 14일; 권란, 「[여론조사 ②] "올림픽 보이콧 반대 61.3%… 군사협정 유지 56.2%"」, 『SBS 뉴스』, 2019년 8월 14일.

27) 김민제·김일우, 「대체 상품 소개하는 '노노재팬' 인기…확산하는 일본 불매운동」, 『한겨레』, 2019년 7월 19일, 5면.

28) 「[사설] 도쿄 여행 금지·올림픽 불참, '무작정 반일' 자제해야」, 『경향신문』, 2019년 8월 7일, 27면.

29) 강태현, 「"유니클로 단속반? 이 정도면 협박"…불매 강요에 네티즌들 "너무 나갔다"」, 『국민일보』, 2019년 8월 7일.

30) 선담은, 「'일본인 출입 금지' 간판 'No Japs' 팻말은 왜 인종차별일까요」, 『한겨레』, 2019년 8월 15일, 10면.

31) 심윤지·박채영, 「'일본 불매' 앞세워 개인 공격·비난…"무분별 혐오로 번질라" 우려」, 『경향신문』, 2019년 7월 24일, 8면.

32) 최은지, 「"일본 차여서" 골프장서 렉서스 3대 긁은 의사 입건」, 『연합뉴스』, 2019년 8월 25일.

33) 김광현, 「불매운동의 끝은」, 『동아일보』, 2019년 8월 29일.

34) 예영준, 「"격려 못할망정 일하러 가는 것도 친일파로 매도합니까"」, 『중앙일보』, 2019년 9월 5일, 24면.

35) 이동준, 「한일 관계 보도 이대로 좋은가」, 『관훈저널』, 통권138호(2016년 봄), 39쪽.

36) 김영희, 「한일 관계에서 언론의 역할」, 『관훈저널』, 통권135호(2015년 여름), 108쪽.

37) 이제훈, 「민족주의와 보편적 인권 사이에서」, 『관훈저널』, 통권138호(2016년 봄), 48쪽.

38) 유성운, 「한·일 관계 나쁘면 대통령 지지율 오르고 좋으면 내렸다」, 『중앙일보』, 2019년 7월 24일, 8면.

39) 김수혜, 「'新친일 호구' 탈출법」, 『조선일보』, 2019년 8월 15일, A31면.

40) 유성운, 「한·일 관계 나쁘면 대통령 지지율 오르고 좋으면 내렸다」, 『중앙일보』, 2019년 7월 24일, 8면.

41) 김미나, 「다시 10%대⋯'황교안 체제' 이전으로 돌아간 자유한국당 지지율」, 『한겨레』, 2019년 8월 9일.

42) 김영희, 「한일 관계에서 언론의 역할」, 『관훈저널』, 통권135호(2015년 여름), 108쪽.

43) 이와 관련, 『경향신문』 사회부장 김종목은 "여야와 이른바 '진보'와 '보수' 진영이 싸우는 듯하지만 의견 일치를 본 게 있다. 보수 쪽은 이참에 '기초체력'을 튼튼히 해야 한다며 규제 완화를 주문한다. 정부도 이번 사태가 '재난'에 준한다며 특별 연장 근로 방안을 내놓는다. 신규 화학물질의 신속한 출시나 인허가 기간 단축 방안도 추진하겠다고 했다"고 개탄했다. 논설고문 이대근은 정부·여당이 일본의 경제 보복에 대응한다며 주 52시간 노동제, 화학물질 등록 및 평가에 관한 법, 일감 몰아주기 규제를 유보하거나 적용 예외로 하는 비상책을 내놓은 것에 대해 이렇게 말했다. "세 가지는 악명 높은 장시간 노동, 가습기 살인, 재벌 집중의 반사회적 현상을 치유하기 위해 높은 사회적 비용을 치르고 도입한 제도다. 이해 당사자 간 이익과 손실, 산업 발전과 생명 존중, 기업 경쟁력과 재벌 개혁이 겨우 균형점을 찾아서 이룩한, 많지 않은 사회적 합의의 산물이다. 그런데 이제 와서 아베와의 싸움을 방해하는 걸림돌로 취급한다. 그사이 비리 혐의로 재판 중인 한국 최고 재벌은 나라를 살릴 구세주 대접을 받는다. 아베가 한국에서 이룬 역전극이다. 만일 세 가지를 내주고 이겼다고 해보자. 그 대가로 얻은 것은 노동 조건의 악화, 기업의 눈먼 이윤 추구, 재벌 집중 심화다. 그것이 무슨 일을 벌일 우리는 잘 안다. 우리 안에 똬리를 틀고 앉아 우리를 할퀴고 상처를 낸다. 위기 때 약자를 보호하면서 사회가 강해지는 것이 아니라, 강자는 더 강해지고 약자는 더 약해지면서 사회가 약해진다." 김종목, 「애국과 민족주의의 이면」, 『경향신문』, 2019년 8월 19일, 30면; 이대근, 「아무도 흔들 수 없는 나라 만들기」, 『경향신문』, 2019년 8월 21일, 30면.

44) 정인진, 「내게 '보수냐 진보냐' 묻는 이들에게」, 『경향신문』, 2019년 8월 19일, 29면.

45) 진경호, 「가습기 살균제의 공범은 누구입니까」, 『서울신문』, 2016년 5월 21일, 23면.

46) 이와 관련, 예컨대, 성공회대학교 NGO대학원장 김동춘은 이렇게 말한다. "한국의 문재인 정부와 산업통상자원부는 제조업 르네상스를 내걸었으나 일본의 무역 규제가 있기 전에는 소재·부품 이야기는 한마디도 하지 않았고, 거시 산업 경제정책을

세운 것 같지도 않다. 대기업들은 소재·부품 생산 중소기업 지원에 소극적이거나 무관심했고, 이들과 불공정한 전속계약 상태에 있었던 한국 중소기업은 독자 기술 개발을 거의 포기했다.……정부의 연구개발(R&D) 지원이 원천기술 축적에 투자되지 않고, 우수한 젊은이들이 기초과학 분야가 아닌 의과대학으로만 몰린다면 우리의 미래는 그다지 밝지 않다." 김동춘, 「원천기술과 사람, 돈으로 살 수 없는 것」, 『한겨레』, 2019년 8월 28일, 26면.

47) 이준웅은 이번 한·일 외교통상 분쟁으로 분명해진 점이 있다며 이렇게 말한다. "우리 사회에 그 많은 일본 전문가들이 있건만, 정작 시민들이 언론 매체에서 읽고 배울 만한 논변을 확인 가능한 증거와 함께 일관되게 제시하는 분은 별로 많지 않다는 사실이다.……전문가들이 헤매는 사이 시민들이 나선다. 시민들은 지식인 담론을 흉내내어 고사성어와 역사적 유비를 동원해서 복잡한 현실을 이해하려 노력하고 있다. 인터넷 담론 광장을 둘러보자. 자신을 왜란 때 의병, 구한말 애국지사, 만주 벌판 광복군, 해방 공간 이념 건달, 한국전쟁 학도병에 빙의한 시민들을 쉽게 만날 수 있다. 자기 살길만 찾는 양반, 매국노, 기회주의자, 반역자를 응징해야 한다고 목소리를 높이는 이들도 찾을 수 있다. 나는 일본에 대해 아는 게 하나도 없는 자로서, 고려 말 무인정권의 서생 같은 답답한 심정으로 일본 전문가들에게 부탁하고 싶다.……주장에 덧붙여 근거를 역사적 사건이나 통계적 사실로 뒷받침해 달라. 굳이 비유적으로 이야기를 해야겠다면, 그런 비유가 왜 적절한지 이유를 별도로 제시해 달라." 이준웅, 「논변이 귀하고 비유가 헐한 나라」, 『경향신문』, 2019년 8월 12일, 27면.

48) 강준만, 「왜 뉴스를 '막장 드라마'로 소비해야만 하는가?: 솔루션 저널리즘」, 『월간 인물과사상』, 제252호(2019년 4월), 60~69쪽 참고.

제5장

1) 이대근, 「그 많던 시민은 다 어디로 갔을까」, 『경향신문』, 2017년 7월 5일.

2) 이진순, 「'공범자들' 최승호 "우리를 침묵하게 할 순 없습니다"」, 『한겨레』, 2017년 8월 19일.

3) 「[사설] 촛불집회 2주년, '촛불 민의'는 제대로 실현되고 있는가」, 『경향신문』, 2018

년 10월 29일.

4)「[사설] '촛불 2주년' 의미 훼손하는 세력의 반동을 경계한다」,『한겨레』, 2018년 10월 29일.

5)「[사설] 노조의 촛불, 진보 단체의 촛불이 아니다」,『중앙일보』, 2018년 10월 29일.

6) 송호근,「부패의 척후」,『중앙일보』, 2018년 10월 30일.

7) '지대추구(地代追求: rent-seeking)'는 사적 영역의 집단들이 생산적 활동을 통해 수익을 얻기보다 국가 부문의 자원과 영향력에 접근해 수익을 얻고자 하는 비생산적인 행위를 의미하는데, 좀 쉬운 말로 하자면, '이권추구(利權追求)'로 보아도 무방하다. 그래서 rent-seeking society는 흔히 '이권추구형 사회'로 번역된다. 한국에선 특히 정치 분야의 지대추구가 심각한 수준이다. 공공기관의 도덕적 해이(moral hazard)도 악명이 높다. 대중은 정치 분야와 공공기관의 지대추구에 분개하지만, 그건 그게 주요 뉴스로 자주 다루어지기 때문에 그런 것일 뿐, 지대추구는 힘이 있는 모든 영역에서 광범위하게 저질러지고 있는 삶의 문법이라고 해도 과언이 아니다. 그들은 힘을 합쳐 지대추구를 하는 곳을 바꾸려 하기보다 파편화된 개인의 입장에서 그런 곳에 들어가려고 전력투구하기 때문에 지대추구가 이렇다 할 변화 없이 지속되는 게 아닐까? 강준만,「왜 우리는 '합법적 도둑질'을 방치하는가?: 지대추구」,『생각과 착각: 세상을 꿰뚫는 50가지 이론 5』(인물과사상사, 2016), 347~354쪽 참고.

8) 이철승,『불평등의 세대: 누가 한국 사회를 불평등하게 만들었는가?』(문학과지성사, 2019), 349쪽.

9) 김지훈,「'권력 장악 '막강 386세대' 양보해야 자녀 세대가 산다'」,『한겨레』, 2019년 8월 12일, 21면.

10) 강준만,「왜 극우와 극좌는 서로 돕고 사는 관계일까?: 적대적 공생」,『우리는 왜 이렇게 사는 걸까?: 세상을 꿰뚫는 50가지 이론 2』(인물과사상사, 2014), 105~110쪽 참고.

11) 홍세화,「관제 민족주의의 함정」,『한겨레』, 2019년 8월 9일, 22면.

12) 박진,「그때 하지 못한 말」,『한겨레』, 2018년 10월 30일.

13) 강준만,「자기계발의 문화정치학: 자기계발 담론의 커뮤니케이션 유형을 중심으로」,『스피치와커뮤니케이션』, 제15권 3호(2016년 12월), 133~174쪽.

14) 이지호·이현우·서복경,『탄핵 광장의 안과 밖: 촛불 민심 경험 분석』(책담, 2017),

157~163쪽; 정원식, 「탄핵 촛불집회 '50대 전반' 참가율 27%…"여권 분열 동력 됐다"」, 『경향신문』, 2017년 8월 1일.

15) 정병기, 「2016~2017년 촛불집회의 성격: 1987년 6월 항쟁 및 2008년 촛불집회와의 비교」, 『동향과전망』, 104권(2018년 10월), 374~399쪽; 정병기, 「68혁명 운동과 비교한 2016|2017 촛불집회의 비판 대상과 참가자 의식」, 『동향과전망』, 101권(2017년 10월), 261~291쪽.

16) 조갑제, 「친박은 '보수의 敵' 조중동과 싸워야 살 길이 열린다!」, 『조갑제닷컴』, 2016년 12월 12일.

17) 김지은, 「국민 86% "박근혜 파면 잘했다"」, 『한겨레』, 2017년 3월 11일.

18) John Keane, 「The Cherry Blossom Uprising: Monitory Democracy in Korea」, 『The Conversation』, March 13, 2017.

19) 존 킨(John Keane), 양현수 옮김, 『민주주의의 삶과 죽음: 대의 민주주의에서 파수꾼 민주주의로』(교양인, 2009|2017), 927쪽; 홍성구, 「박근혜 탄핵 촛불집회의 민주적 함의: 숙의 민주주의와 파수꾼 민주주의를 중심으로」, 『한국언론정보학보』, 89권(2018년), 149~178쪽.

20) 신진욱, 「한국에서 결손 민주주의의 심화와 '촛불'의 시민 정치」, 『시민과세계』, 29권(2016년), 1~26쪽.

21) 김윤철, 「2016-2017년 촛불집회의 역사적 맥락과 '마지노선 민주주의'」, 『21세기정치학회보』, 28권 1호(2018년), 1~19쪽.

22) 권영숙, 「촛불의 운동 정치와 87년 체제의 '이중 전환'」, 『경제와사회』, 117권(2018년), 62~103쪽.

23) 배영대·손민호, 「"촛불혁명은 참여 민주주의 승리" "정치 세력 간 타협의 산물"」, 『중앙일보』, 2017년 6월 30일.

24) 안영춘, 「20대 남성은 촛불의 배교자인가」, 『한겨레』, 2019년 3월 15일.

25) 안종기, 「선거와 정치 마케팅 연구: 선거 정치의 보강적 이해를 위한 분석틀 수립과 연구 과제 제안」, 『아세아연구』, 61권 1호(2018년), 79~112쪽; Jennifer Lees-Marshment, 「The Marriage of Politics and Marketing」, 『Political Studies』, 49:4(2001), pp.692~713; Margaret Scammell, 「Political Marketing: Lessons for Political Science」, 『Political Studies』, 47:4(1999), pp.718~739.

26) 경로의존(經路依存: path dependency=dependence)은 한 번 경로가 결정되고 나면 그 관성과 경로의 기득권 파워 때문에 경로를 바꾸기 어렵거나 불가능해지는 현상을 가리킨다. 우리는 기존 경로의 수혜자들을 가리켜 '기득권 세력'이라고 한다. 그래서 새로운 경로를 만들고자 할 때에 '기득권 타파'를 외쳐대지만, 좀더 신중해질 필요가 있다. 변화를 거부하는 사람들에게 '기득권 세력'이라는 딱지를 붙이면 탐욕이나 음모를 연상하게 되지만, 우리 인간의 속성이라고 해도 좋을 '현상 유지 편향(status quo bias)'과 '손실 회피 편향(loss aversion bias)'이라는 개념으로 이해하면 다른 그림이 그려진다. 현상 유지 편향은 사람들이 이해득실의 문제를 떠나 현재의 상태에 그대로 머물고자 하는 강한 정서를 갖고 있는 것을 말한다. 손실 회피 편향은 얻은 것의 가치보다 잃어버린 것의 가치를 더 크게 평가하는 것을 말한다. 예컨대, 1만 원을 잃어버렸을 때 느끼는 상실감은 1만 원을 얻었을 때 느끼는 행복감보다 더 크다는 것이다. 정서적으로 2배의 차이가 난다는 실험 결과도 나와 있다. 그런 정서의 문제까지 서둘러 탐욕이나 음모로 간주해 '적'의 수를 자꾸 늘릴 필요가 있을까? 설사 기득권 세력이라 하더라도 모두가 다 한통속은 아닐 게다. 기득권 세력은 저항 세력에 대해 정면 돌파만 하는 게 아니라 포섭 전략을 쓰기도 하는데, 왜 저항 세력은 포섭 전략을 불온시하면서 '닥치고 격파!'만 외치다 제대로 된 싸움 한번 못해보고 주저앉아야 한단 말인가? 그간 사회과학 분야에서 경로의존은 주로 행정적 규제 등과 같은 정책 연구에 많이 활용되어왔지만, 학자들의 연구 행태도 경로의존의 큰 영향을 받는다. 강준만, 「왜 "개혁이 혁명보다 어렵다"고 하는가?: 경로의존」, 『습관의 문법: 세상을 꿰뚫는 이론 7』(인물과사상사, 2019), 288~294쪽; 강준만·전상민, 「'경로의존'의 덫에 갇힌 지역언론학: '지방 소멸'을 부추기는 3대 '구성의 오류'」, 『한국언론학보』, 63권 3호(2019년 6월), 7~32쪽 참고.

27) 손호철, 「6월 항쟁과 '11월 촛불혁명': 반복과 차이」, 『현대정치연구』, 10권 2호(2017년), 77~97쪽; 홍성구, 「박근혜 탄핵 촛불집회의 민주적 함의: 숙의 민주주의와 파수꾼 민주주의를 중심으로」, 『한국언론정보학보』, 89권(2018년), 149~178쪽.

28) W. Lance Bennett, 「The Personalization of Politics: Political Identity, Social Media, and Changing Patterns of Participation」, 『The ANNALS of the American Academy of Political and Social Science』, 644:1(October 2012), pp.20~39; 최연태, 「소셜미디어가 정치적 소비자 운동에 미친 영향에 관한 연구」, 『한국사회와행정연구』, 29

권 3호(2018년), 363~389쪽.

29) 김성재, 「오락 커뮤니케이션: '촛불혁명', 분노에서 유희로」, 『현대유럽철학연구』, 50권(2018년), 167~205쪽.

30) 권영숙, 「촛불의 운동 정치와 87년 체제의 '이중 전환'」, 『경제와사회』, 117권(2018년), 62~103쪽; 김윤철, 「2016-2017년 촛불집회의 역사적 맥락과 '마지노선 민주주의'」, 『21세기 정치학회보』, 28권 1호(2018년), 1~19쪽; 최주호, 「'진격의 촛불' 청와대 100m의 비밀…경찰, 보고 있나?」, 『오마이뉴스』, 2016년 12월 7일.

31) 최장집·박상훈 외, 『양손잡이 민주주의: 한 손에는 촛불, 다른 손에는 정치를 들다』 (후마니타스, 2017), 53~54쪽.

32) 박용근, 「'10당 8락 조합장' 돈 선거 심해졌다」, 『경향신문』, 2019년 7월 31일, 8면.

33) 서중석, 「민주노동당은 역사에서 배워야 한다」, 『역사비평』, 제68호(2004년 가을), 39쪽.

제6장

1) Daniel J. Boorstin, 『The Image: A Guide to Pseudo-Events in America』(New York: Atheneum, 1964), p.59; 양건열, 『비판적 대중문화론』(현대미학사, 1997), 127쪽.

2) 장 보드리야르(Jean Baudrillard), 이상률 옮김, 『소비의 사회: 그 신화와 구조』(문예출판사, 1970|1991), 91쪽.

3) 앨빈 토플러(Alvin Toffler), 이상백 옮김, 「프로슈머의 출현」, 『제3의 충격파』(홍신문화사, 1980|1981), 315~341쪽.

4) 제러미 리프킨(Jeremy Rifkin), 이희재 옮김, 『소유의 종말』(민음사, 2000|2001), 207쪽.

5) Michele Micheletti & Dietlind Stolle, 「Fashioning social justice through political consumerism, capitalism and the Internet」, 『Cultural Studies』, 22(2008), p.764; Janelle Ward & Claes de Vreese, 「Political consumerism, young citizens and the Internet」, 『Media, Culture & Society』, 33:3(April 2011), pp.399~413.

6) 데이비드 보일(David Boyle)·앤드루 심스(Andrew Simms), 조군현 옮김, 『이기적 경제학|이타적 경제학』(사군자, 2009|2012), 108~109쪽.

7) 존 베멀먼즈 마르시아노(John Bemelmans Marciano), 권혁 옮김, 『샌드위치가 된 샌드위치 백작』(돈을새김, 2011), 37~38쪽; Albert Jack, 『Red Herrings and White Elephants: The Origins of the Phrases We Use Every Day』(New York: HarperCollins, 2004), pp.116~118.

8) 서재정, 「경제 분쟁이 아니라 역사 전쟁」, 『한겨레』, 2019년 8월 12일, 26면.

9) 앨런 브링클리(Alan Brinkley), 황혜성 외 옮김, 『미국인의 역사 1』(비봉출판사, 1993│1998), 126~129쪽.

10) 이를 두고 역사학자 로런스 글릭먼(Lawrence B. Glickman)은 "미국 혁명은 부분적으로 소비자 혁명이었다"고 말한다. Lawrence B. Glickman, 「Born to Shop? Consumer History and American History」, in Glickman, ed., 『Consumer Society in American History: A Reader』(Ithaca, NY: Cornell University Press, 1999), p.2; Michele Micheletti, 『Political Virtue and Shopping: Individual, Consumerism, and Collective Action』(New York: Palgrave Macmillan, 2003│2010), p.40 재인용.

11) Michael Schudson, 「The Troubling Equivalence of Citizen and Consumer」, 『The ANNALS of the American Academy of Political and Social Science』, 609:1(November 2006), pp.198~199.

12) 케네스 데이비스(Kenneth C. Davis), 이순호 옮김, 『미국에 대해 알아야 할 모든 것, 미국사』(책과함께, 2003│2004), 471~474쪽.

13) 고종석, 「로자 파크스-인간의 존엄을 향한 여정」, 『한국일보』, 2009년 7월 20일.

14) Michele Micheletti, 『Political Virtue and Shopping: Individual, Consumerism, and Collective Action』(New York: Palgrave Macmillan, 2003│2010), pp.59~65.

15) 월터 레이피버(Walter Lafeber), 이정엽 옮김, 『마이클 조던, 나이키, 지구 자본주의』(문학과지성사, 1999│2001), 165쪽.

16) 임석준, 「소비자 정치와 기업의 사회적 책임: 나이키의 글로벌 상품 사슬을 중심으로」, 『한국정치학회보』, 39권 2호(2005년 6월), 243쪽.

17) 윌리엄 K. 탭(William K. Tabb), 이강국 옮김, 『반세계화의 논리: 21세기의 세계화와 사회정의를 위한 논쟁과 투쟁』(월간 말, 2001), 268쪽.

18) 오애리, 「'노동 착취 논란'에 두 손 든 나이키」, 『문화일보』, 2005년 4월 14일, 19면; 천지우, 「나이키 "노동력 착취" 시인」, 『국민일보』, 2005년 4월 15일, 8면;

Michele Micheletti, 『Political Virtue and Shopping: Individual, Consumerism, and Collective Action』(New York: Palgrave Macmillan, 2003|2010), p.191.

19) 정미경, 「월마트 매장 설립 옥신각신 뉴욕시」, 『동아일보』, 2005년 4월 8일, A16면.

20) 찰스 피시먼(Charles Fishman), 이미정 옮김, 『월마트 이펙트: 시장경제를 파괴하는 거대 자본의 습격』(이상, 2006|2011), 272~287쪽.

21) 현소은, 「대형마트의 시대는 이제 끝난 걸까요」, 『한겨레』, 2019년 8월 17일, 2면.

22) 나오미 클라인(Naomi Klein), 정현경·김효명 옮김, 『노 로고: 브랜드 파워의 진실』 (중앙M&B, 2000|2002), 413~429쪽.

23) 볼프강 울리히(Wolfgang Ullrich), 김정근·조이한 옮김, 『모든 것은 소비다: 상품미학적 교육에 대한 비평』(문예출판사, 2013|2014), 182쪽.

24) 조 킨첼로(Joe L. Kincheloe), 성기완 옮김, 『맥도날드와 문화권력: 버거의 상징』(아침이슬, 2004), 77~78, 193쪽.

25) 김승련, 「"햄버거 회사에 비만 탓하지 말라"」, 『동아일보』, 2005년 10월 21일, A18면.

26) Bryan S. Turner, 「McDonaldization: Linearity and Liquidity in Consumer Cultures」, Paul James & Imre Szeman eds., 『Globalization and Culture(Vol. III)』(Los Angeles, CA: Sage, 2010), p.208.

27) John F. Love, 『McDonald's: Behind the Arches』, 2nd ed.(New York: Bantam Books, 1986|1995), p.320.

28) John F. Love, 『McDonald's: Behind the Arches』, 2nd ed.(New York: Bantam Books, 1986|1995), pp.415~416.

29) 김춘식과 강형구는 2009년 해외에서 이루어진 그간의 정치적 소비자 운동 연구의 주요 내용을 다음과 같이 5가지로 정리했다. "첫째, 관련 연구들은 1990년대 이후 세계의 여러 나라에서 불매운동과 사주기 운동(buycotting)과 같은 시민 관여의 수준이 증가하고 있다고 보고하고 있다. 둘째, 시장에 기반을 둔 현대의 정치 실천주의는 경제의 글로벌화에 대한 반작용으로 전통적인 정치 참여 연구가 관심을 둔 특정 국가를 넘어선 외부 세계의 이슈에 관심을 갖는다. 셋째, 소비자 운동은 정부의 인가나 노동조합의 선동 혹은 기업체의 허가 없이 이루어지므로 전통적 의미의 정치 참여와는 분명한 차이가 있다. 넷째, 특정 단체에 가입하거나 정해진 회합에 참여하는 형태가 아닌 일상의 공간에서 쇼핑 의사결정을 통한 참여로 정치적 관여가

이루어지므로 공적·사적 참여를 제한하는 문턱이 높지 않다. 다섯째, 집단보다는 개인의 의견을 중시하며 정보 커뮤니케이션 테크놀로지에 의존적이다. 이러한 중요성으로 인해 학자들은 정치적 마당으로서 시장이 갖는 매력이 무엇인지, 시장 참여자들이 무엇을 하고 그들이 왜 그러한 관심을 갖는지, 이슈와 관련 있는 소비자들을 어떻게 조직하는지, 시장에서 의사결정에 필요한 정보를 어떠한 경로를 통해 얻는지 등에 관한 연구가 필요하다고 주장한다." 김춘식·강형구, 「정치적 소비자 운동에 영향을 미치는 예측 요인 연구: O₁-S-O₂-R 모델의 적용」, 『한국언론학보』, 53권 4호(2009년 8월), 165쪽.

30) Michele Micheletti, 『Political Virtue and Shopping: Individual, Consumerism, and Collective Action』(New York: Palgrave Macmillan, 2003|2010), p.2.

31) 빈센트 모스코(Vincent Mosco), 김지운 옮김, 『커뮤니케이션 정치경제학』(나남, 1998), 69, 375쪽.

32) 심손 비클러(Shimshon Bichler)·조너선 닛잔(Jonathan Nitzan), 홍기빈 옮김, 『권력 자본론: 정치와 경제의 이분법을 넘어서』(삼인, 2004), 38쪽.

33) Michele Micheletti, 『Political Virtue and Shopping: Individual, Consumerism, and Collective Action』(New York: Palgrave Macmillan, 2003|2010), pp.3, 16~18. '시민 소비자(citizen-consumer)' 개념의 원래 출처는 다음 논문이다. Margaret Scammell, 「The Internet and Civic Engagement: The Age of the Citizen-Consumer, Political Communication」, 17:4(2000), pp.351~355.

34) Michele Micheletti, 『Political Virtue and Shopping: Individual, Consumerism, and Collective Action』(New York: Palgrave Macmillan, 2003|2010), pp.176~179.

35) 아이리스 매리언 영(Iris Marion Young), 허라금·김양희·천수정 옮김, 『정의를 위한 정치적 책임』(이화여자대학교출판문화원, 2011|2018), 177~178쪽.

36) 강준만, 「왜 정치와 행정은 사익을 추구하는 비즈니스인가?: 공공선택 이론」, 『감정 독재: 세상을 꿰뚫는 50가지 이론 1』(인물과사상사, 2013), 291~295쪽 참고.

37) Michele Micheletti, 『Political Virtue and Shopping: Individual, Consumerism, and Collective Action』(New York: Palgrave Macmillan, 2003|2010), pp.21~22.

38) Sanford D. Horwitt, 『Let Them Call Me Rebel: Saul Alinsky-His Life and Legacy』(New York: Vintage Books, 1989|1992), pp.524~526; Saul D. Alinsky, 「Afterword

to the Vintage Edition」, 『Reveille for Radicals』(New York: Vintage Books, 1946|1989), p.229.

39) Sanford D. Horwitt, 『Let Them Call Me Rebel: Saul Alinsky-His Life and Legacy』 (New York: Vintage Books, 1989|1992), p.528; 강준만, 「왜 '있는 그대로의 세상'은 안 보고 '원하는 세상'만 보나?: 알린스키의 법칙」, 『우리는 왜 이렇게 사는 걸까?: 세상을 꿰뚫는 50가지 이론 2』(인물과사상사, 2014), 92~96쪽 참고.

40) Mariona Ferrer-Fons & Marta Fraile, 「Political consumerism and the decline of class politics in Western Europe」, 『International Journal of Comparative Sociology』, 54: 5-6(December 2013), pp.467~489.

41) Dietlind Stolle, Marc Hooghe & Michele Micheletti, 「Politics in the Supermarket: Political Consumerism as a Form of Political Participation」, 『International Political Science Review』, 26:3(July 2005), pp.245~269.

42) Benjamin J. Newman & Brandon L. Bartels, 「Politics at the Checkout Line: Explaining Political Consumerism in the United States」, 『Political Research Quarterly』, 64:4(August 2010), pp.803~817.

43) Michele Micheletti & Dietlind Stolle, 「Fashioning social justice through political consumerism, capitalism and the Internet」, 『Cultural Studies』, 22(2008), p.749.

44) Lisa A. Neilson, 「Boycott or buycott? Understanding political consumerism」, 『Journal of Consumer Behaviour』, 9:3(May|June 2010), p.214; Nicole Marie Brown, 「Freedom's Stock: Political Consumerism, Transnational Blackness and the Black Star Line」, 『Critical Sociology』, 41:2(June 2014), p.239.

45) W. Lance Bennett, 「The Personalization of Politics: Political Identity, Social Media, and Changing Patterns of Participation」, 『The ANNALS of the American Academy of Political and Social Science』, 644:1(October 2012), pp.20~39; Dhavan V. Shah, Douglas M. McLeod, Eunkyung Kim, Sun Young Lee, Melissa R. Gotlieb, Shirley S. Ho & Hilde Breivik, 「Political Consumerism: How Communication and Consumption Orientations Drive "Lifestyle Politics"」, 『The ANNALS of the American Academy of Political and Social Science』, 611:1(May 2007), pp.217~235.

46) Janelle Ward & Claes de Vreese, 「Political consumerism, young citizens and the Internet」, 『Media, Culture & Society』, 33:3(April 2011), p.400.

47) W. Lance Bennett, 「The UnCivic Culture: Communication, Identity, and the Rise of Lifestyle Politics」, 『PS: Political Science and Politics』, 31:4(December 1998), pp.740~761; Michele Micheletti, 『Political Virtue and Shopping: Individual, Consumerism, and Collective Action』(New York: Palgrave Macmillan, 2003|2010), p.74; Benjamin J. Newman & Brandon L. Bartels, 「Politics at the Checkout Line: Explaining Political Consumerism in the United States」, 『Political Research Quarterly』, 64:4(August 2010), pp.803~817.

48) Lauren Copeland, 「Value Change and Political Action: Postmaterialism, Political Consumerism, and Political Participation」, 『American Politics Research』, 42:2(August 2013), pp.257~282; Guy Ben-Porat, Omri Shamir & Fany Yuval, 「Value for money: Political consumerism in Israel」, 『Journal of Consumer Culture』, 16:2(May 2014), pp.592~613.

49) 김욱·이이범, 「탈물질주의와 민주주의: 한국과 일본의 정치 문화 변동 비교」, 『한국 정당학회보』, 5권 2호(2006년 8월), 93~94쪽.

50) 김욱·이이범, 「탈물질주의와 민주주의: 한국과 일본의 정치 문화 변동 비교」, 『한국 정당학회보』, 5권 2호(2006년 8월), 95쪽.

51) '정체성 정치'는 인종·성·종교·계급 등 여러 기준으로 분화된 집단이 각 집단의 권리를 주장하는 데에 주력하는 정치를 말한다. 제임스 프록터(James Procter)는 정체성 정치를 "모든 타자들의 배제를 통해 공동 전선을 취하는 특정 공동체에 대한 절대적이고 완전한 헌신 및 그것과의 동일시"로 정의한다. 강준만, 「왜 "민주주의는 차이를 축하하는 면허 이상의 것"인가?: 정체성 정치」, 『습관의 문법: 세상을 꿰뚫는 이론 7』(인물과사상사, 2019), 277~281쪽 참고.

52) '단일 이슈 정치'는 특정 소수 집단이 자신들이 가장 중요하게 여기는 한 가지 이슈에만 '올인'하면서 다른 이슈들을 그 메인 이슈에 종속시키는 걸 의미한다. 그래서 메인 이슈에 대한 의견만 같다면, 또는 메인 이슈를 실현할 수 있는 출구만 열린다면, 이념적으로 자신의 정반대편에 있는 정치세력과 연대·연합하기도 한다. 강준만, 「왜 극우와 극좌가 연대하는 일이 벌어질까?: 단일 이슈 정치」, 『습관의 문법: 세상

을 꿰뚫는 이론 7』(인물과사상사, 2019), 282~287쪽 참고.

53) Michele Micheletti, 『Political Virtue and Shopping: Individual, Consumerism, and Collective Action』(New York: Palgrave Macmillan, 2003|2010), pp.25~36.

54) W. Lance Bennett, 「The UnCivic Culture: Communication, Identity, and the Rise of Lifestyle Politics」, 『PS: Political Science and Politics』, 31:4(December 1998), p.749; W. Lance Bennett, 「The Personalization of Politics: Political Identity, Social Media, and Changing Patterns of Participation」, 『The ANNALS of the American Academy of Political and Social Science』, 644:1(October 2012), p.37; Janelle Ward & Claes de Vreese, 「Political consumerism, young citizens and the Internet」, 『Media, Culture & Society』, 33:3(April 2011), p.400; Homero Gil de Zúñiga, Lauren Copeland & Bruce Bimber, 「Political consumerism: Civic engagement and the social media connection」, 『New Media & Society』, 16:3(June 2013), pp.488~506; Paolo Parigi & Rachel Gong, 「From grassroots to digital ties: A case study of a political consumerism movement」, 『Journal of Consumer Culture』, 14:2(June 2014), pp.236~253; 천혜정, 「정치적 소비 행동 여부에 영향을 미치는 요인」, 『소비자정책교육연구』, 10권 2호(2014년 6월), 52쪽.

55) Guy Ben-Porat, Omri Shamir & Fany Yuval, 「Value for money: Political consumerism in Israel」, 『Journal of Consumer Culture』, 16:2(May 2014), pp. 592~613; Mariona Ferrer-Fons & Marta Fraile, 「Political consumerism and the decline of class politics in Western Europe」, 『International Journal of Comparative Sociology』, 54:5-6(December 2013), pp.467~489; Lauren Copeland, 「Value Change and Political Action: Postmaterialism, Political Consumerism, and Political Participation」, 『American Politics Research』, 42:2(August 2013), pp. 257~282; Melissa R. Gotlieb & Chris Wells, 「From Concerned Shopper to Dutiful Citizen: Implications of Individual and Collective Orientations toward Political Consumerism」, 『The ANNALS of the American Academy of Political and Social Science』, 644:1(October, 2012), pp.207~219.

56) Robert H. Wicks & Ron Warren, 「Modeling Political Consumerism Among Young Consumers: An Ecological Systems Approach」, 『American Behavioral

Scientist』, 58:6(December 2013), pp.738~754; Jasmine Lorenzini & Matteo Bassoli, 「Gender ideology: The last barrier to women's participation in political consumerism?」, 『International Journal of Comparative Sociology』, 56:6(January 2016), pp.460~483; Paolo Parigi & Rachel Gong, 「From grassroots to digital ties: A case study of a political consumerism movement」, 『Journal of Consumer Culture』, 14:2(June 2014), pp.236~253; Homero Gil de Zúñiga, Lauren Copeland & Bruce Bimber, 「Political consumerism: Civic engagement and the social media connection」, 『New Media & Society』, 16:3(June 2013), pp.488~506; Jan LeBlanc Wicks, Shauna A. Morimoto, Angie Maxwell, Stephanie Ricker Schulte & Robert H. Wicks, 「Youth Political Consumerism and the 2012 Presidential Election: What Influences Youth Boycotting and Buycotting?」, 『American Behavioral Scientist』, 58:5(December 2013), pp.715~732.

57) 프랭크 푸레디(Frank Furedi), 박형신 옮김, 『우리는 왜 공포에 빠지는가?: 공포 문화 벗어나기』(이학사, 2006|2011), 321~322쪽.

58) 울리히 벡(Ulrich Beck), 정일준 옮김, 『적이 사라진 민주주의』(새물결, 1995| 2000), 283쪽; 강준만, 「왜 정치적 편향성은 '이익이 되는 장사'일까?: 적 만들기」, 『우리는 왜 이렇게 사는 걸까?: 세상을 꿰뚫는 50가지 이론 2』(인물과사상사, 2014), 97~104쪽 참고.

59) 울리히 벡(Ulrich Beck), 정일준 옮김, 『적이 사라진 민주주의』(새물결, 1995| 2000), 293~295쪽.

60) 울리히 벡(Ulrich Beck), 정일준 옮김, 『적이 사라진 민주주의』(새물결, 1995| 2000), 28~29쪽.

61) 울리히 벡(Ulrich Beck), 정일준 옮김, 『적이 사라진 민주주의』(새물결, 1995| 2000), 87~89쪽.

62) 울리히 벡(Ulrich Beck), 정일준 옮김, 『적이 사라진 민주주의』(새물결, 1995| 2000), 33~34쪽.

63) 프랭크 푸레디(Frank Furedi), 박형신 옮김, 『우리는 왜 공포에 빠지는가?: 공포 문화 벗어나기』(이학사, 2006|2011), 325쪽.

제7장

1) 매슈 크렌슨(Matthew A. Crenson)·벤저민 긴스버그(Benjamin Ginsberg), 서복경 옮김, 『다운사이징 데모크라시: 왜 미국 민주주의는 나빠졌는가』(후마니타스, 2002|2013), 9~10쪽.

2) 매슈 크렌슨(Matthew A. Crenson)·벤저민 긴스버그(Benjamin Ginsberg), 서복경 옮김, 『다운사이징 데모크라시: 왜 미국 민주주의는 나빠졌는가』(후마니타스, 2002|2013), 26~27쪽.

3) 매슈 크렌슨(Matthew A. Crenson)·벤저민 긴스버그(Benjamin Ginsberg), 서복경 옮김, 『다운사이징 데모크라시: 왜 미국 민주주의는 나빠졌는가』(후마니타스, 2002|2013), 414~415쪽. 이들의 추가 설명을 더 들어보자. "1970년대 이래 미국 정치의 우경화는 적어도 부분적으로는 좌파의 해체가 만들어낸 산물이다. 오늘날 진보주의자들은 약자들을 풀뿌리 정치 운동에 참여시켜 그들의 이익을 증진하려는 노력을 거의 하지 않는다. 그 결과 오늘날 보수주의자들 또한 정치적으로 생존하기 위해서는 대중의 지지를 얻기 위해 경쟁해야 한다는 식의 압력을 별로 받지 않는다.……탈물질주의 진보주의자들이 대중 동원을 스스로 자제한 덕분에 이들은 그런 불편함을 피할 수 있게 되었다."(415~416쪽)

4) Michele Hilmes, 「"Citizen versus Consumer": Rethinking Core Concepts」, 『Flow. Journal』, December 3, 2004; Michael Schudson, 「Citizens, Consumers, and the Good Society」, 『The ANNALS of the American Academy of Political and Social Science』, 611:1(May 2007), pp.236~249; Michael Schudson, 「The Troubling Equivalence of Citizen and Consumer」, 『The ANNALS of the American Academy of Political and Social Science』, 609:1(November 2006), pp.193~204.

5) 매슈 크렌슨(Matthew A. Crenson)·벤저민 긴스버그(Benjamin Ginsberg), 서복경 옮김, 『다운사이징 데모크라시: 왜 미국 민주주의는 나빠졌는가』(후마니타스, 2002|2013), 361쪽. 이들의 설명을 좀더 들어보면 이렇다. "오늘날 시민권으로 통하는 것은, '개인적인 것이 정치적인 것'이라는 페미니즘의 금언을 뒤집어놓는다. 정치적인 것이 개인적인 것으로 변형된 것이다. 사람들은 정치 행위를 통해 자신의 '힘이 강화되는 것(empowering)'을 느낄 수 있어야 한다. 정치 행위에 참여하는 사람들의 자긍심이 고취될 수 있어야 한다는 것이다. 혼란이나 보호함, 좌절을 유발해서는 안

된다."(23쪽)

6) 프랭크 푸레디(Frank Furedi), 박형신 옮김, 『우리는 왜 공포에 빠지는가?: 공포 문화
벗어나기』(이학사, 2006|2011), 333~337쪽.

7) 이어 그는 다음과 같이 말한다. "이들 캠페인은 본질적으로 미디어의 관심을 자극하
는 것을 지향하는 홍보 행사이다.……소비자 행동주의 조직은 오로지 미디어를 통
해 평판을 획득하는 것을 지향한다.……심지어 소비자 운동가들이 직접 행동을 취할
때조차 계산에 넣는 것은 텔레비전 카메라의 존재이다.……이목을 끌기 위해 소수의
핵심적인 전문 저항자들이 벌이는 그린피스의 전형적 행동은 최대한 극적 효과를
위해 그 상황이 정교하게 연출된다. 이러한 행동은 소비자 행동주의의 정치적 연극
을 상징적으로 보여준다. 그것의 일부인 미디어는 소비자 운동가들을 무비판적으로
끌어안는다. 그들은 멋진 사내들이다. 정치인들과는 달리, 그들은 부패나 이기심에
의해 더렵혀지지 않는다. 그들은 일반적으로 이타적 이상주의자로 묘사되고, 그들의
동기는 나무랄 데가 없다." 프랭크 푸레디(Frank Furedi), 박형신 옮김, 『우리는 왜 공
포에 빠지는가?: 공포 문화 벗어나기』(이학사, 2006|2011), 340~341쪽.

8) 프랭크 푸레디(Frank Furedi), 박형신 옮김, 『우리는 왜 공포에 빠지는가?: 공포 문화
벗어나기』(이학사, 2006|2011), 347쪽.

9) 프랭크 푸레디(Frank Furedi), 박형신 옮김, 『우리는 왜 공포에 빠지는가?: 공포 문화
벗어나기』(이학사, 2006|2011), 348쪽.

10) 「Revolutionary Communist Party(UK, 1978)」, 『Wikipedia』.

11) 하랄트 벨처(Harald Welzer), 원성철 옮김, 『저항 안내서: 스스로 생각하라』(오롯,
2013|2015), 97쪽.

12) 하랄트 벨처(Harald Welzer), 원성철 옮김, 『저항 안내서: 스스로 생각하라』(오롯,
2013|2015), 99쪽.

13) 하랄트 벨처(Harald Welzer), 원성철 옮김, 『저항 안내서: 스스로 생각하라』(오롯,
2013|2015), 100쪽.

14) 피터 도베르뉴(Peter Dauvergne)·제네비브 르바론(Genevieve LeBaron), 황성
원 옮김, 『저항주식회사: 진보는 어떻게 자본을 배불리는가』(동녘, 2014|2015),
156~163쪽.

15) 피터 도베르뉴(Peter Dauvergne)·제네비브 르바론(Genevieve LeBaron), 황성원 옮

김, 『저항주식회사: 진보는 어떻게 자본을 배불리는가』(동녘, 2014|2015), 164쪽.

16) Lesley Hustinx, Lucas C. P. M. Meijs, Femida Handy & Ram A. Cnaan, 「Monitorial Citizens or Civic Omnivores?: Repertoires of Civic Participation Among University Students」, 『Youth & Society』, 44:1(2012), pp.95~117.

17) Mariona Ferrer-Fons & Marta Fraile, 「Political consumerism and the decline of class politics in Western Europe」, 『International Journal of Comparative Sociology』, 54: 5-6(December 2013), pp.467~489.

18) 최정규, 「왜 민주당 지지율 높을수록 프리우스가 많이 팔렸을까」, 『한겨레』, 2017 년 8월 12일; 강채린, 「미국, 지속가능한 패션으로 새로운 아름다움을 추구하다」, 『KOTRA 해외시장뉴스』, 2018년 2월 27일.

19) 최정규, 「왜 민주당 지지율 높을수록 프리우스가 많이 팔렸을까」, 『한겨레』, 2017년 8월 12일.

20) Micheline Maynard, 「Say 'Hybrid' and Many People Will Hear 'Prius'」, 『New York Times』, July 4, 2007.

21) Vladas Griskevicius, Joshua M. Tybur & Bram Van den Bergh, 「Going Green to Be Seen: Status, Reputation, and Conspicuous Conservation」, 『Journal of Personality and Social Psychology』, 98:3(2010), pp.392~404; Melissa R. Gotlieb & Kjerstin Thorson, 「Connected political consumers: transforming personalized politics among youth into broader repertoires of action」, 『Journal of Youth Studies』, 20:8(October 2017), p.1047.

22) Vladas Griskevicius, Joshua M. Tybur & Bram Van den Bergh, 「Going Green to Be Seen: Status, Reputation, and Conspicuous Conservation」, 『Journal of Personality and Social Psychology』, 98:3(2010), p.394; 강준만, 「왜 기업들은 1초에 1억 5,000 만 원 하는 광고를 못해 안달하는가?: 값비싼 신호 이론」, 『생각의 문법: 세상을 꿰뚫는 50가지 이론 3』(인물과사상사, 2015), 307~312쪽 참고.

23) 김재수, 「따뜻한 자본주의: 기업의 사회적 책임의 경제학」, 『허핑턴포스트코리아』, 2016년 1월 19일. 국내에도 이와 유사한 사례가 많다. 최근 국내 건설업계 3위인 대림산업이 3년 동안 700개 남짓의 하도급 업체에 대금을 제때 주지 않거나 지연 이자를 떼어먹는 따위의 갖가지 '갑질'을 일삼은 사실이 드러나 공정거래위원회에

서 7억 원 넘는 과징금 처분을 받았다. 이에 『한겨레』는 사설을 통해 "갑질의 저급
함과 다양함에 혀를 내두를 지경이다. 더욱이 대림산업이 정부의 '동반성장 지수'
평가에서 '최우수' 업체로 선정돼 있다는 대목에 이르면 허탈함을 감출 수 없다"고
했다. 동반성장 지수 평가가 엉터리인지, '도덕적 면허'로 인한 타락 때문인지는 따
져볼 필요가 있겠다. 「[사설] 동반성장 '최우수' 평가 받은 기업이 '갑질'이라니」,
『한겨레』, 2019년 8월 19일, 27면; 강준만, 「왜 '도덕적 우월감'을 갖는 사람들이 부
도덕해지기 쉬울까?: 도덕적 면허 효과」, 『감정 동물: 세상을 꿰뚫는 이론 6』(인물
과사상사, 2017), 19~25쪽 참고.

24) 「Klein, Naomi」, 『Current Biography』, 64:8(August 2003), p.60.

25) 강준만, 『강남 좌파: 민주화 이후의 엘리트주의』(인물과사상사, 2011) 참고.

26) Lesley Hustinx, Lucas C. P. M. Meijs, Femida Handy & Ram A. Cnaan, 「Monitorial
Citizens or Civic Omnivores?: Repertoires of Civic Participation Among University
Students」, 『Youth & Society』, 44:1(2012), pp.95~117; Melissa R. Gotlieb &
Kjerstin Thorson, 「Connected political consumers: transforming personalized
politics among youth into broader repertoires of action」, 『Journal of Youth
Studies』, 20:8(October 2017), p.1049.

27) 스탠리 코언(Stanley Cohen), 조효제 옮김, 『잔인한 국가 외면하는 대중: 왜 국가와
사회는 인권 침해를 부인하는가』(창비, 2001|2009), 554쪽.

28) 칸트는 중요한 건 옳은 일을 하는 것이며, 그 이유는 옳기 때문이라야지, 이면에 숨
은 동기 때문이어서는 안 된다는 것이다. 따라서 동정심에서 나온 선행은 도덕적 가
치가 떨어지며, 연민과 동정이 메마른 인간 혐오자가 순전히 의무감에서 타인을 도
울 때 도덕적 가치를 갖는다. 중요한 점은 선행의 동기가 그 행동이 옳기 때문이라
야지, 쾌락을 주기 때문이어서는 안 된다는 것이다. 마이클 샌델(Michael J. Sandel),
이창신 옮김, 『정의란 무엇인가』(김영사, 2009|2010), 157~158, 161~162쪽.

29) Michele Micheletti & Dietlind Stolle, 「Fashioning social justice through political
consumerism, capitalism and the Internet」, 『Cultural Studies』, 22(2008),
pp.749~769. jam은 우리의 일상생활에선 주로 빵에 발라먹는 잼의 뜻으로 가장 많
이 쓰이지만, 그 외에 "쑤셔 넣다, 몰려들다, 혼잡, 곤경"이라는 뜻도 있다. traffic jam
은 "교통 혼잡, 교통 마비", radio jamming은 '전파 교란'인데, 이 원리를 문화에 적

용한 단어가 바로 culture jamming이다. 우리말로 '문화 방해', '문화 훼방' 또는 '문화 교란'이라고 한다(나는 개인적으로 '문화 교란'이라는 번역이 가장 마음에 들지만, '문화 방해'가 널리 쓰이고 있으므로, 이후 '문화 방해'로 쓰기로 한다).

30) Michele Micheletti, 『Political Virtue and Shopping: Individual, Consumerism, and Collective Action』(New York: Palgrave Macmillan, 2003|2010), pp.182~185. 채식주의자(vegetarian)보다 한 단계 높은 비건은 고기는 물론 생선, 우유, 달걀 등 동물성 식품을 일체 먹지 않는 '완전 채식주의자'를 말한다. 비거니즘(veganism)은 2000년대 들어 전 세계적으로 크게 유행했다. 미국의 비건은 전체 인구의 3퍼센트, 이스라엘의 비건은 5퍼센트에 달한다. 미국의 슈퍼 리치(거부)들 중엔 비건이나 베지테리언이 많다. 빌 게이츠는 비건은 아니지만, 인류적 차원에서 채식 위주의 식사가 강화되어야 한다고 강조한다. 자신의 블로그 'The Gates Notes'나 각종 강연을 통해 공장식 육류 생산 시스템이 야기하는 환경적·윤리적 문제를 알리며, 그 해결책은 '비건 푸드'에 있다고 말한다. 여기에도 '값비싼 신호 이론'이 작동한다. 자신을 바라보는 시장과 투자자들에게 "저 기업의 최고경영자가 자기 자신을 잘 관리하고 있다"는 신호를 보내기 위한 의미도 있다는 것이다. 「Veganism」, 『Wikipedia』; 양영경, 「풀 먹는 부자…우린 '슈퍼 베지테리언'」, 『헤럴드경제』, 2014년 6월 26일; 강준만, 「왜 채식주의가 유행인가?: vegan」, 『재미있는 영어 인문학 이야기 1』(인물과사상사, 2015), 121~126쪽 참고.

31) 프랑스 경제학자이자 플래닛 파이낸스 회장 자크 아탈리(Jacques Attali)는 이 운동에 대해 이렇게 말했다. "소비 파업이 사회에 미칠 일차적 영향은 매력적이다. 유행 추구의 압력과 낭비가 줄어들고, 쓰레기와 온실가스 배출이 감소한다. 이전보다 검소하고 차분한 사회가 된다. 그러나 마냥 좋아하기는 어려운 파장이 곧바로 닥쳐올 것으로 예상된다. 많은 주요 산업이 점차 어려움을 겪게 될 것이다. 자동차·가전제품·의류·제화·가구·귀금속 등 모든 종류의 사치품 관련 산업뿐만 아니라 출판·영화·음악 산업도 아날로그든 디지털이든 형태에 관계없이 파업의 영향을 받게 된다. 이 운동의 여파로 수백만 개의 일자리에 위기가 찾아올 수 있다. 언뜻 보기에 너무나 매력적이지만 실제로는 순진하기 짝이 없는 이 소비 파업으로 인한 위기에 주로 노출될 사람은 바로 이 파업에 동참할 여유조차 갖지 못한 이들이다. 그렇다 하더라도 이 악순환에서 벗어나야만 한다. 생산과 소비 패턴을 재정립하는 일에 착수해야

한다. 소비 파업보다는 '긍정적인 소비'에 대해 말하는 것이 더 적절하다. 소비 여력이 있는 사람들은 긍정적인 소비를 실천함으로써 유행에 굴복하지 않고, 한정판을 손에 넣고 돋보이려 하는 일을 그만두고, 지속 가능한 제조 공정을 통해 생산된 제품 쪽으로 소비 패턴을 재설정할 수 있다. 또한 이미 가지고 있는 물건들의 쓰임을 재발견함으로써 직접 새로운 물건을 만들어내는 것과 다름없는 결과를 창출해낼 수 있다." 자크 아탈리, 「소비 파업으로 가는가?」, 『중앙일보』, 2018년 1월 19일.

32) 토마스 휠란 에릭센(Thomas Hylland Eriksen), 손화수 옮김, 『만약 우리가 천국에 산다면 행복할 수 있을까?』(책읽는수요일, 2008|2015), 88쪽.

33) 조일, 「기호의 전쟁: 저항의 미학적 전술과 공공의 장에서 비판적 예술로서 문화 방해」, 『인문과학』, 43권(2009년), 236~237쪽; Jennifer A. Sandlin, 「Popular culture, cultural resistance, and anticonsumption activism: An exploration of culture jamming as critical adult education」, 『New Directions for Adult & Continuing Education』, 115(Fall 2007), p.77.

34) 「문화 방해」, 『위키백과』.

35) 조일, 「기호의 전쟁: 저항의 미학적 전술과 공공의 장에서 비판적 예술로서 문화 방해」, 『인문과학』, 43권(2009년), 231쪽; 나오미 클라인(Naomi Klein), 정현경·김효명 옮김, 『노 로고: 브랜드 파워의 진실』(중앙M&B, 2000|2002), 325~326쪽.

36) 나오미 클라인(Naomi Klein), 정현경·김효명 옮김, 『노 로고: 브랜드 파워의 진실』(중앙M&B, 2000|2002), 319~356쪽.

37) 「Kalle Lasn」, 『Wikipedia』; 「Culture jamming」, 『Wikipedia』.

38) 칼레 라슨(Kalle Lasn), 「새로운 행동주의를 위하여」, 칼레 라슨 외, 길예경·이웅건 옮김, 『애드버스터: 상업주의에 갇힌 문화를 전복하라』(현실문화연구, 2004), 61~65쪽.

39) 존 더 그라프(John de Graaf)·데이비드 왠(David Wann)·토머스 네일러(Thomas Naylor), 박웅희 옮김, 『어플루엔자: 풍요의 시대, 소비중독 바이러스』(한숲, 2001|2002), 264쪽.

40) 「Subvertising」, 『Wikipedia』.

41) 이언 데브루(Eoin Devereux), 심두보 옮김, 『미디어의 이해』, 3판(명인문화사, 2014), 96~97쪽.

42) 나오미 클라인(Naomi Klein), 정현경·김효명 옮김, 『노 로고: 브랜드 파워의 진실』 (중앙M&B, 2000|2002), 328쪽.

43) 칼레 라슨(Kalle Lasn), 「새로운 행동주의를 위하여」, 칼레 라슨 외, 길예경·이웅건 옮김, 『애드버스터: 상업주의에 갇힌 문화를 전복하라』(현실문화연구, 2004), 30쪽.

44) 나오미 클라인(Naomi Klein), 정현경·김효명 옮김, 『노 로고: 브랜드 파워의 진실』 (중앙M&B, 2000|2002), 323쪽; 솔 D. 알린스키, 박순성·박지우 옮김, 『급진주의자를 위한 규칙: 현실적 급진주의자를 위한 실천적 입문서』(아르케, 1971|2008) 참고.

45) Michele Micheletti & Dietlind Stolle, 「Fashioning social justice through political consumerism, capitalism and the Internet」, 『Cultural Studies』, 22(2008), p.761.

46) 나오미 클라인(Naomi Klein), 정현경·김효명 옮김, 『노 로고: 브랜드 파워의 진실』 (중앙M&B, 2000|2002), 331쪽.

47) Asa Wettergren, 「Fun and Laughter: Culture Jamming and the Emotional Regime of Late Capitalism」, 『Social Movement Studies』, 8:1(January 2009), pp.1~15; Carrie Lambert-Beatty, 「Fill in the blank: Culture jamming and the advertising of agency」, 『New Directions for Youth Development』, 125(Spring 2010), pp.99~112.

48) 나오미 클라인(Naomi Klein), 정현경·김효명 옮김, 『노 로고: 브랜드 파워의 진실』 (중앙M&B, 2000|2002), 331, 342쪽.

49) Carrie Lambert-Beatty, 「Fill in the blank: Culture jamming and the advertising of agency」, 『New Directions for Youth Development』, 125(Spring 2010), p.99.

50) Jennifer A. Sandlin, 「Popular culture, cultural resistance, and anticonsumption activism: An exploration of culture jamming as critical adult education」, 『New Directions for Adult & Continuing Education』, 115(Fall 2007), pp.73~82. 더 읽어보면 좋을 관련 국내 논문들을 소개하자면, 다음과 같다. 안순태, 「어린이의 광고 리터러시(Advertising Literacy): 광고에 대한 이해와 태도」, 『한국언론학보』, 56권 2호(2012년 4월), 72~91쪽; 이희복, 「광고 활용 교육(AIE)이란 무엇인가?: 탐색적인 접근을 중심으로」, 『한국광고홍보학보』, 14권 1호(2012년 1월), 160~181쪽; 정연우, 「광고 활용 교육의 영역과 내용에 대한 연구」, 『OOH광고학연구』, 8권 1호(2011년 3월), 79~105쪽; 강현미, 「광고 텍스트를 활용한 이미지 리터러시 교육에

관한 연구」,『교육문화연구』, 13권 1호(2007년 6월), 169~186쪽; 이현우, 「수용자
반응 중심의 광고 비평과 커뮤니케이션 실효성: KT&G TV 광고 텍스트를 중심으
로」,『Archives of Design Research』, 67권(2006년 11월), 233~242쪽; 문윤수, 「사
회학적 상상력(Sociological Imagination)을 활용한 사회현상으로서 광고 연구: 사
회 통제(Social Control) 현상을 중심으로」,『한국광고홍보학보』, 8권 1호(2006년 1
월), 94~158쪽.

제8장

1) 김중순, 유석춘 옮김,『문화민족주의자 김성수』(일조각, 1998), 139쪽.

2) 김중순, 유석춘 옮김,『문화민족주의자 김성수』(일조각, 1998), 140쪽.

3) 이승렬,『제국과 상인: 서울·개성·인천 지역 자본가들과 한국 부르주아의 기원,
1896~1945』(역사비평사, 2007), 327쪽.

4) 함재봉, 「민중운동의 비혁신성: 쇄국주의와 국수주의 문제」,『한국사 시민강좌』, 제
33집(일조각, 2003), 108쪽.

5) 이승렬,『제국과 상인: 서울·개성·인천 지역 자본가들과 한국 부르주아의 기원,
1896~1945』(역사비평사, 2007), 333~334쪽.

6) 김영근, 「일제하 식민지적 근대성의 한 특징: 경성에서의 도시 경험을 중심으로」, 한
국사회사학회,『사회와역사』, 제57집(문학과지성사, 2000), 35쪽.

7) 임옥희, 「복장의 정치학과 식민지 여성의 소비 공간」, 태혜숙 외,『한국의 식민지 근
대와 여성 공간』(여이연, 2004), 266~267쪽.

8) 신용하,『일제강점기 한국민족사(중)』(서울대학교출판부, 2002), 223쪽.

9) 이승렬,『제국과 상인: 서울·개성·인천 지역 자본가들과 한국 부르주아의 기원,
1896~1945』(역사비평사, 2007), 335~336쪽.

10) 이옥순,『식민지 조선의 희망과 절망, 인도』(푸른역사, 2006), 47~48쪽.

11) 이옥순,『식민지 조선의 희망과 절망, 인도』(푸른역사, 2006), 37쪽.

12) 김희윤, 「소비자 불매운동의 현실적 활성화 필요성」,『KHU 글로벌 기업 법무 리
뷰』, 9권 1호(2016년), 109~110쪽.

13) 문화비평가 최태섭은 2019년 8월 "비록 이 광고의 의미를 깨닫기까지는 좀더 나이

를 먹어야 했지만, 고작 국산 운동화를 팔기 위해서 사람들이 겪은 지옥 같은 경험을 무례하기 짝이 없는 방식으로 동원한 천박함은 나의 기억 속에 길이 남았다"며 이렇게 말했다. "내가 민족주의나 애국심 같은 단어들에 냉담해진 것은 이런 기억들 때문이라고 해도 과언이 아니다. 무엇보다 '애국은 악당의 마지막 도피처'라는 말은 지금도 유효하다. 곳곳에서 이 위기를 기회로 삼아보겠다는 악당들이 출몰해 웃기지도 않은 티셔츠를 팔거나, 인기를 얻으려 날뛰고 있는 상황이 그것을 증명한다." 최태섭, 「위기는 공평하지 않다」, 『경향신문』, 2019년 8월 15일, 24면.

14) 김홍수, 「[만물상] 이재웅의 돌직구」, 『조선일보』, 2019년 2월 19일.

15) 현소은, 「광복절 맞아···1년 만에 부활한 '애국 마케팅'」, 『한겨레』, 2019년 8월 15일, 16면.

16) Patrick F. Kotzur, Cláudio V. Torres, Karina K. Kedzior & Klaus Boehnke, 「Political consumer behaviour among university students in Brazil and Germany: The role of contextual features and core political values」, 『International Journal of Psychology』, 52:2(April 2017), pp.126~135.

17) 소득과 학력 수준은 참여 여부와 참여 방식에도 영향을 미친다. 상충되는 연구도 있어 단언하긴 어렵지만, 미국에선 보수주의자, 저소득자, 저학력자 등이 바이콧을 선호하는 반면, 진보주의자, 고소득자, 고학력자가 보이콧을 선호한다는 연구 결과가 있다. 그런가 하면 보이콧은 갈등 지향적, 바이콧은 협력 지향적이어서, 이타적 성향을 가진 사람은 바이콧을 선호하고, 경쟁적 성향을 가진 사람은 보이콧을 선호하는 경향이 있다는 연구 결과도 있다. 여러 연구 결과를 종합하면 일관성을 찾기 어려워, 큰 의미는 두지 않는 게 좋겠다. Lisa A. Neilson, 「Boycott or buycott? Understanding political consumerism」, 『Journal of Consumer Behaviour』, 9:3(May|June 2010), pp.214~227; Jan LeBlanc Wicks, Shauna A. Morimoto, Angie Maxwell, Stephanie Ricker Schulte & Robert H. Wicks, 「Youth Political Consumerism and the 2012 Presidential Election: What Influences Youth Boycotting and Buycotting?」, 『American Behavioral Scientist』, 58:5(December 2013), pp.715~732; Lauren Copeland, 「Conceptualizing Political Consumerism: How Citizenship Norms Differentiate Boycotting from Buycotting」, 『Political Studies』, 62(April 2014), pp.172~186.

18) Kyle Endres & Costas Panagopoulos, 「Boycotts, buycotts, and political consumerism in America」, 『Research & Politics』, 4:4(November 2017), p.2; Ole Kelm & Marco Dohle, 「Information, communication and political consumerism: How (online) information and (online) communication influence boycotts and buycotts」, 『New Media & Society』, April 2017, p.3; Mariona Ferrer-Fons & Marta Fraile, 「Political consumerism and the decline of class politics in Western Europe」, 『International Journal of Comparative Sociology』, 54: 5-6(December 2013), pp.483~484; Melissa R. Gotlieb & Chris Wells, 「From Concerned Shopper to Dutiful Citizen: Implications of Individual and Collective Orientations toward Political Consumerism」, 『The ANNALS of the American Academy of Political and Social Science』, 644:1(October, 2012), p.209.

19) 최병천, 「"권력이 시장에 넘어갔다"고? 박근혜가 비웃습니다」, 『미디어오늘』, 2016년 9월 29일.

20) 이 사건은 한국에서 소비자 불매운동으로 발생한 법적 분쟁의 시초이기도 하다. 『한겨레』에 따르면, 공연 기획사인 태원예능이 1996년 6월 미국 팝가수 마이클 잭슨 내한 공연 계약을 정식 체결하자, 50여 개 시민·사회·종교단체가 공동대책위원회(공대위)를 꾸려 외화 낭비, 고액 입장료로 인한 청소년 과소비 조장, 마이클 잭슨 아동 성추행 의혹 등을 이유로 공연 반대 운동을 벌였다. 태원예능은 물론, 태원예능과 공연 관련 계약을 맺은 방송사, 입장권 판매 대행사 등에도 소비자 불매운동을 전개하겠다는 항의 서한을 보냈다. 이에 일부 업체는 계약을 취소했다. 1996년 10월 예정된 공연을 마친 태원예능은 공대위 대표자 등을 상대로 손해배상 청구 소송을 제기했다. 태원예능은 입장권 판매 대행 계약을 맺은 은행들이 공대위 항의를 받고 계약을 취소하는 바람에 직접 직원을 뽑아 전화 예매를 받는 방식으로 바꾸었는데, 직원 인건비와 광고비가 지출되는 등 재산적 손해를 입었다고 주장했다. 대법원은 이를 인정해 "공대위는 태원예능에 4,600만 원을 지급하라"고 판결했다. 대법원은 태원예능을 상대로 한 공대위의 소비자 불매운동은 태원예능의 영업권에 제한을 가져온다고 해도 입장권 구매 결정을 소비자들의 자유로운 판단에 맡겼기 때문에 허용된다고 보았다. 하지만 공대위가 태원예능과 거래 관계에 있는 은행들(제3자)을 압박해 계약 파기로 이어졌다면 그 계약에 따른 태원예능의 경제적

이익이 침해된 결과를 초래했기 때문에 정당화될 수 없다고 판단했다. 김정필, 「'보이콧 재팬' 열풍…시위는 OK, 구매 방해는 위법 가능성」, 『한겨레』, 2019년 8월 24일, 11면.

21) 마이클 잭슨 내한 공연 불매운동 사건의 대법원 판례가 민사적으로 소비자 불매운동의 허용 한계를 설정했다면, '조중동 불매운동' 사건은 소비자 불매운동의 형사적 허용 범위가 형성되는 계기가 되었다. 『한겨레』에 따르면, 2008년 정부가 미국산 쇠고기 수입 확대 조처를 발표하자 포털사이트 다음의 한 인터넷 카페 운영진과 회원들은 조중동이 정부를 옹호하는 기사를 싣는다고 판단했다. 이에 불매운동을 할 목적으로, 조중동에 광고를 게재하는 광고주들에게 지속적·집단적으로 항의 전화를 하거나 누리집에 항의 글을 게시했다. 검찰은 2008년 8월 카페 운영진 등을 업무방해 혐의로 기소했다. 대법원은 2013년 3월 조중동의 광고주를 공격한 피고인들의 행위가 조중동에는 직접적인 위력이 있었다고 보기 어렵지만, 광고주들에게는 업무방해죄의 위력에 해당한다며 유죄 판결했다. 대법원은 업무방해죄에서 위력은 '사람의 자유의사를 제압하거나 혼란하게 할 만한 일체의 세력을 말하고, 유형적이든 무형적이든 상관없으며, 폭행과 협박은 물론 사회적, 경제적, 정치적 지위와 권세에 의한 압박을 포함한다'고 전제했다. 2009년엔 언론소비자주권국민캠페인 대표 김 아무개씨가 '광동제약이 조중동에 광고를 편중했다'며 불매운동을 선언했다. 당시 김씨는 광동제약 쪽 관계자를 만나 "불매운동 대상 업체로 선정됐다"며 다른 신문들에도 동등하게 광고를 집행하고, 이런 사실을 회사 누리집에 공지하라고 요구했다. 광동제약은 이를 실행에 옮겼다. 검찰은 2009년 7월 공갈·강요 혐의로 김씨 등을 재판에 넘겼다. 대법원은 2013년 4월 김씨의 행위가 강요죄와 공갈죄의 협박에 해당한다며 유죄 판결했다. 김정필, 「'보이콧 재팬' 열풍…시위는 OK, 구매 방해는 위법 가능성」, 『한겨레』, 2019년 8월 24일, 11면; 김희윤, 「소비자 불매운동의 현실적 활성화 필요성」, 『KHU 글로벌 기업 법무 리뷰』, 9권 1호(2016년), 111~112쪽 참고.

22) 강준만, 『손석희 현상』(인물과사상사, 2017) 참고.

23) 조정인, 「정치적 아웃사이더들의 역습?: 비통상적 정치 참여 채널 활성화가 참여 불평등에 끼치는 영향을 중심으로」, 『한국정당학회보』, 11권 2호(2012년), 56~58쪽.

24) 천혜정, 「정치적 소비 행동 여부에 영향을 미치는 요인」, 『소비자정책교육연구』, 10

권 2호(2014년 6월), 52쪽.

25) 강준만, 『갑과 을의 나라: 갑을관계는 대한민국을 어떻게 지배해왔는가』(인물과사상사, 2013); 강준만, 『개천에서 용 나면 안 된다: 갑질 공화국의 비밀』(인물과사상사, 2015).

26) 박진영, 『심리학 일주일』(시공사, 2014), 279쪽.

27) 한승태, 『인간의 조건: 꽃게잡이 배에서 돼지농장까지, 대한민국 워킹푸어 잔혹사』(시대의창, 2013), 161~162쪽.

28) 한승태, 『인간의 조건: 꽃게잡이 배에서 돼지농장까지, 대한민국 워킹푸어 잔혹사』(시대의창, 2013), 160쪽.

29) 이송원·최은경, 「서민이 서민에게 '甲질' 하는 곳…택시는 서럽다」, 『조선일보』, 2015년 1월 9일.

30) 문정진, 「"술 취한 손님 무서워요" 연말 택시·대리기사 고역!」, 『경기방송』, 2015년 2월 20일.

31) http:||cafe.daum.net|goombangi.

32) 심서현, 「어린이집과 택시의 공통점」, 『중앙일보』, 2015년 1월 30일.

33) 김덕한, 「'시' '분' 전성시대」, 『조선일보』, 2012년 6월 16일.

34) 임철순, 「참 이상한 접객어」, 『자유칼럼그룹』, 2011년 10월 14일.

35) 임지선, 「오늘 만난 진상 손님, 회사가 보낸 암행감시단?」, 『한겨레』, 2013년 10월 31일.

36) 류인하, 「'진상 고객' 인격 모독·성희롱…팀장님은 "너만 참으면 된다"」, 『경향신문』, 2014년 11월 17일.

37) 조선배, 「한국 사회의 갑질 문화와 불량 고객」, 『호텔경영학연구』, 27권 5호(2018년 7월), 207~222쪽.

38) 신민정, 「"약 효과 없으면 죽여버릴 거야" 폭언에도…난 "죄송합니다 고객님"」, 『한겨레』, 2018년 6월 1일; 신민정, 「원청 상술에 분노한 고객…'총알받이' 상담원에 "네가 책임져"」, 『한겨레』, 2018년 6월 4일.

39) 노명우, 「약자의 약자 괴롭히기, 익숙한 콜센터 풍경」, 『경향신문』, 2019년 7월 31일, 25면.

40) 여정성 외, 「우리나라 소비자 단체 현황 분석과 소비자 운동을 위한 제안」, 『소비자

학연구』, 28권 5호(2017년 10월), 115~135쪽.

41) 이윤재·강명수·이한석, 「온라인 소비자 불매운동 의도의 영향 요인에 관한 연구: 온라인 익명성을 중심으로」, 『소비자문제연구』, 44권2호(2013년 8월), 27~44쪽; 류미현, 「20-30대 소비자의 불매운동 관련 특성이 온라인 불매운동 의도에 미치는 영향: 소비자 역할 인식의 조절 효과를 중심으로」, 『소비자정책교육연구』, 11권 3호(2015년), 115~136쪽; 장몽교·이승신, 「불매운동 관련 특성 및 소비자 시민성이 온라인 불매운동 태도와 의도에 미치는 영향: 자기감시성의 조절 효과를 중심으로」, 『소비자정책교육연구』, 14권 1호(2018년), 1~26쪽.

42) 이에 대해 박은아·박민지는 이렇게 말한다. "이 결과는 평소 기업의 평판 관리 및 제품 관리가 잘 이루어져서 제품과 기업에 대한 선호를 형성하게 되면, 기업의 부도덕하고 비윤리적인 문제 행동이 불거지더라도 소비자는 기업의 행동을 덜 부정적으로 지각하고 불매운동과 같은 적극적인 처벌 행동 참여 의도가 낮아진다는 것을 의미한다." 박은아·박민지, 「누가 불매운동에 참여하는가?: 기업의 비윤리적 사건에 대한 불매운동 참여 의도 형성 요인에 관한 구조 모형 연구」, 『한국심리학회지: 소비자·광고』, 19권 1호(2018년 2월), 133쪽.

43) 이에 대해 김희윤은 "한국 사법부의 태도는 '과소보장금지원칙'에도 어긋나며, 서구의 사례와 달리 소비자 불매운동의 중요도를 간과한 것이다"고 말한다. 김희윤, 「소비자 불매운동의 현실적 활성화 필요성」, 『KHU 글로벌 기업 법무 리뷰』, 9권 1호(2016년), 107, 116쪽.

44) 김은중, 「채선당·240번 버스·이수역 사건…'인터넷 마녀사냥' 왜 반복되나」, 『조선일보』, 2018년 11월 24일.

45) 김소연, 「"갓뚜기, 고맙지만 부담" 함영준 오뚜기 회장, 고민 커지는 이유」, 『머니투데이』, 2017년 7월 28일.

46) 김충령, 「'갓뚜기' 맞아?」, 『조선일보』, 2017년 11월 16일; 김충령, 「또 은근슬쩍 값 올린 '갓뚜기'」, 『조선일보』, 2017년 11월 18일.

47) 강준만·전상민, 「'경로의존'의 덫에 갇힌 지역언론학: '지방 소멸'을 부추기는 3대 '구성의 오류'」, 『한국언론학보』, 63권 3호(2019년 6월), 7~32쪽; 강준만, 「지역 언론의 활성화는 가능한가?: 지역에서의 '넛지-솔루션 저널리즘'을 위한 제언」, 『사회과학연구』, 58집 1호(2019년 6월), 247~279쪽 참고.

48) 조계완, 「지역서 번 소득 '62조 원', 서울·경기로 빨려 들어갔다」, 『한겨레』, 2018년 11월 26일.

49) 「[사설] 지방 소멸 부추기는 지역소득 유출 막아라」, 『전북일보』, 2018년 11월 28일.

맺는말

1) 조계완, 「미국에서 나온, 주주자본주의 시대의 종언」, 『한겨레』, 2019년 8월 21일, 2면.

2) 조계완, 「미국에서 나온, 주주자본주의 시대의 종언」, 『한겨레』, 2019년 8월 21일, 2면; 조재희, 「미국식 주주 자본주의 시대의 종언? 美 CEO 181명 "사회 책무 다할 것"」, 『조선일보』, 2019년 8월 21일, A18면.

3) 피터 다우어티(Peter J. Dougherty), 송경모 옮김, 『세상을 구한 경제학자들』(예지, 2002|2005), 66쪽.

4) 아나톨 칼레츠키(Anatole Kaletsky), 위선주 옮김, 『자본주의 4.0: 신자유주의를 대체할 새로운 경제 패러다임』(컬처앤스토리, 2010|2011), 66~78쪽; 최경옥, 「경제민주화와 규제」, 『법학논총』, 29호(2013년 1월), 9~10쪽.

5) 제임스 커런(James Curran), 이봉현 옮김, 『미디어와 민주주의』(한울아카데미, 2011|2014), 61쪽.

6) 이수범·이선정, 「정치 커뮤니케이션 연구 동향: 언론학 분야와 정치학 분야의 비교」, 『정치커뮤니케이션연구』, 46호(2017년), 67~101쪽.

7) Robert Westbrook, 「Politics as Consumption: Managing the Moern American Election」, Richard Wightman Fox and T. J. Jackson Lears, eds., 『The Culture of Consumption: Critical Essays in American History 1880-1980』(New York: Pantheon Books, 1983), pp.143~173.

8) '약한 연결'이란 개념을 제시한 미국 사회학자 마크 그래노베터(Mark Granovetter)의 정의에 따르면, '약한 연결' 또는 '느슨한 관계'는 어쩌다 연락이 닿는 관계로 정서적 친밀감이 없고 과거에 서로에게 도움을 베푼 일도 없는 관계를 의미한다. 그래노베터는 1974년에 출간한 『일자리 구하기(Getting a Job: A Study of Contacts and Careers)』에서도 대다수의 사람이 친한 친구가 아닌 '느슨한 관계'로 맺어진 아는 사람을 통해 취업한다는 경험적 증거를 제시했다. 그래노베터는 구직이나 새로운 정보

혹은 새로운 아이디어를 얻는 데 돈독한 관계를 맺은 사람들보다 '약한 인연'을 지닌 사람들이 더 중요하다는 사실을 설득력 있게 보여주었다. 무엇보다도, 친한 친구와 지인들은 행동반경이 비슷한 반면, 약한 인연을 가진 사람들은 다른 행동반경에서 생활하기 때문이다. 마크 그래노베터(Mark Granovetter), 유홍준·정태인 옮김, 『일자리 구하기: 일자리 접촉과 직업 경력 연구』(아카넷, 1995|2012); 강준만, 「왜 친구가 해준 소개팅은 번번이 실패할까?: 약한 연결의 힘」, 『독선 사회: 세상을 꿰뚫는 50가지 이론 4』(인물과사상사, 2015), 230~235쪽 참고.

9) Melissa R. Gotlieb & Kjerstin Thorson, 「Connected political consumers: transforming personalized politics among youth into broader repertoires of action」, 『Journal of Youth Studies』, 20:8(October 2017), p.1045.

10) Lesley Hustinx, Lucas C. P. M. Meijs, Femida Handy & Ram A. Cnaan, 「Monitorial Citizens or Civic Omnivores?: Repertoires of Civic Participation Among University Students」, 『Youth & Society』, 44:1(2012), pp.95~117.

11) 유용민, 「뉴스 미디어 창업 시대 프래그머티즘적 저널리즘 요청: 저널리즘과 사회 변동의 관계학적 논의를 중심으로」, 『커뮤니케이션이론』, 14권 3호(2018년 9월), 357쪽.

12) 로버트 라이시(Robert B. Reich), 오성호 옮김, 『부유한 노예』(김영사, 2000|2001), 274쪽.

13) 헨리 젠킨스(Henry Jenkins), 김정희원·김동신 옮김, 『컨버전스 컬처』(비즈앤비즈, 2006|2008), 105쪽.

14) 강준만, 「스타벅스」, 『한국인을 위한 교양사전』(인물과사상사, 2004), 602쪽.

15) 1999년 7월 서울 이화여자대학교 근처에 1호점을 연 스타벅스의 매장 수는 2010년 327개, 2013년 500개, 2016년 1,000개를 돌파했고, 2018년 4월 말 기준 1,280개에 이르렀다. 스타벅스는 최근 몇 년 사이 건물주들이 가장 선호하는 브랜드 매장으로 자리 잡았다. 100퍼센트 직영으로 운영되는 스타벅스는 보통 5년 이상 장기 계약을 해 공실 우려가 없는데다, 매장을 찾는 고객이 많아 건물에 젊고 활기 찬 이미지를 불어넣는 효과가 있기 때문이다. 심지어 '스세권(스타벅스+역세권)'이라는 신조어까지 등장했다. 전철역 주변의 상권이 살아나듯, 스타벅스가 건물에 들어서면 인근 점포 매출이 덩달아 증가하고 건물 시세까지 상승하는 효과를 낸다는 뜻

이다. '스세권' 효과를 노려 스타벅스를 건물에 입점시키고 싶다면서 먼저 문의를 하는 건물주도 많은 것으로 알려졌다. 신지민, 「'밥보다 비싼 커피' 논란에서 '스세권'까지…스타벅스 20년」, 『한겨레』, 2019년 6월 1일.

16) 강준만, 「'취향 공동체'가 정책의 대상이 되면 안 되는가?: 팬덤의 '사회자본' 형성을 위한 넛지」, 『사회과학연구』, 30권 1호(2017년 8월), 19~49쪽 참고.

17) 김경학·김선영·김원진, 「"우리 헤어져" 톡 치면 끝…SNS 세대 만남 & 이별」, 『경향신문』, 2015년 2월 9일.

18) Michele Micheletti, 『Political Virtue and Shopping: Individual, Consumerism, and Collective Action』(New York: Palgrave Macmillan, 2003|2010), pp.154~157; Lisa A. Neilson, 「Boycott or buycott? Understanding political consumerism」, 『Journal of Consumer Behaviour』, 9:3(May|June 2010), pp.214~227; Luigi Pellizzoni, 「In search of community: Political consumerism, governmentality and immunization」, 『European Journal of Social Theory』, 15:2(February 2012), pp.221~241; Guy Ben-Porat, Omri Shamir & Fany Yuval, 「Value for money: Political consumerism in Israel」, 『Journal of Consumer Culture』, 16:2(May 2014), pp.592~613; 강준만, 「왜 대형마트가 들어선 지역의 투표율은 하락하는가?: 사회적 자본」, 『독선 사회: 세상을 꿰뚫는 50가지 이론 4』(인물과사상사, 2015), 213~218쪽 참고.

19) 강준만, 「언론학에서의 이상주의와 현실주의: 월터 리프먼의 삶과 사상에 대한 재해석」, 『커뮤니케이션이론』, 13권 4호(2017년 12월), 92~165쪽 참고.

20) 레베카 솔닛(Rebecca Solnit), 정해영 옮김, 『이 폐허를 응시하라: 대재난 속에서 피어나는 혁명적 공동체에 대한 정치사회적 탐사』(펜타그램, 2009|2012), 166~167쪽.

21) 레베카 솔닛(Rebecca Solnit), 정해영 옮김, 『이 폐허를 응시하라: 대재난 속에서 피어나는 혁명적 공동체에 대한 정치사회적 탐사』(펜타그램, 2009|2012), 17, 464쪽.

22) 주디스 슈클라(Judith N. Shklar), 사공일 옮김, 『일상의 악덕』(나남, 1984|2011), 351쪽.

23) 임지현, 「이념의 진보성과 삶의 보수성」, 『한국 좌파의 목소리』(민음사, 1998), 108~109쪽.

강준만, 「자기계발의 문화정치학: 자기계발 담론의 커뮤니케이션 유형을 중심으로」, 『스피치와커뮤니케이션』, 제15권 3호(2016년 12월), 133~174쪽.

_____, 「'취향 공동체'가 정책의 대상이 되면 안 되는가?: 팬덤의 '사회자본' 형성을 위한 넛지」, 『사회과학연구』, 30권 1호(2017년 8월), 19~49쪽.

_____, 「언론학에서의 이상주의와 현실주의: 월터 리프먼의 삶과 사상에 대한 재해석」, 『커뮤니케이션이론』, 13권 4호(2017년 12월), 92~165쪽.

_____, 「왜 대중은 반지성주의에 매료되는가?: 설득 커뮤니케이션의 관점에서 본 반지성주의」, 『정치정보연구』, 22권 1호(2019년 2월), 27~62쪽.

_____, 「지역언론의 활성화는 가능한가?: 지역에서의 '넛지-솔루션 저널리즘'을 위한 제언」, 『사회과학연구』, 58집 1호(2019년 6월), 247~279쪽.

강준만·전상민, 「"모든 기업은 미디어 기업이다": 브랜드 저널리즘이 강요하는 언론 개혁의 전망」, 『커뮤니케이션이론』, 15권 1호(2019년 3월), 5~57쪽.

_____, 「'경로의존'의 덫에 갇힌 지역언론학: '지방 소멸'을 부추기는 3대 '구성의 오류'」, 『한국언론학보』, 63권 3호(2019년 6월), 7~32쪽.

강현미, 「광고 텍스트를 활용한 이미지 리터러시 교육에 관한 연구」, 『교육문화연구』, 13권 1호(2007년 6월), 169~186쪽.

구연상, 「가습기 살균제 사건, 재난(참사)인가 악행인가」, 『동서철학연구』, 89호(2018년), 495~516쪽.

구혜경, 「소비자의 자기 결정성이 윤리적 소비 행동과 소비자 행복에 미치는 영향」, 『사회적경제와 정책연구』, 8권 1호(2018년), 113~142쪽.

권영숙, 「촛불의 운동 정치와 87년 체제의 '이중 전환'」, 『경제와사회』, 117권(2018년 3월), 62~103쪽.

김덕진, 「소비자 정치와 기업의 사회적 책임(CSR): 국가의 관여를 중심으로」, 『사회과학연구』, 24권 1호(2013년), 151~170쪽.

김문조, 「한국과 일본의 소비자 운동 비교 연구」, 『한일공동연구총서』, 2006년 7월, 168~198쪽.

김병연, 「신자유주의적 통치성 관점에서 본 윤리적 소비와 그 환경 교육적 의미」, 『환경교육』, 27권 1호(2014년), 116~131쪽.

김성우, 「기자 저널리즘과 PD 저널리즘의 공정성 비교 연구: 경향신문과 PD수첩의 '가습기 살균제' 보도를 중심으로」, 고려대학교 언론대학원 석사학위논문, 2015년.

김성재, 「오락 커뮤니케이션: '촛불혁명', 분노에서 유희로」, 『현대유럽철학연구』, 50권(2018년 7월), 167~205쪽.

김수미, 「포스트-진실(post-truth) 시대 무지 생산의 문화정치: 가습기 살균제 피해 사건에 대한 언론 보도 분석을 중심으로」, 『언론과사회』, 26권 3호(2018년 8월), 5~59쪽.

김수정·황정미, 「사립유치원 "비리"와 돌봄 공공성: 회계 투명성을 넘어」, 『페미니즘 연구』, 19권 1호(2019년), 209~245쪽.

김영일, 「권력 현상에서 생활 현상으로: '정치'에 대한 란다우어(G. Landauer)와 아렌트(H. Arendt)의 이해와 현대적 의미」, 『한국정치학회보』, 41권 1호(2007년), 195~210쪽.

김욱·이이범, 「탈물질주의와 민주주의: 한국과 일본의 정치 문화 변동 비교」, 『한국정당학회보』, 5권 2호(2006년 8월), 89~124쪽.

김윤철, 「2016-2017년 촛불집회의 역사적 맥락과 '마지노선 민주주의'」, 『21세기 정치학회보』, 28권 1호(2018년 3월), 1~19쪽.

김정은·이기춘, 「소비자 시민성의 개념화 및 척도 개발」, 『소비자학연구』, 19권 1호 (2008년), 47~71쪽.

_____, 「소비자 시민성의 구성 요소와 소비 생활 영역별 차이 분석」, 『소비자 학연구』, 20권 2호(2009년), 27~51쪽.

김정호, 「사립유치원 비리 문제에 대한 새로운 시각」, 『규제연구』, 26권 2호(2017년 12 월), 97~119쪽.

김춘식·강형구, 「정치적 소비자 운동에 영향을 미치는 예측 요인 연구: O_1-S-O_2-R 모 델의 적용」, 『한국언론학보』, 53권 4호(2009년), 162~182쪽.

김현, 「'문빠'의 정의(正義)와 여성주의적 장소성」, 『한국여성철학』, 29권(2018년 5월), 211~241쪽.

김현미, 「가습기 살균제 피해 사건에 대한 언론 보도 분석 연구: 3개 일간지 기사를 중 심으로」, 서울대학교대학원 행정학 석사학위논문, 2017년.

김희윤, 「소비자 불매운동의 현실적 활성화 필요성」, 『KHU 글로벌 기업 법무 리뷰』, 9 권 1호(2016년), 103~132쪽.

도묘연, 「2016년-2017년 박근혜 퇴진 촛불집회 참여의 결정 요인」, 『의정연구』, 51권 (2017년 8월), 110~146쪽.

류미현, 「20-30대 소비자의 불매운동 관련 특성이 온라인 불매운동 의도에 미치는 영 향: 소비자 역할 인식의 조절 효과를 중심으로」, 『소비자정책교육연구』, 11권 3 호(2015년), 115~136쪽.

문윤수, 「사회학적 상상력(Sociological Imagination)을 활용한 사회현상으로서 광고 연 구: 사회 통제(Social Control) 현상을 중심으로」, 『한국광고홍보학보』, 8권 1호 (2006년 1월), 94~158쪽.

민병기, 「사회운동 기반의 정당 등장과 정치적 기회 구조」, 『한국정치학회보』, 51권 1호 (2017년), 207~231쪽.

박경신, 「인터넷의 안티테제, 공모 공동정범 이론: 친정부 신문 광고주에 대한 항의를 독려한 네티즌에 대한 유죄판결에서 나타난」, 『한국언론정보학회 토론회 논문 집』, 2009년 3월, 3~30쪽.

박영흠·이정훈, 「'한경오' 담론의 구조와 새로운 시민 주체의 출현」, 『커뮤니케이션이론』, 15권 2호(2019년), 5~50쪽.

박윤서·김용식·단빙양·우교혜, 「소비자의 윤리적 소비 성향과 사회 신뢰 수준이 기업의 공익 연계 마케팅 성과에 미치는 영향」, 『한국콘텐츠학회논문지』, 18권 8호(2018년), 544~560쪽.

박은아·박민지, 「누가 불매운동에 참여하는가?: 기업의 비윤리적 사건에 대한 불매운동 참여 의도 형성 요인에 관한 구조 모형 연구」, 『한국심리학회지: 소비자·광고』, 19권 1호(2018년), 121~138쪽.

박재현·최호규, 「인터넷 불매운동에 대한 소비자 의식과 불매운동이 기업의 이미지와 매출에 미치는 영향」, 『기업경영리뷰』, 1권 2호(2010년), 161~180쪽.

박재흥, 「한국 사회의 세대 갈등: 권력·이념·문화 갈등을 중심으로」, 『한국인구학』, 33권 3호(2010년 12월), 75~99쪽.

박지호, 「소비자 불매운동, 그 한계를 넘어서」, 『내일을 여는 역사』, 63권(2016년 9월), 75~82쪽.

백운희, 「양육 당사자가 바라본 사립유치원 문제의 현황과 미래」, 『내일을 여는 역사』, 75호(2019년), 50~68쪽.

범유경·이병호·이예슬, 「〈오버워치〉, 그리고 다른 목소리 – 게임 〈오버워치〉 내 여성 게이머에 대한 폭력적 발화 분석」, 『공익과인권』, 17권(2017년 10월), 283~337쪽.

서영표, 「촛불 이후 개혁의 열쇠: 합리적 중도 또는 비판적 좌파: 고원, 『촛불 이후: 새로운 정치 문명의 탄생』(한울아카데미, 2017)」, 『경제와사회』, 120권(2018년 12월), 346~355쪽.

손호철, 「6월 항쟁과 '11월 촛불혁명': 반복과 차이」, 『현대정치연구』, 10권 2호(2017년), 77~97쪽.

신경아, 「'시장화된 개인화'와 복지 욕구(welfare needs)」, 『경제와사회』, 98권(2013년 6월), 266~303쪽.

신성연, 「연결망 분석을 이용한 소비자의 보이콧 참여 동기에 관한 연구」, 『소비자문제연구』, 49권 2호(2018년), 135~180쪽.

신진욱, 「한국에서 결손 민주주의의 심화와 '촛불'의 시민 정치」, 『시민과세계』, 29권(2016년 12월), 1~26쪽.

안순태, 「어린이의 광고 리터러시(Advertising Literacy): 광고에 대한 이해와 태도」, 『한국언론학보』, 56권 2호(2012년 4월), 72~91쪽.

안종기, 「선거와 정치 마케팅 연구: 선거 정치의 보강적 이해를 위한 분석틀 수립과 연구 과제 제안」, 『아세아연구』, 61권 1호(2018년 3월), 79~112쪽.

여정성 외, 「우리나라 소비자 단체 현황 분석과 소비자 운동을 위한 제안」, 『소비자학연구』, 28권 5호(2017년 10월), 115~135쪽.

우희숙, 「소비자 불매운동에 대한 형법적 규제의 타당성: 헌법재판소 2011.12.29. 2010 헌바54 결정을 중심으로」, 『법학연구』, 15권 2호(2012년), 151~178쪽.

_____, 「소비자 불매운동의 헌법적 허용 한계와 형법적 규제의 타당성에 관한 연구」, 『형사정책연구』, 97권(2014년 3월), 119~142쪽.

유용민, 「뉴스 미디어 창업 시대 프래그머티즘적 저널리즘 요청: 저널리즘과 사회변동의 관계학적 논의를 중심으로」, 『커뮤니케이션이론』, 14권 3호(2018년 9월), 322~376쪽.

윤남수, 「한국과 미국 소비자의 문화적 차원에 따른 윤리적 소비 동기 차이 분석」, 『한국외식산업학회지』, 13권 4호(2017년), 151~165쪽.

이규호, 「위력에 의한 업무방해죄의 문제와 개선 방안」, 『강원법학』, 42호(2014년), 235~262쪽.

이동연, 「문화적 어소시에이션과 생산자: 소비자 연합 문화 운동의 전망」, 『문화과학』, 73권(2013년 3월), 27~66쪽.

이승선, 「언론 소비자의 특성과 소비자 운동의 보호 법리: 광고 불매운동을 중심으로」, 『한국언론정보학보』, 48호(2009년), 5~24쪽.

이윤재·강명수·이한석, 「온라인 소비자 불매운동 의도의 영향 요인에 관한 연구: 온라인 익명성을 중심으로」, 『소비자문제연구』, 44권 2호(2013년), 27~44쪽.

이정훈, 「가습기 살균제 참사, 언론 보도에 대한 고찰: 숨을 빼앗긴 피해자들, 과학 저널리즘은 작동했는가?」, 『한국환경사회학회 학술대회 자료집』, 2016년 10월, 69~158쪽.

이정훈 외, 「국내 언론의 가습기 살균제 참사에 대한 보도 경향 분석」, 『환경사회학연구 ECO』, 20권 2호(2016년), 351~398쪽.

이종혜·박미영, 「사이버 시대 소비자 운동의 특징과 변화 방향」, 『소비자문제연구』, 23권(2000년 6월), 83~110쪽.

이지호, 「'박근혜 촛불', 누가 왜 참여했나: 참여 행동 모형과 참여 태도 모형의 비교」, 『한국정치연구』, 26권 2호(2017년), 75~103쪽.

이현우, 「수용자 반응 중심의 광고 비평과 커뮤니케이션 실효성: KT&G TV 광고 텍스트를 중심으로」, 『Archives of Design Research』, 67권(2006년 11월), 233~242쪽.

이현주, 「시민 언론 운동의 성격과 방향에 관한 연구: 안티조선운동을 중심으로」, 성균관대학교대학원 신문방송학과 석사학위논문, 2002년.

이호중, 「소비자 운동으로서 집단적 항의 전화 걸기와 위력에 의한 업무방해죄」, 『형사법연구』, 23권 4호(2011년), 135~170쪽.

이희복, 「광고 활용 교육(AIE)이란 무엇인가?: 탐색적인 접근을 중심으로」, 『한국광고홍보학보』, 14권 1호(2012년 1월), 160~181쪽.

임석준, 「소비자 정치와 기업의 사회적 책임: 나이키의 글로벌 상품 사슬을 중심으로」, 『한국정치학회보』, 39권 2호(2005년), 237~254쪽.

장몽교·이승신, 「불매운동 관련 특성 및 소비자 시민성이 온라인 불매운동 태도와 의도에 미치는 영향: 자기감시성의 조절 효과를 중심으로」, 『소비자정책교육연구』, 14권 1호(2018년), 1~26쪽.

장우영·조인호, 「정치 커뮤니케이션 채널과 촛불집회: 담론과 정책 이슈 차별성의 빅데이터 분석」, 『한국정치학회보』, 52권 4호(2018년 9월), 33~60쪽.

장정헌, 「식품·의약품 관련 정보 처리 과정이 위험 인식과 예방 행동 의도에 미치는 영향에 관한 연구: O-S-R-O-R 커뮤니케이션 효과 모델을 중심으로」, 고려대학교대학원 언론학과 박사학위논문, 2014년 8월.

전필여, 「문화 권력과 저항운동: '안티조선' 운동을 중심으로」, 부산대학교대학원 사회학과 석사학위논문, 2002년.

전향란·서정희, 「소비자 불매운동에 대한 인식 유형과 참여 의도와의 관련」, 『Family and Environment Research』, 53권 2호(2015년), 143~155쪽.

전향란·염동문·제미경, 「소비자 불매운동 신념이 불매운동 참여에 미치는 영향에 관한 연구: 자기 조절 성향의 조절된 매개 효과 검증」, 『소비자문제연구』, 45권 3호(2014년), 287~306쪽.

전향란·제미경·이석기, 「소비자 불매운동에 대한 자민족 중심주의와 소비자 적대감의 영향력」, 『소비자문제연구』, 47권 2호(2016년), 149~170쪽.

정병기, 「68혁명 운동과 비교한 2016|2017 촛불집회의 비판 대상과 참가자 의식」, 『동향과 전망』, 101권(2017년 10월), 261~291쪽.

_____, 「2016~2017년 촛불집회의 성격: 1987년 6월 항쟁 및 2008년 촛불집회와의 비교」, 『동향과 전망』, 104권(2018년 10월), 374~399쪽.

정연우, 「광고 활용 교육의 영역과 내용에 대한 연구」, 『OOH광고학연구』, 8권 1호(2011년 3월), 79~105쪽.

정정일, 「언론 수용자 운동과 사회운동 측면에서 고찰한 '안티조선운동'에 관한 연구」, 서강대학교 언론대학원 석사학위논문, 2002년.

정주연·한재민, 「30,40대 여성 소비자들의 윤리적 소비 행동 연구」, 『예술인문사회융합멀티미디어논문지』, 7권 9호(2017년 9월), 151~161쪽.

정태석, 「87년 체제와 시민사회 이데올로기-가치들의 변화: 촛불혁명과 사회체제 전환의 전망」, 『경제와사회』, 117호(2018년), 18~61쪽.

제미경·서정희·김영옥, 「대학생의 소비자 비윤리 지각과 행동 및 관련 변수: 김해시 대학생 소비자를 중심으로」, 『한국생활과학회지』, 13권 6호(2004년 12월), 891~901쪽.

제미경·전향란, 「계획 행동 이론을 적용한 소비자 불매운동 유형별 분석」, 『소비문화연구』, 16권 4호(2013년), 191~213쪽.

조대엽, 「생활 정치 패러다임과 공공성의 재구성」, 『현상과인식』, 38권 4호(2014년), 131~155쪽.

조반석·김재우, 「인터넷 커뮤니티 활동이 윤리적 소비 참여에 미치는 영향 : 온라인 사회자본과 공감 경험의 역할을 중심으로」, 『정보사회와 미디어』, 18권 2호(2017년 8월), 65~96쪽.

조아라, 「한국 내 게임 연구와 페미니즘의 교차점들」, 『여성연구논총』, 32권(2017년), 161~178쪽.

조일, 「기호의 전쟁: 저항의 미학적 전술과 공공의 장에서 비판적 예술로서 문화 방해」, 『인문과학』, 43권(2009년), 229~251쪽.

조정인, 「정치적 아웃사이더들의 역습?: 비통상적 정치 참여 채널 활성화가 참여 불평등에 끼치는 영향을 중심으로」, 『한국정당학회보』, 11권 2호(2012년), 39~66쪽.

천정환, 「촛불 항쟁 이후의 시민 정치와 공론장의 변화: '문빠' 대 '한경오', 팬덤 정치와 반지성주의」, 『역사비평』, 120권(2017년 8월), 386~406쪽.

_____, 「'1987년형 민주주의'의 종언과 촛불 항쟁 이후의 한국 민주주의: 대중 민주주의의 문화 정치를 중심으로」, 『문화과학』, 94권(2018년 6월), 22~44쪽.

천혜정, 「대형마트 및 기업형 슈퍼마켓(SSM) 영업 규제와 소비자의 사회적 책임에 대한 인식 조사」, 『사회과학연구논총』, 29권 1호(2013년 6월), 383~416쪽.

_____, 「정치적 소비 행동 여부에 영향을 미치는 요인」, 『소비자정책교육연구』, 10권 2호(2014년 6월), 39~56쪽.

최승범·김지현·김윤경, 「기업의 사회적 책임 활동 평가에 소비자의 내적 성향이 미치는 영향: 윤리적 정향, 반기업 정서, 윤리적 소비 행동을 중심으로」, 『한국언론학보』, 58권 3호(2014년), 462~492쪽.

최연태, 「소셜미디어가 정치적 소비자 운동에 미친 영향에 관한 연구」, 『한국사회와 행정연구』, 29권 3호(2018년), 363~389쪽.

하승우, 「한국의 시민운동과 생활 정치의 발전 과정」, 『시민사회와 NGO』, 7권 2호(2009년), 39~72쪽.

허준기·윤세라, 「2016-17년 촛불혁명의 정치적 기회 구조와 시민사회운동 확장에 관한 연구」, 『시민과세계』, 33권(2018년 12월), 141~172쪽.

홍성구, 「박근혜 탄핵 촛불집회의 민주적 함의: 숙의 민주주의와 파수꾼 민주주의를 중심으로」, 『한국언론정보학보』, 89권(2018년 6월), 149~178쪽.

홍성민, 「생활양식과 한국 정치: 문화정치학의 소론」, 『한국정치연구』, 22권 2호(2013년), 125~152쪽.

_____, 「감정 구조와 촛불혁명: 2008년과 2016년」, 『시민사회와 NGO』, 15권 1호(2017년 5월), 79~110쪽.

홍성욱, 「가습기 살균제 참사와 관료적 조직 문화」, 『과학기술학연구』, 18권 1호(2018년 3월), 63~127쪽.

홍찬숙, 「2016-17년의 광화문 광장: 유교 공론장에서 시민 공론장으로」, 『민주주의와 인권』, 18권 2호(2018년 6월), 147~179쪽.

W. Lance Bennett, 「The UnCivic Culture: Communication, Identity, and the Rise of Lifestyle Politics」, 『PS: Political Science and Politics』, 31:4(December 1998), pp.740~761.

_____, 「The Personalization of Politics: Political Identity, Social Media, and Changing Patterns of Participation」, 『The ANNALS of the American Academy of Political and Social Science』, 644:1 (October 2012), pp.20~39.

Guy Ben-Porat, Omri Shamir & Fany Yuval, 「Value for money: Political consumerism in Israel」, 『Journal of Consumer Culture』, 16:2 (May 2014), pp.592~613.

Sophie Bossy, 「The utopias of political consumerism: The search of alternatives to mass consumption」, 『Journal of Consumer Culture』, 14:2 (March 2014), pp.179~198.

Nicole Marie Brown, 「Freedom's Stock: Political Consumerism, Transnational Blackness and the Black Star Line」, 『Critical Sociology』, 41:2 (June 2014), pp.237~248.

Lauren Copeland, 「Conceptualizing Political Consumerism: How Citizenship Norms Differentiate Boycotting from Buycotting」, 『Political Studies』. 62 (April 2014), pp.172~186.

_____, 「Value Change and Political Action: Postmaterialism, Political Consumerism, and Political Participation」, 『American Politics Research』, 42:2 (2014), pp.257~282.

Kyle Endres & Costas Panagopoulos, 「Boycotts, buycotts, and political consumerism in America」, 『Research & Politics』, 4:4 (November 2017), pp.1~9.

Mariona Ferrer-Fons & Marta Fraile, 「Political consumerism and the decline of class politics in Western Europe」, 『International Journal of Comparative Sociology』, 54: 5-6 (December 2013), pp.467~489.

Homero Gil de Zúñiga, Lauren Copeland & Bruce Bimber, 「Political consumerism: Civic engagement and the social media connection」, 『New Media & Society』, 16:3 (June 2013), pp.488~506.

Melissa R. Gotlieb & Kjerstin Thorson, 「Connected political consumers: transforming personalized politics among youth into broader repertoires of action」, 『Journal of Youth Studies』, 20:8 (October 2017), pp.1044~1061.

Melissa R. Gotlieb & Chris Wells, 「From Concerned Shopper to Dutiful Citizen:

Implications of Individual and Collective Orientations toward Political Consumerism」, 『The ANNALS of the American Academy of Political and Social Science』, 644:1(October, 2012), pp.207~219.

Paolo R. Graziano & Francesca Forno, 「Political Consumerism and New Forms of Political Participation: The Gruppi di Acquisto Solidale in Italy」, 『The ANNALS of the American Academy of Political and Social Science』, 644:1(October 2012), pp.121~133.

Vladas Griskevicius, Joshua M. Tybur & Bram Van den Bergh, 「Going Green to Be Seen: Status, Reputation, and Conspicuous Conservation」, 『Journal of Personality and Social Psychology』, 98:3(2010), pp.392~404.

Rafi Grosglik, 「Citizen-consumer revisited: The cultural meanings of organic food consumption in Israel」, 『Journal of Consumer Culture』, 17:3(2017), pp.732~751.

Lesley Hustinx, Lucas C. P. M. Meijs, Femida Handy & Ram A. Cnaan, 「Monitorial Citizens or Civic Omnivores?: Repertoires of Civic Participation Among University Students」, 『Youth & Society』, 44:1(2012), pp.95~117.

Ole Kelm & Marco Dohle, 「Information, communication and political consumerism: How (online) information and (online) communication influence boycotts and buycotts」, 『New Media & Society』, 20:4(April 2018), pp.1523~1542.

Emily Huddart Kennedy, John R. Parkins & Josée Johnston, 「Food activists, consumer strategies, and the democratic imagination: Insights from eat-local movements」, 『Journal of Consumer Culture』, 18:1(2018), pp.149~168.

Patrick F. Kotzur, Cláudio V. Torres, Karina K. Kedzior & Klaus Boehnke, 「Political consumer behaviour among university students in Brazil and Germany: The role of contextual features and core political values」, 『International Journal of Psychology』, 52:2(April 2017), pp.126~135.

Jennifer Lees-Marshment, 「The Marriage of Politics and Marketing」, 『Political Studies』, 49:4(2001), pp.692~713.

Jasmine Lorenzini & Matteo Bassoli, 「Gender ideology: The last barrier to women's participation in political consumerism?」, 『International Journal of Comparative Sociology』, 56:6(January 2016), pp.460~483.

Claudia Mellado & Arjen van Dalen, 「Challenging the Citizen‐Consumer Journalistic Dichotomy: A News Content Analysis of Audience Approaches in Chile」, 『Journalism & Mass Communication Quarterly』, 94:1(2017), pp.213~237.

Michele Micheletti & Dietlind Stolle, 「Mobilizing Consumers to Take Responsibility for Global Social Justice」, 『The ANNALS of the American Academy of Political and Social Science』, 611:1(May 2007), pp.157~175.

_____, 「Fashioning social justice through political consumerism, capitalism and the Internet」, 『Cultural Studies』, 22(2008), pp.749~769.

Lisa A. Neilson, 「Boycott or buycott? Understanding political consumerism」, 『Journal of Consumer Behaviour』, 9:3(May|June 2010), pp.214~227.

Elmie Nekmat, 「Message Expression Effects in Online Social Communication」, 『Journal of Broadcasting & Electronic Media』, 56:2(April 2012), pp.203~224.

Benjamin J. Newman & Brandon L. Bartels, 「Politics at the Checkout Line: Explaining Political Consumerism in the United States」, 『Political Research Quarterly』, 64:4(August 2010), pp.803~817.

Robert Nonomura, 「Political consumerism and the participation gap: are boycotting and 'buycotting' youth-based activities?」, 『Journal of Youth Studies』, 20:2(March 2017), pp.234~251.

Paolo Parigi & Rachel Gong, 「From grassroots to digital ties: A case study of a political consumerism movement」, 『Journal of Consumer Culture』, 14:2(June 2014), pp.236~253.

Luigi Pellizzoni, 「In search of community: Political consumerism, governmentality and immunization」, 『European Journal of Social Theory』, 15:2(February 2012), pp.221~241.

Jennifer A. Sandlin, 「Popular culture, cultural resistance, and anticonsumption activism: An exploration of culture jamming as critical adult education」, 『New Directions for Adult & Continuing Education』, 115(Fall 2007), pp.73~82.

Margaret Scammell, 「Political Marketing: Lessons for Political Science」, 『Political Studies』, 47:4(1999), pp.718~739.

_____, 「The Internet and Civic Engagement: The Age of the Citizen-Consumer, Political Communication」, 17:4(2000), pp.351~355.

Michael Schudson, 「The Troubling Equivalence of Citizen and Consumer」, 『The ANNALS of the American Academy of Political and Social Science』, 609:1(November 2006), pp.193~204.

_____, 「Citizens, Consumers, and the Good Society」, 『The ANNALS of the American Academy of Political and Social Science』, 611:1(May 2007), pp.236~249.

Dhavan V. Shah, Douglas M. McLeod, Eunkyung Kim, Sun Young Lee, Melissa R. Gotlieb, Shirley S. Ho & Hilde Breivik, 「Political Consumerism: How Communication and Consumption Orientations Drive "Lifestyle Politics"」, 『The ANNALS of the American Academy of Political and Social Science』, 611:1(May 2007), pp.217~235.

Omri Shamir, 「Israel is too expensive for us? Political consumerism, public policy and entrepreneurship: the case of the cottage cheese boycott」, 『Israel Affairs』, 23:2(April 2017), pp.324~341.

Dietlind Stolle, Marc Hooghe & Michele Micheletti, 「Politics in the Supermarket: Political Consumerism as a Form of Political Participation」, 『International Political Science Review』, 26:3(July 2005), pp.245~269.

Janelle Ward & Claes de Vreese, 「Political consumerism, young citizens and the Internet」, 『Media, Culture & Society』, 33:3(April 2011), pp.399~413.

Jan LeBlanc Wicks, Shauna A. Morimoto, Angie Maxwell, Stephanie Ricker Schulte & Robert H. Wicks, 「Youth Political Consumerism and the 2012 Presidential Election: What Influences Youth Boycotting and Buycotting?」, 『American Behavioral Scientist』, 58:5(December 2013), pp.715~732.

Jan LeBlanc Wicks et al., 「Youth Political Consumerism and the 2012 Presidential

Election: What Influences Youth Boycotting and Buycotting?」, 『American Behavioral Scientist』, 58:5(2014), pp.715~732.

Robert H. Wicks & Ron Warren, 「Modeling Political Consumerism Among Young Consumers: An Ecological Systems Approach」, 『American Behavioral Scientist』, 58:6(December 2013), pp.738~754.

쇼핑은 투표보다 중요하다
ⓒ 강준만, 2020

초판 1쇄 2020년 4월 14일 펴냄
초판 3쇄 2020년 4월 23일 펴냄

지은이 | 강준만
펴낸이 | 강준우
기획·편집 | 박상문, 박효주, 김환표
디자인 | 최진영, 홍성권
마케팅 | 이태준
관리 | 최수향
인쇄·제본 | ㈜삼신문화

펴낸곳 | 인물과사상사
출판등록 | 제17-204호 1998년 3월 11일

주소 | 04037 서울시 마포구 양화로7길 4(서교동) 2층
전화 | 02-325-6364
팩스 | 02-474-1413

www.inmul.co.kr | insa@inmul.co.kr

ISBN 978-89-5906-563-9 03300

값 15,000원

이 도서의 국립중앙도서관 출판예정도서목록(CIP)은 서지정보유통지원시스템 홈페이지
(http://seoji.nl.go.kr)와 국가자료공동목록시스템(http://www.nl.go.kr/kolisnet)에서
이용하실 수 있습니다.(CIP제어번호:2020013421)